Torkel S Wächter
Meines Vaters Heimat

TORKEL S WÄCHTER

Meines Vaters Heimat

Was er mir nie erzählte

Dokumentarischer Roman

Übersetzt von Stefan Pluschkat

LANGENMÜLLER

Für meine Kinder, deine Kindeskinder

© 2021 Langen Müller Verlag GmbH, München
Alle Rechte vorbehalten.
Umschlaggestaltung: Büro Jorge Schmidt, München
Umschlagmotiv: Vintage Memoria, Alamy Stock Foto
Lektorat: Boris Heczko
Satz: Satzwerk Huber, Germering
Druck und Binden: Friedrich Pustet GmbH & Co.KG, Regensburg
Printed in Germany
ISBN 978-3-7844-3595-4

www.langenmueller.de

Inhalt

I
Das Leben danach

In Hamburg mit meinem Vater
Erinnerungsfragmente aus der Bundesrepublik
Deutschland vor der Wiedervereinigung

»Du kannst es mir doch beibringen …«, sagte ich auf dem Weg
zum Auto, nachdem wir den Tag mit Simba und Ruth, den
beiden Jugendfreunden meines Vaters, verbracht hatten. Im
Fernsehen hatten wir das Endspiel der Fußball-WM 1974 zwischen der BRD und den Niederlanden gesehen. Mein Vater
und seine Freunde waren gebürtige Hamburger, hatten aber zu
Cruyff und den Niederländern gehalten. Da ich kein Deutsch
verstand, konnte ich ihrer Unterhaltung nicht folgen.

Anfangs gab es große Aufregung. Die bundesdeutsche
Mannschaft hatte den Ball noch nicht berührt, als Uli Hoeneß in der ersten Spielminute Johan Cruyff foulte und einen
Elfmeter verursachte. 0:1 für die Niederländer. Aber am Ende
hatten die Deutschen 2:1 gewonnen und waren damit im eigenen Land Weltmeister geworden.

»… dann könnten wir auf Deutsch über Fußball sprechen«,
fügte ich hinzu.

Mein Vater antwortete nicht. Vielleicht hatte er mich nicht
gehört. Oder war er vom Ergebnis des Endspiels enttäuscht? Er
öffnete die Fahrertür, blieb aber auf dem regennassen Asphalt
stehen. Seit wir in Hamburg angekommen waren, hatte es in
einer Tour gegossen, doch jetzt klarte der Himmel auf.

Auf der gegenüberliegenden Straßenseite standen Simba
und Ruth vor ihrem Haus und winkten uns zu, Hand in Hand
wie zwei glückliche Teenager. Die Hausfassade hinter ihnen

war vom Krieg gezeichnet. Es war, als hätte ein riesiges Urzeittier mit seinen Klauen die roten Ziegel zerkratzt, die jetzt von der niedrig stehenden Abendsonne erleuchtet wurden.

»Bring es mir doch bei!«, wiederholte ich.

Mein Vater setzte sich hinters Steuer und schnallte sich an.

»Papa?«

Er warf einen hastigen Blick in den Rückspiegel.

»Warum willst du Deutsch lernen?«, fragte er und steckte den Schlüssel ins Zündschloss. »Wozu?«

Sieben Jahre später, im Sommer 1981, waren mein Vater und ich wieder in Hamburg. Und wenn ich mich recht erinnere, gab es wieder viel Regen. Vielleicht regnete es ja immer in Hamburg?

Ich war zwanzig, und mein Vater war seit einigen Jahren pensioniert. Er stand vor einer herrenlosen Rasenfläche, die zu klein war, um Park genannt zu werden, aber immerhin groß genug, um ein paar Büsche und Bäume zu beherbergen. Ob ich ihn darum gebeten hatte hierherzukommen oder ob es seine Idee gewesen war, weiß ich nicht mehr.

»Bist du sicher, dass es hier ist?«, fragte ich und ließ die Kamera sinken. Überall lagen kleine, duftende Grashäufchen, die darauf schließen ließen, dass der Rasen frisch gemäht worden war. Nur die Stelle gleich hinter meinem Vater war aus irgendeinem Grund übersehen worden.

»Ja«, antwortete er. »Hier ist es.«

Den ganzen schwülen Nachmittag lang hatten wir nach diesem Ort gesucht. Und jetzt standen wir hier. Am Eppendorfer Weg, zwischen Innocentiapark und Altona-Nord. Jeden Moment konnte ein Gewitter losbrechen.

»Erzähl was«, sagte ich etwas hilflos.

»Was soll ich erzählen?«, fragte mein Vater mit einer abwehrenden Handbewegung.

»Egal …«, antwortete ich, »… irgendetwas.«

»Tja …«

»Jaaa?«, fragte ich, um ihn zu ermuntern, merkte aber selbst, wie angespannt ich klang.

»… was soll ich denn sagen?«

»Das Haus … erzähl von dem Haus.«

»Es war eben ein Haus …«, sagte er und ließ den Blick über das ungemähte Rasenstück schweifen, wo die Grashalme etwa zehn Zentimeter hoch standen.

Als die ersten Regentropfen fielen, liefen wir Richtung U-Bahn-Station.

Eigentlich hatte mein Vater vorgehabt, allein nach Hamburg zu fahren, um ins Theater zu gehen. Immer wieder unternahm er dafür Reisen in seine Geburtsstadt. Als ich dieses Mal darauf bestanden hatte mitzukommen, war ich mir unsicher, ob ich das Richtige tat. Heute bin ich froh, dass ich mich nicht abwimmeln ließ. Und ich glaube, im Grunde war er auch froh, mich dabei zu haben, auch wenn er die meiste Zeit schwieg und las, während der Zug durch Schweden rollte.

Erst auf der Fähre von Rødby nach Puttgarden legte er sein Buch beiseite und kam mit einem Fremden ins Gespräch. Natürlich konnte ich nicht verstehen, worüber sie sprachen, aber mein Vater hatte immer so eine selbstverständliche Leichtigkeit an sich, wenn er in seiner Muttersprache redete.

Später erzählte er mir, der Fremde habe ihn gefragt, wo er herkomme und gemeint, dass mein Vater nahezu perfektes Deutsch spreche, mit Hamburger Dialekt. Ob er in Hamburg geboren sei oder ob seine Eltern dort herkämen? Mein Vater hatte geantwortet, er sei ein alter Schwede, und seine Eltern seien nicht mehr am Leben und auch nicht in Deutschland begraben.

Mein Vater gab das Gespräch in scherzhaftem Ton wieder, als wir nach einer Vorstellung im Hansa-Theater im Ratsweinkeller saßen und gigantische Portionen Eisbein mit Sauerkraut verspeisten. Obwohl ich im Theater nicht besonders viel verstanden hatte, war es ein besonderes Erlebnis gewesen. Schließlich gehörte das Hansa-Theater zu jenen Bühnen, wo Max, der neun Jahre ältere Bruder meines Vaters, vor der Machtübernahme Hitlers aufgetreten war.

Damals im Ratsweinkeller dachte ich nicht weiter darüber nach, warum mein Vater seine Herkunft verleugnete. Erst als ich zwanzig Jahre später in meinem Studio in der Jungfrugatan in Stockholm saß und seine Aufzeichnungen las, die vielleicht einmal ein Buch geworden wären, wurde mir klar, wie viel Überwindung es einen Menschen kosten musste, einer Kindheit, die man selbst als behütet, ja glücklich beschreibt, den Rücken zu kehren.

Das Haus, in dem mein Vater starb
Wadköping, Königreich Schweden

Zwei Jahre später starb mein Vater. Fünfundvierzig Jahre nachdem er in dem neuen Land angekommen war, oder um genau zu sein: fünfundvierzig Jahre und drei Tage danach. Am Nachmittag des 15. November 1983, einem Dienstag. Dass ich bei ihm war, war reiner Zufall gewesen.

»Hallo, Papa!«, rief ich, als ich das Haus betrat.

Keine Antwort. Kein Schreibmaschinengeklapper.

Ich nahm an, mein Vater säße in seinem Arbeitszimmer, hochkonzentriert und leicht über die Schreibmaschine gebeugt, die Finger ein paar Zentimeter über den Tasten in der Luft schwebend, stets in Bereitschaft, wie ein Raubvogel, der seine Beute ins Visier nimmt.

Vorsichtig stapfte ich auf der Kokosmatte den Schnee von den Schuhen, trat in den warmen Flur und schloss die Haustür so leise wie möglich. Wie immer konnte ich mir auch heute nicht sicher sein, in welcher Laune ich ihn antreffen würde.

Ich setzte mich auf einen Stuhl und lauschte in Richtung seines Arbeitszimmers, aber außer Klaviermusik aus dem Radio war nichts zu hören. Vielleicht las er, was er gerade geschrieben hatte, fuhr mit einem Stift die Zeilen entlang, murmelte vor sich hin und machte hier und da Anmerkungen in seiner krakeligen Handschrift. Seine Artikel waren immer ein bisschen übertrieben und sehr polemisch, aber im Grunde traf er dabei meist ins Schwarze.

Ich legte die Tüte aus der Apotheke beiseite und zog die Schuhe aus. Außer den Herzmedikamenten, die ihm der Arzt vor einigen Tagen verordnet hatte, hatte ich drei Tuben der Spezialzahnpasta besorgt, die mein Vater benutzte – die wenigen Zähne, die er noch hatte, waren äußerst schmerzempfindlich. Deshalb hatte er mich gebeten, gleich drei Tuben der teuren medizinischen Zahncreme zu besorgen. »Drei Tuben«, hatte er mir eingeschärft.

»Hallo, Papa!«, rief ich noch einmal und hängte meine Jacke auf einen Kleiderbügel.

»Hallo«, antwortete mein Vater kaum hörbar.

Bestimmt ist er in seine Arbeit vertieft und will nicht gestört werden, dachte ich, bestimmt klingt er deshalb so abwesend. Er würde mich schon rufen, wenn er eine Pause einlegte. Also ging ich ins Bad und wusch mir die kalten Hände. Das warme Wasser hatte eine beruhigende Wirkung, ein paar Minuten lang dachte ich an rein gar nichts.

Über der Badewanne hingen die Badehose und das Badetuch, die mein Vater offenbar am Morgen dabeigehabt hatte, um fünfhundert Meter zu schwimmen. Vielleicht auch nur dreihundert, aber niemals weniger, das hätte an seiner Selbstachtung gezehrt. Ich nahm den elastischen Stoff zwischen Daumen und Zeigefinger und stellte fest, dass er trocken war, zerbrach mir aber nicht weiter den Kopf darüber.

Nicht, dass mein Vater ein besonders guter Schwimmer gewesen wäre. Am liebsten war ihm der Augenblick danach, wenn er seine Bahnen geschafft hatte und mit den anderen Frühschwimmern in der Sauna ein Schwätzchen hielt. Er saß immer auf demselben Platz, obere Bank ganz links. Wo auch sonst? Im Grunde war es ihm lästig, jeden Morgen so früh aufzustehen, um ins Schwimmbad zu fahren, und heute frage ich mich, ob seine Morgensportroutine nicht von einem gewissen Masochismus herrührte.

Meine Mutter ließ den Tag eher gemütlich angehen. Wenn mein Vater vom Frühsport zurückkam, lag sie immer noch im Bett und las Zeitung, das Tablett mit dem Kaffee neben sich auf dem Nachttisch. Mein Vater nahm die Zeitungen, die sie ausgelesen hatte, mit in die Küche und ließ sich mit einem großen Porzellanbecher voll dampfend heißem Kaffee am Küchentisch nieder. Immer wieder riefen sie einander etwas zu, kommentierten, was sie lasen – sie im Bett, er am Küchentisch. Bis meine Mutter zur Arbeit ging, während mein Vater in aller Ruhe seine Lektüre beendete, ehe er sich ebenfalls an die Arbeit machte.

Arbeit? Er war längst pensioniert und brauchte im Grunde nicht mehr zu arbeiten. Dennoch verging kein Tag, an dem er sich nicht an die Schreibmaschine setzte, um einen Artikel, eine Film- oder eine Theaterkritik zu schreiben.

Den ungestörten Moment allein in der Küche mit den Morgenzeitungen und dem Kaffeebecher genoss er in vollen Zügen. Fünfzehn Minuten im Zentrum der Weltpolitik. Für ihn womöglich der Höhepunkt des Tages.

Ich legte die Tüte aus der Apotheke auf den Küchentisch und blätterte zerstreut in den Zeitungen. An jenem Morgen wurde berichtet, dass Ronald Reagans erster Marschflugkörper auf dem britischen Militärflugplatz Greenham Common stationiert sei – was meinem Vater Angst einjagte. Der bayerische Ministerpräsident Franz-Josef Strauß drängte in die bundesdeutsche Regierung, aber Kanzler Helmut Kohl setzte alles daran, ihn aus Bonn fernzuhalten – mein Vater hatte weder für den einen noch den anderen besonders viel übrig. Generalsekretär Andropow befand sich im Sanatorium – das neue Staatsoberhaupt der Sowjetunion gab nach wie vor Rätsel auf.

Als mein Vater mich nach einer ganzen Weile immer noch nicht gerufen hatte und auch kein Schreibmaschinengeklapper zu hören war, verließ ich die Küche, um nach ihm zu sehen. Für gewöhnlich schloss er die Tür, wenn er sich in seinem Arbeitszimmer an den Schreibtisch setzte, aber jetzt stand sie offen. Im Radio lief klassische Musik, P2, der Sender, den er immer beim Schreiben hörte. Seine Filzpantoffeln standen ordentlich unter dem Schreibtisch, und unter der Walze der hellblauen Facit-Schreibmaschine war ein Papierbogen festgespannt. Mein Vater lag rücklings neben dem Bett, in einem schlabberigen Pyjama mit Knöpfen, obwohl es Nachmittag war.

»Du liegst auf dem Boden?«, fragte ich.

»Jaaaa«, antwortete er mit schwacher Stimme, und seinem breiten a war der deutsche Akzent deutlich anzuhören. Obwohl er zwei Drittel seines Lebens in Schweden gelebt hatte, hatte er nie gelernt, die Endungen zu verschlucken, sich die beinahe gesungene schwedische Satzmelodie angeeignet oder den Unterschied zwischen kurzen und langen Vokalen verstanden. Für ihn war es nie wichtig gewesen, wie etwas gesagt wurde, sondern was gesagt wurde.

»Bist du hingefallen?«, fragte ich.

Keine Antwort.

»Brauchst du Hilfe?«

Immer noch keine Antwort.

Ich trat ins Zimmer und beendete das Konzert mit einem gezielten Schnipser gegen die Austaste am Radio. Schlagartig herrschte Stille, und im selben Moment wurde mir klar, dass ich das Radio ohne das Einverständnis meines Vaters ausgeschaltet hatte.

Er war schweißnass, vollkommen kraftlos und so schwer, dass ich es nicht schaffte, ihn aufs Bett zu hieven. Also musste er am Boden liegenbleiben. Er atmete aus, dann tief ein und wieder aus. Ich tastete an seinem Handgelenk nach dem Puls, vergebens. Erst als ich ihm die Hand auf den Brustkorb legte, spürte ich seinen Herzschlag. Schnell. Unregelmäßig. Im Zimmer hing der Geruch von Kaffee und altem Papier. Siebenunddreißig *Spiegel*-Jahrgänge füllten ein Regal an der Wand zum Korridor hin aus, davor lag ein umgekippter Kaffeebecher auf dem Boden.

Ich wählte die Notrufnummer 90 000. Während wir auf den Krankenwagen warteten, sprachen wir kein Wort, als würde ein eigenartiges Einvernehmen zwischen uns herrschen. Wir wussten beide, was jetzt passieren würde, und sammelten Kraft dafür. Ich wünschte, ich könnte sagen, der Augenblick hätte sich irgendwie bedeutsam angefühlt. Wie wenn ein Vater seinem Sohn etwas Wichtiges hinterlässt. Aber so war es nicht.

Mit rotierendem Blaulicht und heulenden Sirenen fuhren wir in die Regionalklinik. Dort angekommen, konnte die Krankenschwester meinem Vater gerade noch eine Kanüle in den Unterarm stechen, bevor die große Attacke kam, die Attacke, die ihm das Leben nahm. Es war brutal und unwirklich, wie in einem Traum, und bis heute habe ich das alles noch nicht so richtig verarbeitet.

Mein Vater erlitt einen heftigen Herzinfarkt, so, wie er es immer vorhergesagt hatte. Zwei Dinge gebe es, die einem das Leben kosten könnten, hatte er gesagt: den Magen und das

Herz. In seinem Fall würde es das Herz sein. Seine Prophezeiung hatte sich bewahrheitet.

Ich saß neben der Krankenliege, als er plötzlich versuchte, sich aufzusetzen und zu fliehen. Einmal mehr in seinem Leben versuchte er zu fliehen. Er griff nach dem Metallgestell, um sich über die Bettkante zu hieven, als wäre es eine Reling. Er rief etwas. Sprach mit Menschen, die nicht da waren. Menschen, die seit über vierzig Jahren tot waren. Auf Deutsch. Ich trat hinter ihn, versuchte ihm die Arme um die Schultern zu legen, spürte die klamme Wärme seines Körpers.

»Ich bin hier«, sagte ich, um ihn zu beruhigen, und versuchte ihn festzuhalten. Im nächsten Augenblick kam das Krankenhauspersonal und drückte ihn zurück auf die Bahre. Mein Vater wehrte sich nach Leibeskräften, wobei sein Pyjama riss, ein Knopf sprang ab, fiel zu Boden, tickte ein paarmal auf und rollte weiter.

Im nächsten Augenblick schoss meinem Vater ein goldgelber Urinstrahl aus dem offenen Hosenschlitz, direkt auf den weißen Ärmel des Arztes. Gleichzeitig streckte er die geballte Faust wie zum Protest in die Höhe. Der Anblick war so bizarr, dass ich mir ein nervöses Lachen verkneifen musste.

Dann sah ich, wie die Ohren meines Vaters sich blauviolett färbten.

Kapelle mit Aussicht über den Närkeslätten
Wadköping, Königreich Schweden

Mein Vater hatte nie gern über den Tod gesprochen. Nur dass er eingeäschert werden wollte, hatte er uns mehrmals erklärt. Seine Asche sollte im Wind zerstreut werden. Ansonsten hatte er nie ein Wort darüber verloren, wie die Trauerfeier ablaufen sollte. Also mussten wir improvisieren.

Zur Trauerfeier erschienen viele Gäste: Freunde, Kollegen, Theaterleute, politische Mitstreiter, ehemalige Studenten und einige Leute, die ich nicht einordnen konnte. Meine Schwester kam aus Paris und mein Bruder aus Stockholm. Sie waren beide nicht dabei gewesen, als meine Mutter und ich am Abend nach seinem Tod in die Regionalklinik fuhren und sie ihm in dem kargen Zimmer mit den weiß getünchten Wänden und flackernden Kerzen einen Abschiedskuss auf die Stirn gab. Die Leiche meines Vaters war immer noch warm gewesen.

Jetzt öffnete der Mann vom Bestattungsinstitut den Sarg, damit auch meine älteren Geschwister sich von unserem Vater verabschieden konnten, ehe die anderen Trauergäste in die Halle gelassen wurden. Da lag er, der Alte, der uns so viel bedeutet hatte. Der so bestimmt und gleichzeitig so zurückhaltend gewesen war. Und jetzt war er tot. Er sah klein aus in dem Sarg, seine Wangen waren in den Wochen im Leichenhaus eingefallen. Sein Körper war kalt. Er sah nicht mehr aus wie er selbst. Er sah aus wie ein Toter.

Die Trauerfeier fand in einer Kapelle mit Blick auf frostüberzogene Felder statt. Vor der großen Fensterfront glitt lautlos ein Zug durchs Schneetreiben, und außer der Musik in der Kapelle war kein Laut zu hören. Es war wie in einem Film. Vivaldis »Herbst«, der Zug und die Winterlandschaft.

Danach wurden Reden gehalten. »Lieber Michaël«, sagte ein Freund und Kollege. »Du bist … Du warst … Du warst ein leidenschaftlicher Mensch. Ich werde deine letzten Worte, die du mir drei Tage vor deinem Tod sagtest, nicht vergessen: ›Du bist Vorstandsmitglied des Theaters, hast du mir gesagt, aber ich sehe dich nur selten im Theater. Bring dich ein.‹, hast du von mir verlangt. ›Hör nie auf, dich zu engagieren!‹.«

Am Ende legte ich eine rote Rose auf den Sarg. Als ich schließlich im Vorraum der Kapelle stand und Beileidsbekundungen entgegennahm, hatte ich plötzlich eine Eingebung – die rote Rose, die ich auf den Sargdeckel gelegt hatte, ich wollte sie aufbewahren –, und deshalb ging ich zurück in die Kapelle. Aber dort drinnen stand bereits ein anderer Sarg und der Bestatter war mit den Vorbereitungen für die nächste Zeremonie befasst.

Mein Vater, erklärte der Bestatter, sei bereits samt Sarg, Blumen und allem anderen zum Einäscherungsofen gebracht worden.

»Jetzt ist nur noch Asche übrig.«

Im rabbinischen Judentum ist es Tradition, dass der Tote ohne Einäscherung begraben wird. *Und Gott der Herr machte den Menschen aus einem Erdenkloß, und blies ihm ein den lebendigen Odem in seine Nase.* Demnach besteht der Mensch aus Erde, ebenso wie aus dem heiligen Atem.

All das weiß ich nicht von meinem Vater. Alles, was ich über das Judentum weiß, hat mir mein Freund der Rabbi beigebracht. Er hat mir erklärt, dass uns allen Gottes Odem eingeflößt wurde und wir deshalb göttlich sind. Trotzdem gehört der menschliche Körper dem Schöpfer. Er ist nur eine Leihgabe, die aus Erde geschaffen wurde und wieder zu Erde werden soll.

Den Kontakt zum Rabbi hatte mir Heinemann, ein Freund meines Vaters, vermittelt. Heinemann war in Köln geboren worden und genau wie mein Vater während der Naziherrschaft nach Schweden geflohen. Er war Oberarzt für Chirurgie an der Regionalklinik und allen Schweden als »Radiodoktor« bekannt, denn er hatte eine sehr beliebte Sendung moderiert, in der er mit viel Einfühlungsvermögen Zuhörerfragen zu Krankheiten beantwortete.

Nur wenige Tage nach dem Tod meines Vaters hatte Heinemann bei uns angerufen und meiner Mutter erzählt, »als derzeit zweiter Jude in unserer Stadt« habe er für meinen Vater das Kadisch gebetet. »Ich weiß nicht, wie er selbst dazu gestanden hätte«, sagte er, »aber ich hatte das Gefühl, einer muss es tun.«

Eine schöne Geste, fanden wir, und als ich rund zehn Jahre später – in den Neunzigerjahren, als ich bei der großen skandinavischen Fluggesellschaft als Pilot arbeitete – am Flughafen Stockholm-Arlanda zufällig Heinemann begegnete, nutzte ich die Gelegenheit, ihm zu danken. Er erklärte mir, er hätte jedes Jahr am Jahrzeittag, dem Todestag laut jüdischem Kalender, das Kadisch für meinen Vater gebetet, wisse aber nicht, wie lange er noch damit weitermachen könne.

»Seit einem Schlaganfall bin ich ein bisschen eingeschränkt«, erklärte er und hielt seinen Gehstock hoch. Mir wurde klar, dass sein schiefes Lächeln und der Stock typische Folgen davon waren. »Ich bin Arzt«, fuhr er sachlich fort, »also mache ich mir nichts vor.«

»Das tut mir sehr leid«, sagte ich.

»Sie wissen doch sicher, dass eigentlich der älteste Sohn für seine Eltern das Kadisch betet?«, fragte Heinemann und fixierte die Goldflügel auf meiner Uniform.

Ich sagte, mein Bruder könne das Kadisch kaum beten, da er nichts über jüdische Bräuche wisse, worauf Heinemann entgegnete, der jüngste Sohn könne es genauso guttun. Ich erklärte, unser Vater sei Atheist gewesen und habe großen Wert darauf gelegt, uns vor »allen Formen von Religion und sonstigem Aberglauben zu schützen«, ich selbst hätte jedoch keine Vorbehalte und würde gerne das Kadisch beten, wenn ich wüsste, wie das ginge.

»Eigentlich ist es nicht weiter kompliziert«, erwiderte Heinemann, »das Kadisch nimmt nur ein paar Minuten in Anspruch.«

Etwas dreist fragte ich, ob er es mir nicht hier, im Inlandsflugterminal von Arlanda, beibringen könne.

»Für so etwas ist der Rabbi zuständig«, antwortete Heinemann leicht resigniert und gab mir eine Telefonnummer.

Am Ende der Tage, wenn der Messias kommt und Gott uns von den Toten auferweckt, wird der Körper mit dem Geist wiedervereint werden, hat mich der Rabbi gelehrt. Deshalb muss der Körper unversehrt bleiben. Unsere Aufgabe ist es, ihn zu pflegen, damit wir ihn dem Schöpfer in dem Zustand zurückgeben können, in dem wir ihn bekommen haben. Kein Organ darf fehlen. Aus diesem Grund wird in Israel so viel Wert daraufgelegt, sämtliche Leichenteile von Opfern eines Bombenattentats einzusammeln und sicherzustellen, dass sie dem richtigen Sarg zugeordnet werden. Und da Gott nicht tätowiert ist, darf sich auch der Mensch keine Tätowierung stechen lassen. All das hat mir der Rabbi erklärt.

In Auschwitz und an anderen Orten wurden Menschenkörper für medizinische Experimente missbraucht und auf verschiedene Weise geschändet. Juden wurden mit einer Nummer tätowiert und verbrannt.

Eine Einäscherung käme für manche Juden niemals in Frage. Andere wiederum – nicht nur diejenigen, deren Verwandte ermordet und verbrannt wurden – entscheiden sich selbst für eine Einäscherung.

Das Haus, in dem mein Vater starb
Wadköping, Königreich Schweden

Um Weihnachten 1983 herum räumten meine Schwester und ich das Arbeitszimmer meines Vaters aus. Ich sage Arbeitszimmer, obwohl es zugleich sein Schlafzimmer war. Meine Eltern schliefen getrennt voneinander. Ich wusste nur wenig über ihre Beziehung, hatte aber immer den Eindruck gehabt, dass der körperliche Teil ihres Intimlebens eher wenig Raum einnahm und dass sie sich vor allem auf geistiger, intellektueller Ebene begegneten. Wobei, was weiß man schon?

Meine Schwester und ich wurden von einem regelrechten Buchstaben-Tsunami überrollt: Bücher, Artikel, Tagebücher, Schriftstücke verschiedener Art – ein gigantisches persönliches Archiv. Was sollten wir mit dieser Textmasse anstellen? Würden wir wirklich alles aufheben müssen?

Als wir die Hinterlassenschaft meines Vaters sortierten und auf verschiedene Stapel legten, kam es uns vor, als wäre er im Zimmer. Als stünde er neben uns und würde uns über die Schulter blicken. Jeden Moment konnte er eingreifen, meiner Schwester ein Buch aus der Hand reißen, um es zurück ins Regal zu stellen, oder eine Schreibtischschublade zuknallen, die ich gerade geöffnet hatte. Die Situation hatte etwas Beklemmendes. Wir tranken den starken schwarzen Kaffee meines Vaters, aus Vaters Gustavsberg-Kaffeebechern und arbeiteten uns durch die Ordner und Schubladen, die außer unserem Vater nie jemand hatte anrühren dürfen.

Unser Vater hatte nie an die Sache mit dem Atem Gottes geglaubt, nicht einmal daran, dass ein Gott existiert. Er fragte nicht danach, wo Gott in Auschwitz gewesen war, sondern danach, wo die Alliierten während der Selektionen waren, als der schwarze Rauch in den Himmel stieg. Für ihn ging es nicht um Religion, sondern um Politik. Womöglich um Politik als Religionsersatz oder gar als Ersatzreligion.

Ja, so war es. Unser Vater hatte keineswegs versucht, uns vor »allen Formen von Religion und sonstigem Aberglauben« zu schützen. In seinem tiefen Innern war er ein durch und durch gläubiger Mensch gewesen, und auch wenn sich sein Glaube um keinen Gott drehte, nutzte er jede Gelegenheit, meine Geschwister und mich ideologisch zu indoktrinieren. »Ihr könnt mit eurem Leben anstellen, was ihr wollt«, sagte er immer, um dann halb im Scherz hinzuzufügen: »… solange ihr nicht bürgerlich wählt.«

Auch meine älteren Geschwister waren politisch engagiert. Mein Bruder in verschiedenen linksradikalen Gruppen mit langen Namen, deren Kürzel eher wie Diagnosen klangen; viele davon endeten mit den Buchstaben R, was für Revolutionär stand. Meine Schwester war Mitglied des Sozialdemokratischen Jugendverbandes, was für meinen Vater nicht immer radikal genug gewesen war. Ich kann mich gut erinnern, dass sie oft aneinandergerieten, wenn sie sich über Politik unterhielten und wegen irgendeiner Kleinigkeit uneinig waren, und dass mein Vater meiner Schwester so lange zusetzte, bis sie weinend aus der Küche stürmte. Was ich damals hörte und sah, flößte mir panische Angst davor ein, mich selbst politisch zu engagieren. Wie konnte ein Mann, der behauptete, seine Tochter zu lieben, so mit ihr reden?

Vielleicht nahm er die Diskussionen mit meiner Schwester ja so ernst, weil er sie als eine Art Stellvertreterin betrachtete – schließlich bekleidete sie eine Leitungsposition in ihrem Verband. Er selbst lehnte jegliche politischen Ämter ab, trotz seines enormen Interesses am Zeitgeschehen. Die Begründung: »Als naturalisierter Schwede wäre ich eine Zielscheibe für Angriffe aller Art.«

Ja, auch in Schweden wurden Juden als fremde Vögel betrachtet. Heute aber weiß ich, dass sein deutsch-jüdischer Hintergrund nur einer von vielen Gründen war, warum er sich nicht politisch exponieren wollte. Mein Vater trug ein wohlgehütetes Geheimnis mit sich herum. Einen schicksalhaften Fehler, den er in seiner Jugend begangen hatte – ein gebrochenes Versprechen, das ihn teuer zu stehen kam.

Nach den Weihnachtsfeiertagen wollte meine Schwester zurück nach Paris, um ihr Studium fortzusetzen, und ich wollte mich auf die Pilotenschule vorbereiten. Wir wollten unbedingt mit den Aufräumarbeiten im Arbeitszimmer vorankommen, damit unsere Mutter sich nicht um alles kümmern musste. Sie hatte es auch so schwer genug. Um möglichst schnell fertig zu werden, warfen wir einen beträchtlichen Teil seiner Unterlagen weg. Manches aber konnten wir nicht einfach entsorgen, und so packten wir es zur Verwahrung in Umzugskisten.

Die Entscheidung, was weggeworfen und was aufgehoben wurde, war vom Zufall bestimmt und gewiss verschwanden im Eifer des Gefechts einige wertvolle Dokumente und Bücher. Aber was sollten wir tun? Mehr als einmal kam es mir vor, als würde mein Vater mir etwas ins Ohr flüstern, worauf ich meine Hand von den schwarzen Müllsäcken zurückzog, um das Buch, den Ordner oder die Dokumente, die ich gerade in der Hand hielt, stattdessen in eine der Kisten zu legen.

Die meiste Zeit schwiegen wir, aber hin und wieder brachen wir in lautes Gelächter oder in Tränen aus und teilten miteinander Geschichten aus unserem Leben mit dem Vater, zum Beispiel wie unsere Familie in der Stadt gelandet war. Denn wenn unserem Vater seine Arbeit nicht mehr passte, suchte er sich etwas Neues, ungeachtet der Folgen für seine Karriere und für die Familie.

Eine Zeitlang hatte mein Vater die Forschungsabteilung des MPI, des Militärpsychologischen Instituts, geleitet. Danach leitete er eine Beraterfirma, und anschließend unterrichtete er an der Stockholmer Universität. Die Arbeit schien ihm zu gefallen, bis ein Vorfall zu seiner Kündigung führte. Es war zur Zeit der Studentenrevolte. Natürlich stand mein Vater auf der Seite der Studenten, er war ja selbst Revolutionär gewesen. Einmal wollte er sich zwei Wochen vom Unterricht freistellen lassen, um nach Deutschland zu fahren und ins Theater zu gehen. Doch da protestierten die Studenten, aber nicht gegen den Beschluss des Rektors, ihrem geschätzten Lehrer freizugeben: Das Problem war, dass sie vorher nicht gefragt worden waren, und das, behaupteten sie, wäre erforderlich gewesen. Die Situation eskalierte und es kam zu mehreren Versammlungen und Abstimmungen.

Irgendwann hatte mein Vater genug. Er, der im Gegensatz zu den Studenten tatsächlich Marx und Lenin gelesen hatte, ertrug das »Geschwätz der ignoranten und verwöhnten Generation, die ihren Aufstand gegen die Eltern mit einer Weltrevolution verwechselt« nicht länger. Daher verließ er die Universität und unterrichtete eine Zeitlang an verschiedenen Hochschulen.

So kam es auch, dass wir in die kleine Stadt am See Hjälmaren zogen, wo eine neue Universität eröffnet werden sollte. Ich war von Anfang an gegen den Umzug gewesen, und eines Abends spöttelte ich beim Abendessen, wir müssten in die Provinz ziehen, weil mein Vater es sich in der Hauptstadt mit allen verscherzt hatte. Er wurde so wütend, dass er tagelang nicht mit mir sprach. Wahrscheinlich sah er in mir, seinem zehnjährigen Sohn, einen weiteren Vertreter der »verwöhnten 68er-Generation«, aber mit seinem Schweigen strafte er nicht nur mich, sondern die ganze Familie, bis meine Mutter von mir verlangte, ihn um Verzeihung zu bitten, was ich auch tat.

Tief gekränkt nahm Vater meine Entschuldigung an, und dann zogen wir an den sumpfartigen Binnensee. Elf Jahre später starb er, und nun sahen wir uns von einer Buchstabenflut überschwemmt und lachten mit tränengefüllten Augen.

Wir redeten uns ein, dass wir uns den Inhalt der Umzugskisten später genauer ansehen würden. Aber ehrlich gesagt glaubten wir selbst nicht daran. Es war eher eine Ausrede für unser impulsives Vorgehen. Wir wollten vergessen, natürlich nicht unseren Vater, aber die Kisten und ihren verstörenden Inhalt.

Nachdem wir die Umzugskartons mit braunem Klebeband versiegelt hatten, fiel ich für ganze zwölf Stunden in einen traumlosen Schlaf, ehe ich zu unserem Haus in Björknäs fuhr und sie dort auf dem Dachboden verstaute, im hintersten und dunkelsten Winkel.

Dort blieben die Kisten siebzehn Jahre lang stehen. Ich vergaß sie. Oder besser gesagt: Ich redete mir ein, ich hätte sie vergessen.

Haus auf der Aupōuri Peninsula mit Blick auf die Great Exhibition Bay
Far North District, Neuseeland

Um die Jahrtausendwende herum sollte ich selbst zum ersten Mal Vater werden. Die werdende Mutter und ich verbrachten glückliche Monate an einer Küste auf der anderen Seite der Erde, wo die Sonne im Osten aufging, nach Norden wanderte und im Westen sank.

Wir schmiedeten Pläne für ein neues Leben, so weit weg wie möglich von dem Ort, den wir Heimat nannten. Ihr Bauch wurde zusehends größer, und wir träumten ungeduldig von der Zeit als Eltern in dieser neuen Welt. Wir glaubten tatsächlich, wir hätten Europa und die Probleme des 20. Jahrhunderts hinter uns gelassen und würden jetzt mit etwas Neuem beginnen.

Eines Tages telefonierte ich mit meiner Mutter. Die Verbindung war schlecht. Sie erzählte mir, sie habe ein Schwarz-Weiß-Foto gefunden, auf dem, wie sie glaubte, die Eltern meines Vaters abgebildet seien. Wenn ich das so schreibe, wird mir klar, wie seltsam es klingt, aber ich hatte tatsächlich noch nie ein Bild von meinen Großeltern gesehen. Und meine Mutter war sich nicht sicher, wer auf dem Foto abgebildet war. Auch mit ihr hatte mein Vater nie über seine Jugend in Deutschland gesprochen. Deshalb bat ich meine Mutter, mir das Foto zu schicken.

Eine Woche später hielt ich es in den Händen, das Bild von zwei Menschen, deren Namen ich nie gehört hatte. Der Mann hatte meine Nase, die Frau meine Augen.

Ich sah, wie die Sonne über dem fremden Meer aufging und musste daran denken, dass meine Kinder ihren Großvater niemals kennenlernen würden. So wie ich meine Großeltern nie kennengelernt oder ihre Geschichten über die alte Heimat gehört hatte.

Was für ein Vater würde ich werden? Würde ich ein Leben im Exil leben, ausweichend oder sogar gereizt bis zornig auf Fragen reagieren, die unsere Familiengeschichte betrafen? Meine Geschichte, die Geschichte meiner Kinder. Nein, bestimmt nicht. Ich würde ihnen alles erzählen, was ich wusste.

Aber was wusste ich schon? Nichts. Jedenfalls nichts über meine Großeltern.

Meine hochschwangere Frau und ich kehrten zurück in unsere Geburtsstadt Stockholm, und einige Monate nachdem unser Kind zur Welt kam, im ersten Sommer des neuen Jahrtausends, fuhr ich zum Haus in Björknäs und stieg auf den Dachboden.

Sicher, das Recht meines Vaters, über seine Vergangenheit zu schweigen, war absolut und bedingungslos gewesen, aber das Gleiche galt für das Recht seiner Enkel, mehr über ihre Geschichte zu erfahren. Und ich glaube, mein Vater hätte mir zugestimmt, dass das Recht der Lebenden und Ungeborenen schwerer wiegt als das der Toten.

Das Haus in Björknäs
Stockholm, Königreich Schweden

Die Umzugskisten standen noch genau da, wo ich sie vor Jahren hingestellt hatte – im Jahrhundert meines Vaters. Damals hatte ich noch geglaubt, seine Geschichte hätte nichts mit mir zu tun oder ich könnte ihr zumindest entkommen. Heute glaube ich das nicht mehr. Was damals geschah, was mein Vater und viele andere erlebten, wirft noch immer Schatten über uns. Über uns alle.

Ich wurde in den 1960er-Jahren geboren, insofern ist das 20. Jahrhundert auch mein Jahrhundert, zumindest teilweise – ich müsste schon ziemlich alt werden, um den überwiegenden Teil meines Lebens im 21. Jahrhundert zu verbringen. Und mir ist klar, dass ich selbst, wenn auch unbewusst, an jener »Verschwörung des Schweigens« teilgenommen habe, von der W. G. Sebald spricht.

Auf den Kisten lag eine dünne Staubschicht, auf einigen auch Vogelscheiße, da sie unter einem verlassenen Schwalbennest standen. Ich versuchte mir den Inhalt der Kisten vorzustellen. Als erstes fiel mir ein selbstgemachter Kalender ein. Als meine Schwester und ich vor siebzehn Jahren die Kisten gepackt hatten, hatte der Kalender einen starken Eindruck auf mich gemacht.

Ich sah ihn vor meinem inneren Auge – durchgestrichene Daten, die auf die Rückseite einer Schokoladenverpackung gekritzelt worden waren. In den Weihnachtstagen 1983 hatte ich ihn einen Moment lang in den Händen gehalten, diesen primitiven und zugleich ausgeklügelten Kalender, auf dessen Herstellung jemand viel Mühe verwendet haben musste.

Nachdem ich die Kisten vom Dachboden ins Gästehaus hinuntergeschleppt hatte, war ich hundemüde und legte mich für einen Moment aufs Bett. Vor meinem geistigen Auge tauchte eine Episode aus einem Sommer vor vielen Jahren auf, als ein Militärkumpel ein Wochenende bei uns in Björknäs verbracht hatte. Das war im Spätsommer 1982, nur wenige Wochen bevor ich aus der Ersten Minentaucherkompanie entlassen wurde, und zwar mit einem verheerenden Zeugnis, in dem es hieß, ich sei unfähig, Befehle anzunehmen. Damals war das ein harter Schlag für mich gewesen, aber heute betrachte ich es eher als Kompliment.

Mein Kumpel war ein blonder, wohlerzogener, höflicher junger Mann aus gutem Hause, wie man so schön sagt, der erst Reserveoffizier wurde und schließlich Karriere in der schwedischen Wirtschaft machte. Ich bewunderte seine Fähigkeit, sich anzupassen, aus jeder Situation das Beste zu machen. Gleichzeitig war es genau diese Eigenschaft, die mir am meisten Angst einflößte. Wir zogen einander an wie die Gegenpole zweier Magneten, und auch meinen Vater hatte er schnell um den Finger gewickelt.

Die beiden unterhielten sich lange über deutsche Geschichte und Politik. Mein Vater war ganz in seinem Element, hielt seine Standardrede und sagte im Grunde nichts, was ich nicht schon zigmal gehört hatte. Allerdings war er mit ungewohnt großer Begeisterung bei der Sache, und zwischen ihm und meinem Kumpel entstand eine solche Vertrautheit, dass ich eifersüchtig wurde.

Es war, als würde mein Vater in ihm den wohlgeratenen, angepassten Sohn sehen, der ich nie werden würde – weil ich sein Sohn und er mein Vater war. Trotz seines Nonkonformismus war er eben doch der Sohn eines deutschen Beamten. Und auch mein Freund schien in meinem Vater etwas zu sehen, das ich nicht erkannte.

»Jetzt verstehe ich dich viel besser«, sagte mein Kumpel fasziniert nach dem Gespräch mit meinem Vater. »Warum du so bist, wie du bist.«

In der ersten Kiste lagen Ordner vom Statsverket, die an allen schwedischen Universitäten benutzt werden, das gediegene Modell mit verstärktem, in Buckram eingebundenem Rücken. Darin waren die maschinengeschriebenen, redigierten Manuskripte sämtlicher Kolumnen, Zeitungs- und Zeitschriftenartikel sowie Film- und Theaterkritiken abgeheftet, die mein Vater über die Jahre geschrieben hatte. Der Buchstaben-Tsunami, sein Versuch, die Welt zu erfassen. Eine undurchdringliche Mauer aus Text. Oder waren es Brotkrumen, die er gestreut hatte, um den Weg zu weisen?

Hinter jedem Manuskript steckte der entsprechende gedruckte Artikel, säuberlich auf etwas festeres Papier geklebt. Die letzte Kolumne meines Vaters erkannte ich sofort wieder – sie hatte in seiner Schreibmaschine gesteckt, als ich ihn am Boden liegend gefunden hatte. Es ging darin um einen sozialdemokratischen Justizminister, der wegen einer Steueraffäre zurückgetreten war. Das war also der letzte Text, den mein Vater vor seinem Tod geschrieben hatte. Eine tagespolitische Kolumne. Kein Abschiedsbrief. Nicht einmal ein Lebwohl!

Noch heute ist mir das unbegreiflich. Er hatte seinen Pyjama angehabt, als er starb. Er musste im Pyjama vor der Schreibmaschine gesessen haben, mit Schmerzen in der Brust und voller Panik. Trotzdem war es ihm gelungen, eine Kolumne fertigzustellen, die meine Mutter vor der Deadline in die Redaktion brachte, sodass sie am Samstag nach seinem Tod veröffentlicht wurde.

In einigen Ordnern befanden sich verblichene und vergilbte Zeitschriften- und Zeitungsartikel, Interviews mit meinem Vater, seine private Korrespondenz, seine unveröffentlichten Aufzeichnungen in verschiedenen Versionen, Entwürfe literarischer Projekte sowie ein Theaterstück.

Wieder hatte ich das Gefühl, mein Vater stünde neben mir und würde mich beobachten. Aber nicht mehr, um mich zu kontrollieren, schließlich war der Altersunterschied zwischen uns kleiner geworden, sondern eher erwartungsvoll und fordernd.

»Warum diese Buchstabensammlung?«, fragte ich, ohne eine Antwort zu bekommen. »Hätten wir nicht lieber miteinander reden sollen?«

Ja, das hätten wir. Zum Beispiel war ich nie dazu gekommen, ihm von meiner Bewerbung an der Pilotenschule zu erzählen. Erst aus Angst vor seiner Reaktion. Ich fürchtete, dass er das Ganze als Laune betrachten und davon ausgehen würde, ich würde ohnehin nicht angenommen. Oder, was noch viel schlimmer gewesen wäre, dass er meine Bewerbung nur mit Schweigen kommentiert hätte.

Später, nachdem ich die Aufnahmebestätigung erhalten hatte, wollte ich die richtige Gelegenheit abpassen, um ihn mit der Neuigkeit zu überraschen. Er wäre stolz auf mich gewesen, schließlich hatte er einst selbst an der Pilotenschule gearbeitet – zwar als Zivilangestellter am Boden, aber trotzdem.

In seiner Funktion als Psychologe hatte er genau die Tests entworfen, die ich durchlaufen hatte. Ich glaube, im Archiv meines Gedächtnisses ist genau das die Stelle, die am meisten wehtut. Dass mein Vater nie sah, wie ich seine Tests meisterte.

Gästehaus in Björknäs
Stockholm, Königreich Schweden

In einer der Umzugskisten lag ein Stapel Bücher, die mit dem Exlibris meines Vaters versehen waren, sowie mit handgeschriebenen Daten und Widmungen auf dem Vorsatzblatt, aus denen hervorging, wann die Bücher angeschafft worden waren, von wem mein Vater sie bekommen hatte oder wem sie ursprünglich gehört hatten. Da sie fast alle in Frakturschrift gedruckt waren, konnte ich sie nicht lesen.

Zumindest gelang es mir, eine in Leder gebundene Ausgabe von Goethes Gesammelten Werken sowie zwei Schiller-Bände mit Leineneinband zu identifizieren. So deutsch! Goethe, Schiller – und natürlich auch andere Autoren, darunter Thomas Mann und Friedrich Nietzsche.

Einige Bücher hatten einem gewissen Walter gehört.

Walter? Mein Vater hatte nie von einem Walter erzählt. Oder doch? Konnte ich mich nur nicht daran erinnern?

Wer war dieser Walter, der im März 1938 eine fünfbändige Ausgabe von Goethes Werken erstanden hatte? Er hatte denselben Nachnamen wie mein Vater und ich. War ich etwa mit ihm verwandt?

Ich fand auch Walters Tagebücher, Schreibhefte mit Gedichten und Aufsätzen aus dem Gymnasium, Zeugnisse und Hunderte an ihn adressierte Briefe auf Deutsch, eine Sprache, die ich nicht verstand, weil mein Vater sie nie mit mir gesprochen hatte. Doch Walters Tagebücher, Gedichte, Aufsätze und Briefe waren nicht nur auf Deutsch geschrieben, sondern obendrein mit diesen seltsam verschnörkelten Buchstaben, von denen ich erst später erfuhr, dass sie zum sogenannten Sütterlin-Alphabet gehörten.

Aus Walters Zeugnissen ging hervor, dass er am selben Tag wie mein Vater geboren worden war. Waren mein Vater und Walter etwa Zwillingsbrüder gewesen? Warum hatte mein Vater mir nie von einem Zwillingsbruder erzählt? War Walter im Krieg gefallen? Hatte mein Vater nie über ihn gesprochen, weil es zu sehr wehtat? War Walters Schicksal womöglich der Grund für das Schweigen meines Vaters gewesen?

Dann fiel mein Blick auf den handgeschriebenen Kalender, und plötzlich sah ich mich selbst als jungen Mann, wie ich den Kalender einen Moment lang in der Hand gehalten und dann in den Umzugskarton gelegt hatte. Ein Déjà-vu – oder auch nicht. Denn jetzt merkte ich, dass der Kalender keineswegs auf eine Schokoladenverpackung geschrieben worden war, wie ich es in Erinnerung gehabt hatte, sondern auf ein Blatt Papier aus einem Spiralblock. Sicher, der Kalender lag in einem Karton mit rund dreißig losen Zetteln und Notizen, die mitunter auf Schokoladenverpackungen geschrieben worden waren. Und in gewisser Weise gehörten diese Notizen und der Kalender zusammen, aber trotzdem waren es verschiedene Dinge, die in meinem Gedächtnis miteinander verschmolzen waren.

Als ich den Kalender gerade zurücklegen wollte, fiel mein Blick auf einen Brief weiter unten in der Kiste. Im Briefkopf standen die Wörter »Konzentrationslager Fuhlsbüttel«. Ich erstarrte.

Draußen in der Bucht war ein Motorboot zu hören. Das dumpfe Geräusch drang ins Gästehaus, aber ich konnte nicht ausmachen, in welche Richtung das Boot fuhr. Hinaus aufs Meer oder Richtung Stadt?

Ich legte den Kalender beiseite und zog den Brief aus der Kiste. Er war handgeschrieben, in winzigen, für mich unlesbaren Sütterlinbuchstaben, aber im Briefkopf stand ohne Zweifel, dass der Brief in einem Konzentrationslager abgeschickt worden war. Warum hatte ich das vor zwanzig Jahren übersehen?

Ich wühlte weiter in der Kiste, fand noch mehr Briefe und starrte auf den Briefkopf, laut dem sie in einem Konzentrationslager abgeschickt worden waren, von dem ich noch nie gehört hatte – Konzentrationslager Fuhlsbüttel. Nach einer Weile gelang es mir, den Absender zu entziffern. Es war der Zwillingsbruder meines Vaters. Walter.

Unter dem Bündel mit Briefen aus dem Konzentrationslager lag ein Dokument, das auf etwas festerem Papier gedruckt war. Es war blass orangefarben, aber vermutlich einmal rot gewesen.

In schwarzer Frakturschrift stand dort das Wort »Entlassungsschein«. Oben links war ein Stempel, der den deutschen Reichsadler mit Hakenkreuz zeigte, daneben eine Unterschrift: »Thomssen«. Das alles weiß ich nur dank der Hilfe einer Bibliothekarin am Goethe-Institut in Stockholm, die sehr viel Zeit und Mühe darauf verwendete, die Zeilen für mich aus der Fraktur- und Sütterlinschrift zu transkribieren und zu übersetzen.

Laut dem Entlassungsschein waren Walter am 9. März 1938 im Zuchthaus Bremen-Oslebshausen folgende Gegenstände ausgehändigt worden: zwei Reichsmark und neunzig Pfennig in bar, ein Dritte-Klasse-Fahrschein nach Hamburg sowie zivile Kleidungsstücke, Anzug, Wintermantel, Wollschal. Unten auf dem Schein wurde durch eine unleserliche Unterschrift bestätigt, Walter habe bei der Entlassung seine Strafe abgesessen und müsse sich binnen vierundzwanzig Stunden beim Gestapo-Hauptquartier in Hamburg melden.

Der Zwillingsbruder meines Vaters hatte die Gefangenschaft also doch überlebt.

Der Zwillingsbruder Walter?

Nein, Walter und mein Vater waren ein und dieselbe Person. Oder anders gesagt: Nach und nach verstand ich, dass Walter der Mann gewesen war, der viele Jahre später mein Vater wurde. Zum Zeitpunkt meiner Geburt hatte er den Namen Walter jedoch längst abgelegt. Ich kenne ihn als Michaël, unter dem Namen, den er annahm, um einen Strich unter die Vergangenheit zu ziehen und wie Lot in der Bibel nie wieder zurückzublicken.

Mein Vater hatte schlicht und einfach getan, was alle anderen nach dem Krieg auch getan hatten. Er hatte den Blick nach vorn gerichtet, so wie es ihm am sinnvollsten schien. Wer dem Faschismus entkam und bereit war, sein früheres Leben hinter sich zu lassen, wurde im Schweden der Sozialdemokraten mit offenen Armen empfangen und konnte es weit bringen. Hier, im neuen Land, baute mein Vater ein neues Leben auf, sogar Surströmming lernte er zu schätzen. Vielleicht gehörte all das, inklusive der schwedischen Fischspeise, zu einem vorteilhaften Vertrag, den er mit seiner neuen Heimat schloss. Was wiederum zur Folge hatte, dass ich ihn nie wirklich kennengelernt hatte.

Deshalb stand ich jetzt im Gästehaus vor einem Haufen Umzugskartons, welche die Hinterlassenschaft eines Fremden enthielten. Eines Fremden, der vermutlich vorgehabt hatte, eines Tages von seinem Leben zu erzählen. Warum sonst hatte er seine alten Tagebücher aufgehoben und Aufzeichnungen verfasst, die er mir nie gezeigt hatte.

Auf dem Vorsatzblatt der Memoiren stand eine Widmung:
»Für meine Kinder«
Welche Geschichte hatte er uns erzählen wollen?

Eppendorfer Weg, Eimsbüttel
Hamburg, Deutsches Kaiserreich

Zu Beginn des Herbstes nahm ich die Umzugskisten mit in die Stadt und verstaute sie in meinem Studio an der Jungfrugatan in Östermalm. An der Wand des Arbeitszimmers hängte ich eine Europakarte auf und daneben eine Karte von Norddeutschland sowie Stadtpläne von Hamburg und Berlin.

Ganze Nächte saß ich dort, zwei Wohnviertel nördlich der Wohnung, in der meine Frau und unser Kind schliefen. Mit einem Textmarker in der Hand ging ich die Erinnerungen meines Vaters durch und markierte die Adressen mit Stecknadeln, Klebestreifen und Zetteln auf den Karten an der Wand.

Mein Vater hatte die Aufzeichnungen nach seiner Pensionierung geschrieben – also Ende der Siebziger-, Anfang der Achtzigerjahre –, und zwar auf Schwedisch. Der beschwingte Ton, in dem er, ein in die Jahre gekommener Mann, Anekdoten aus seiner Kindheit und Jugend zum Besten gab, überraschte mich. Aufgrund seiner ständigen Tiraden über Deutschtümelei und alles, was deutsch war, hatte ich geglaubt, alles, was mit seiner Kindheit in diesem Land zu tun gehabt hatte, sei in seinen Augen schlecht gewesen. Nein, das stimmt nicht. Er hat nie schlecht über deutsches Essen geredet, und das deutsche Theater hat er immer gelobt und geliebt. Die deutsche Literatur fand er manchmal langatmig, aber nicht uninteressant.

Nicht alles war schlecht in Deutschland. Gar nicht.

Heute denke ich, dass es eigentlich um Liebe ging. Eine große, verrückte und leidenschaftliche Liebe. Eine verratene Liebe. Die Liebesgeschichten, die schlecht enden, sind schließlich am schwersten zu verkraften.

In seinen Erinnerungen schrieb er von einer privilegierten Kindheit in einer Beamtenfamilie am Eppendorfer Weg in Hamburg-Eimsbüttel, und das offensichtlich mit literarischem Anspruch.

Niemand erinnert sich seiner Geburt, und da es im Hause als höchst unangebracht und peinlich empfunden worden wäre, eine Frage nach solchen an unbehagliche Tiefen rührende Dinge zu stellen, so ist es ausschließlich meiner Phantasie überlassen, mir das für mich nicht unwesentliche Ereignis meiner Geburt vorzustellen. Es wäre vielleicht zu erwähnen, daß gewisse spärliche Aufschlüsse trotz allem zu meiner Verfügung stehen.

Ich habe immer Anlaß gefunden, meinem älteren Bruder Max vorzuwerfen, daß er in absolut verantwortungsloser Weise in meinen vorgeburtlichen Entwicklungsprozeß eingegriffen habe. Zwei Monate vor meiner

Geburt fiel mein Bruder in einem heute noch nicht restlos geklärten Anfall von Leichtsinn mit dem Kopfe zuerst in eine der zahlreichen in alten Schrebergärten eingegrabenen Regentonnen. In bewußtlosem Zustande wurde er dank der Aufmerksamkeit meines ältesten Bruders John in ein nahegelegenes Krankenhaus gebracht, offenbar noch gerade an der Schwelle zwischen Leben und Tod. Nach 24-stündiger Bewusstlosigkeit entschied sich mein Bruder, die Schwelle nicht zu überschreiten.

Meine Mutter, die am Waschkübel stehend von der Unglücksbotschaft überrascht wurde, eilte ins Krankenhaus; 24 Stunden lang litt sie die Qualen banger Ungewissheit, hin- und hergerissen zwischen Verzweiflung und Hoffnung. Ereignisse solcher Art sind geeignet, auch robuste Naturen zu erschüttern. Mir wollte es scheinen, als ob zwischen diesem Ereignis und meiner in frühen Kinderjahren sich zeigenden Nervosität gewisse Zusammenhänge bestünden.

Zu den weiteren Aufschlüssen über die Vorgänge bei meiner Geburt gehört, daß mein Großvater väterlicherseits, ein kleiner Mann, der aber durch einen stattlichen weißen Vollbart und volles weißes Haar einen majestätischen Eindruck machte, voller Entrüstung meiner Mutter die familienhistorisch gewordenen Worte entgegenschleuderte: »Da hast du dich mal wieder scheen verrechnet« – womit deutlich wurde, daß ich kein Wunschkind war. Um diesen Satz in seinem richtigen Klange aufnehmen zu können, ist es wichtig zu bemerken, daß mein Großvater noch gewisse sprachliche Anklänge an das Jiddische verwendete, eine Sprache, der im Hause eines deutschen Beamten kein Platz eingeräumt werden konnte. Und als dritte und letzte Mitteilung, die mir über die Vorgänge bei meiner Ge-

burt gemacht wurde, stehe hier die von meinem Vater
mit großem Vergnügen häufig wiederholte Feststellung,
daß der Storch mich während eines furchtbaren Gewit-
ters abends um 11 Uhr meiner Mutter zustellte. Mei-
ne Mutter, die …

Dort, wo die Mutter erwähnt wird, endet der Bericht mitten
im Satz. An anderer Stelle beschreibt mein Vater aber, wie er in
der unruhigen Zeit nach dem Ersten Weltkrieg mitten im käl-
testen Winter mit seiner Mutter an einem von Hamburgs vielen Kanälen stand. Sie warteten darauf, dass ein mit Kohle beladener Prahm dort eintreffen würde.

Mein ältester Bruder war am frühen Morgen vor
Schulbeginn dorthin geschickt worden, um uns einen
Platz in der Schlange zu sichern. Danach wurde er von
der Mutter abgelöst, die mich zu der Entladestelle mit-
nahm. Ich kann vor meinem inneren Auge die langen
gewundenen Schlangen und die schwarzen Prähme
sehen. Ich rieche den Geruch von Kohle und den der
Kälte, die in den Nasenflügeln beißt, während ich dort
stehe und die Hand meiner Mutter halte.

Die Familie bewohnte eine herrschaftliche Wohnung mit einer
Flucht von Gesellschaftsräumen zur Straße hin und Schlafzim-
mern mit Blick in den Garten. Zwischen Wohn- und Schlaf-
trakt lag ein langer Flur, sodass die Wohnung in der Mitte am
schmalsten war und von der Form her an einen Knochen erinnerte. Daher der Name dieses Wohnungstyps – Hamburger
Knochen. Die Wohnräume durften mein Vater und seine beiden älteren Brüder nur betreten, wenn die Familie Besuch hatte. Sonst hielten sie sich im Schlafzimmer oder in der Küche
auf, wo Walter auch seine Hausaufgaben erledigte.

Die Küche lag in der Mitte der Wohnung, ebenso wie das Badezimmer mit Warmwasser und einer Badewanne auf Löwenfüßen, in der Walter als Kind von seiner Mutter gebadet wurde. Die Schlafzimmer waren mit breiten, knarzenden Dielen ausgelegt, in den Wohnzimmern lag blank poliertes Stabparkett aus Eiche. Das Speisezimmer war mit den anderen Räumen durch schwere Schiebetüren mit hübschen Glasscheiben verbunden, außerdem gab es einen geräumigen Balkon mit großen Marmorkübeln auf der Brüstung.

Mein Vater schreibt, dass seine erste Kindheitserinnerung von diesem Balkon stammt. Allerdings war er sich nicht sicher, ob sie wirklich echt war oder ob seine Eltern und Brüder ihm so oft von der Begebenheit erzählt hatten, dass es sich für ihn wie eine Erinnerung anfühlte. Wie auch immer, in dieser Erinnerung ist die Familie auf dem Balkon versammelt, und seine Mutter hält ihn auf dem Arm. Sie verfolgen einen der ersten Luftangriffe auf Hamburg, der natürlich nichts ist im Vergleich zu dem, was der Stadt ein Vierteljahrhundert später widerfahren wird. »Feindliche Flugzeuge kreisen über Hamburg und werfen Bomben ab«, schreibt mein Vater und fügt hinzu: »Noch heute spüre ich die Geborgenheit im Arm meiner Mutter«.

Walters Schularbeiten, Aufsätze, Schreibhefte, Tagebücher sowie handgeschriebenen Briefe konnte ich zunächst nicht entziffern. Mit Mühe und Not gelang es mir, die Überschriften und Grußformeln in dieser altmodischen Schrift zu dechiffrieren. Tatsache war jedoch, dass ich nicht einmal die Briefe lesen konnte, die meine Onkel meinem Vater auf der Schreibmaschine geschrieben hatten.

Eines war klar: Wenn ich hier weiterkommen wollte, musste ich Deutsch lernen. Also immatrikulierte ich mich widerstrebend an der Fakultät für Germanische Sprachen der Stockholmer Universität.

Von allen Dokumenten, die ich nicht lesen konnte, waren es die Briefe aus dem Konzentrationslager Fuhlsbüttel, kurz Kola-Fu, die mich am meisten beschäftigten. Dass mein Vater in einem Konzentrationslager eingesessen hatte, kam mir so unwirklich vor. Ich hatte Filme darüber gesehen, Schwarz-Weiß-Filme, kommentiert von einer gekünstelten Reporterstimme. Aber immer war es darin um andere Menschen gegangen, abgemagerte, ausgemergelte Menschen und nicht um meinen Vater.

Im Internet stieß ich auf einen Artikel, demzufolge Kola-Fu in Gebäuden untergebracht gewesen war, die zu einer immer noch in Betrieb befindlichen, im Volksmund Santa-Fu genannten Justizvollzugsanstalt gehörten.

Gleich daneben sollte eine Gedenkstätte liegen, die infolge von Demonstrationen gegen den Abriss von Teilen des Gebäudekomplexes entstanden war. Unter anderem hatte das Alte Torhaus, auch »Tor zur Hölle« genannt, beseitigt werden sollen. Die Demonstranten und diverse Initiativen hatten den Abriss verhindert, und das Gebäude war schließlich unter Denkmalschutz gestellt worden. Dort wurde eine Ausstellung eingerichtet, die an Sonntagvormittagen besichtigt werden konnte. Ehemalige Häftlinge und deren Angehörige unterstützten die Arbeit der Gedenkstätte als Zeitzeugen.

Cockpit, Fokker F-27
Hamburg-Fuhlsbüttel, Bundesrepublik Deutschland
vor der Wiedervereinigung

Fünf Jahre nachdem ich mich auf die Hamburg-Reise mit meinem Vater eingeladen hatte, fing ich bei der großen skandinavischen Fluggesellschaft als Pilot an. Ich wünschte mir so sehr, mein Vater hätte mich sehen können. Ich hätte mich so gerne revanchiert, ihn auf dem Klappsitz im Cockpit mitgenommen, damit er mir seinen Geburtsort zeigen und mir die ganze Wahrheit erzählen könnte. Aber als ich meinen ersten offiziellen Flug als Co-Pilot in einem Zubringerflugzeug absolvierte, war seine Asche längst in den Wind verstreut.

Regelmäßig landete ich auf dem Flughafen Hamburg-Fuhlsbüttel. Meine Aufenthalte in der Stadt waren immer von einem Gefühl des Verlusts und der Orientierungslosigkeit geprägt. Ich vergaß Verabredungen, verlor Dinge oder verlief mich. Ich geriet mit Fremden aneinander, ohne zu wissen, warum, und konnte nicht schlafen, wenn ich mir nicht vorher ein paar Glas Bier genehmigt hatte. Und selbst wenn ich schlief, war es ein unruhiger Schlaf, und ich träumte von Menschen, die in einer Schlange standen, von Männern in Uniform und von Zügen, die nachts durch Deutschland fuhren.

Viele Male habe ich im Cockpit einer Fokker F-27 am Hamburger Flughafen gesessen und den Abflug vorbereitet, ohne mir darüber im Klaren zu sein, dass mein Vater nur einen Steinwurf von dem Hangar entfernt, wo ich vor wenigen Minuten steuerfreien Whiskey im Crewshop gekauft hatte, in einer Kellerzelle zusammengeschlagen worden war.

»Moin moin, Jungs!«, sagte Lale, die Flugdienstberaterin, wenn sie den Kopf zur Tür hereinsteckte und uns die Weight-and-Balance-Berechnungen reichte.

»Danke, Frau Lademeisterin«, antwortete ich übertrieben korrekt und nahm das Pinto Board mit ihren Berechnungen entgegen.

Dann plauderte Lale ein bisschen mit mir auf Englisch, während mein Kollege und ich die Berechnungen kontrollierten und den Tower anriefen, um die Abflugzeit zu bestätigen.

»Tschüss, Jungs«, sagte sie schließlich. »Bis zum nächsten Mal.«

»Wiedersehen, Lale«, sagte ich, womit mein deutscher Wortschatz auch schon erschöpft war.

»Macht's gut«, erwiderte Lale, ehe sie die Tür zum Cockpit schloss.

Dann starteten wir die Triebwerke, rollten mit dröhnenden Turbinen zur Startbahn, brachten die Motoren auf Touren, lösten die Bremsen und ließen Hamburg-Fuhlsbüttel hinter uns. Wir flogen nordwärts am Funkfeuer Michaelsdorf vorbei, dann weiter Richtung Kopenhagen und kehrten Deutschland den Rücken.

»Via aèrea / par avion« steht auf den Briefen, die mein Onkel John ab Anfang der Fünfzigerjahre aus São Paulo nach Stockholm schickte, an den Mann, der später mein Vater wurde. Die Kuverts haben gelb-grüne Ränder, die Farben der brasilianischen Flagge.

Zur selben Zeit schickte Onkel Max Luftpostbriefe aus Buenos Aires, in dünnen Kuverts mit hellblau-weißen Rändern wie in der argentinischen Flagge. Auf Max' Briefen steht links neben der Briefmarke »via aèrea«. Sämtliche Briefe sind in einem schwarzen Ordner mit Buckramrücken abgeheftet.

Im ersten Herbst im Arbeitszimmer in der Jungfrugatan war mein Deutsch noch zu schlecht, als dass ich die Briefe meiner Onkel hätte lesen können, doch es gab auch einige Fotos: John und Max in brüderlicher Umarmung vor dem Haus in São Paulo, wo John und seine Frau Else damals wohnten. Die beiden Brüder in Hemd, langen Hosen und Stadtschuhen am Strand von Praia Grande, neben einem geparkten Auto posierend, während hinter ihnen Ochsen Fischernetze aus dem Wasser ziehen. John, der Älteste, und Max, der Mittlere, lächelnd auf der Dachterrasse eines Ferienbungalows mit Aussicht auf den Atlantik. Dort, auf dem neuen Kontinent, wirken sie wie zwei deplatzierte Großstadtmenschen aus Mitteleuropa, die in den Tropen gelandet waren.

Hält man das hauchdünne Luftpostpapier gegen das Licht, kann man fast hindurchsehen. An einigen Stellen wurden die Tasten mit solcher Kraft durchgedrückt, dass ein Bindestrich oder ein Buchstabe das Papier perforiert und lichtdurchlässig gemacht haben.

Als Kind bin ich immer zum Briefkasten an unserem Gartenzaun gerannt, um für meinen Vater die Post zu holen, während er mit seiner Armbanduhr die Zeit stoppte. Wenn Briefe aus Südamerika im Briefkasten lagen, lief ich besonders schnell, weil ich wusste, dass er gespannt auf die Briefe seiner Brüder wartete.

Mit Max schien mein Vater ein warmes, herzliches Verhältnis zu haben, nach Briefen von John hingegen war er manchmal tagelang wütend. Woher diese Wut kam, verstand ich nie.

In seinen Erinnerungen schreibt mein Vater, sein elf Jahre älterer Bruder John habe ihn, seitdem er ein Kleinkind war, regelmäßig losgeschickt, um Kondome zu kaufen. Das sei folgendermaßen abgelaufen:

John schrieb einen Einkaufzettel, faltete ihn sorgfältig zusammen und gab ihn mir. Dann schickte er mich zur Apotheke. Dort reichte ich dem Apotheker den Zettel, der die Kondome säuberlich verpackte und das Geld entgegennahm. Anschließend kehrte ich zurück nach Hause und gab meinem großen Bruder das Paket, ohne jemandem davon zu erzählen. Das Geld, das übrig blieb, durfte ich behalten. Ich war noch völlig unschuldig und hatte keine Ahnung, was das Paket enthielt. Allerdings hatte ich das vage Gefühl, daß es etwas Verbotenes war.

Eines Tages, als ich wieder einmal auf dem Weg zur Apotheke war, wollte mein neun Jahre älterer Bru-

der Max sich den Zettel anschauen. »Spießbürger!«,
platzte er heraus. Aber daraus wurde ich auch nicht
klüger.

Max war ein Bohemien, der die Nutzung von Ver-
hütungsmitteln spießig fand und seinen älteren Bruder
verachtete, weil er nicht Manns genug war, seine eige-
nen Kondome zu kaufen. Dafür war er charmant und
hatte stets eine Anekdote aus dem Theater auf Lager.
John dagegen war der kühle Intellektuelle, bei dem an-
scheinend alles geregelt war, der aber nicht den Mut
hatte, selbst zur Apotheke zu gehen, da es nicht comme
il faut gewesen wäre.

»Häufig war John ein regelrechter Besserwisser«, notierte mein
Vater, eine Beschreibung, die genauso auf ihn selbst zutraf.
Liest man die Aufzeichnungen, scheint es fast, als hätte eine
gewisse Konkurrenz zwischen Walter und John geherrscht, ja,
vielleicht sogar Neid. Aber auch so kann Liebe aussehen.

John fiel im Examen durch, weil er zu viel Zeit mit
seiner damaligen Freundin verbrachte. Er und Max
mussten Anfang der 1920er-Jahre nicht aufs Geld ach-
ten, da sie mit Aktien spekulierten und gerade Hyperin-
flation herrschte. Unsere Mutter hingegen war gezwun-
gen, Vater jeden Mittag bei der Arbeit aufzusuchen und
seinen Lohn abzuholen, damit sie einkaufen konnte,
ehe die Preise erhöht wurden.

Als schließlich das Ende der Inflation kam, erhielt
ich den ersten Rentenpfennig von Vater, mit dem konn-
te ich kaufen, was ich wollte.

In den Aufzeichnungen steht außerdem, dass John sich immer
Zeit für seinen kleinen Bruder nahm. Er empfahl ihm Bücher

und Artikel, die er lesen sollte, und hatte stets ein offenes Ohr für Walter, ohne sich über ihn lustig zu machen.

John war es auch, der das politische Interesse bei meinem Vater weckte. Und vielleicht war genau das das Problem.

Claridge Hotel
Buenos Aires, Argentinische Republik

Wenn ich heute die Briefe aus Südamerika lese, muss ich unweigerlich an meine Flüge nach São Paulo und Buenos Aires denken. An all die Stunden, die ich mit dem Rest der Crew verbrachte anstatt mit meinen Verwandten.

Bis Ende der Neunzigerjahre wäre es noch möglich gewesen, Menschen zu finden, die meine Onkel gekannt hatten. Aber obwohl ich wusste, dass Max und Dora sich nach so vielen Jahren der Trennung hatten scheiden lassen und Max mit einer neuen Familie in Buenos Aires gelebt hatte, nahm ich nie Kontakt zu seinen Angehörigen auf.

Wobei, einmal habe ich einen halbherzigen Versuch unternommen. Am Jahrzeittag, also am Sterbetag meines Vaters nach dem jüdischen Kalender, wie Heinemann es mir damals auf dem Flughafen Arlanda erklärt hatte. Nach Sonnenuntergang zündete ich eine Jahrzeitkerze an und stellte sie auf den Schreibtisch meines Zimmers im Claridge Hotel in Buenos Aires. Vom Rabbi wusste ich, wann laut gregorianischem Kalender der neunte Tag des Monat Kislew war und was ich dann zu tun hatte.

Da saß ich nun, blickte in die Kerzenflamme und dachte an den Toten, meinen Vater, und an seine beiden Brüder, die ebenfalls verstorben waren. Anschließend blätterte ich im Telefonbuch. Tatsächlich wohnten in Buenos Aires eine Handvoll

Menschen mit meinem Nachnamen. Sicher, alle waren wohl kaum mit mir verwandt, aber der eine oder andere vielleicht schon. Und in gewisser Weise kam es mir vor, als teilte ich diesen Augenblick vor der Jahrzeitkerze mit meinen argentinischen Verwandten.

Das Telefonbuch lag aufgeschlagen vor mir auf dem Schreibtisch. Daneben stand das Telefon. Es wäre so einfach gewesen, die erste Nummer zu wählen und die Person, die sich meldete, zu fragen, ob wir verwandt seien. Da ich Spanisch spreche, hätte ich keinerlei Verständigungsprobleme gehabt. Und wäre die Antwort negativ ausgefallen, hätte ich einfach mit der nächsten Nummer weitergemacht und der übernächsten, bis ich irgendwann einen Verwandten erreicht hätte.

Aber ich hob den Hörer nicht ab. Oder besser gesagt: Ich hob den Hörer nicht ab, um meine Verwandten zu kontaktieren. Stattdessen benutzte ich das Telefon, um mit dem Rest der Crew zu besprechen, wo wir uns zum Abendessen treffen sollten.

Ehe ich das Hotelzimmer verließ, löschte ich die Jahrzeitkerze, auch wenn der Rabbi mir erklärt hatte, sie müsse vierundzwanzig Stunden brennen. Die Brandgefahr war einfach zu groß.

Allerdings riss ich die Seite aus dem Telefonbuch und hob sie auf. Ich habe sie bis heute, die Seite mit den Telefonnummern meiner Verwandten. Sie duftet schwach nach Druckerschwärze. Heute weiß ich, welche beiden Nummern ich hätte wählen müssen, und ich verstehe auch den Grund, warum ich nicht angerufen habe. Es war das Symptom eines Zustands, dessen ich mir noch nicht völlig bewusst war.

Hotelterrasse am Mittelmeer
Tel Aviv, Staat Israel

»Und die Vorhaut?«, fragte die Stewardess.

Sie war dabei gewesen bei dem Abendessen in Buenos Aires nach meinem pathetischen Versuch, den Jahrzeittag meines Vaters zu begehen. Sie hatte interessiert zugehört, als ich Dinge zu erklären versuchte, die ich selbst nicht verstand, und als mir die Tränen kamen, legte sie eine tröstende Hand auf meine.

Einige Wochen danach waren bei einem Bombenattentat in einem Bus auf der Dizengoffstraße in Tel Aviv zwanzig Menschen ums Leben gekommen. Ein paar Stunden später waren wir auf dem Flughafen Ben Gurion gelandet, und den Rest des Tages hatte das Bombenattentat unsere Gespräche dominiert.

Jetzt saß ein Teil der Crew auf der Hotelterrasse mit Aussicht über Frishman Beach beim Frühstück. Es war der 20. Oktober 1994. Gleich würden wir wieder unsere Uniformen anziehen und uns auf den Weg Richtung Kopenhagen machen.

»Die Vorhaut?«, fragte ich.

»Na, du hast doch erklärt, dass alle Körperteile eingesammelt und den richtigen Särgen zugeordnet werden müssten. Dass nichts fehlen dürfe, weil der Körper am Ende der Tage wiederaufersteht.«

»Ja, so ist das gedacht.«

»Aber die Vorhaut gehört doch auch zum Körper eines Mannes.«

»Ja«, sagte ich. »Aber im rabbinischen Judentum wird ein Junge am achten Tag beschnitten.«

»Eben, das meine ich.«

»Und?«

»Warum macht man das?«

»Als Zeichen für den Eintritt in den Bund mit Gott«, antwortete ich, so wie der Rabbi es mir erklärt hatte. »Abraham ist diesen Bund eingegangen. So steht es in der Bibel.«

Ich hatte mich mit dem Thema gründlich auseinandergesetzt, denn inzwischen ging ich jeden Freitagabend in die Synagoge. Der Rabbi half mir aufzuholen, was mein Vater versäumt hatte mir beizubringen.

Ein jüdischer Mann soll seinen Sohn die hebräische Sprache, das Schwimmen und einen Beruf lehren. Die beiden letzteren Dinge hatte ich auch ohne die Hilfe meines Vaters gelernt. Meine Mutter hatte mir das Schwimmen beigebracht, ein ehemaliger Kampfpilot hatte mich mit den Geheimnissen des Himmels, der Navigation und der Aerodynamik vertraut gemacht, und der Rabbi führte mich nun an die Thora, den Talmud und die hebräische Sprache heran.

Ich genoss die Ruhe, die während des Gottesdienstes in der Synagoge herrschte, das Gefühl, dass ich hier willkommen war, und am meisten die Art und Weise, wie mit der Heiligen Schrift umgegangen wurde. Wie die Thorarolle aus dem Schrein genommen, die Samthülle abgestreift und wieder darübergestülpt wurde, ganz behutsam, als würden einem Säugling die Windeln gewechselt. Die Texte wurden rege diskutiert, und alle hatten das Recht auf ihre Meinung. Und nicht nur das Recht: Von einem vernunftbegabten Menschen wurde erwartet, einen eigenen Standpunkt zu vertreten, eine eigene Interpretation, genannt Midrasch, zu entwickeln, eine eigene Perspektive.

Wie hätte ich diese Tradition nicht lieben können? Ich zog ernsthaft einen Übertritt in Erwägung und ging eine Zeitlang beim Rabbi in den Unterricht. Da mein Vater jüdisch gewesen war, konnte ich Mitglied der Jüdischen Gemeinde in Stockholm werden. Aber um als vollwertiges Mitglied akzeptiert zu werden, würde ich konvertieren und mich beschneiden lassen müssen, da meine Mutter keine Jüdin war.

Ein Freund, der als Erwachsener beschnitten worden war, hatte mir erzählt, seine Eichel sei seitdem weniger empfindlich, da die Schleimhaut ihre schützende Hülle verloren und sich in eine Art Lederhaut verwandelt habe. »Ein bisschen fühlt es sich so an, als würde man immer ein Kondom tragen«, hatte er mir gesagt.

Obwohl ich mir der Folgen bewusst war, hatte ich bereits einen Termin für die Beschneidung vereinbart. Dem Rabbi zufolge war ich bereit für den Giur – den Übertritt zum Judentum.

Ich hatte mich entschieden, ein *echter* Jude zu werden, wie mein Vater und alle vor ihm – bis zurück zu Abraham. Der Kantor hatte mir erklärt, die Beschneidung würde mich immer daran erinnern, dass ich zum jüdischen Volk gehörte, schließlich würde ich den Beweis dafür am eigenen Körper tragen.

Ich wollte auch wirklich dazugehören, war aber nicht bereit, mein Geschlechtsorgan einem traditionellen Mohel und seinem Messer auszuliefern. Ich hatte miterlebt, wie die Zeremonie bei einem Säugling durchgeführt worden war, und wusste daher, wie eine Brit Mila vonstattenging. Deshalb hatte ich einen Termin in einer Privatklinik vereinbart.

Als Pilot musste ich ständig Risiken bewerten und abwägen. Sicherheit und Wahrscheinlichkeitsbewertungen gehörten zu meinem Beruf. Die Wahl zwischen einem Mohel und einem Chirurgen fiel mir deshalb nicht besonders schwer. Vielleicht würde es bedeuten, dass einige orthodoxe Rabbiner und deren Gemeindemitglieder mich nicht als *echten* Juden akzeptieren würden. Aber wenn es um Sicherheit ging, wollte ich keine Kompromisse eingehen. Außerdem würde es ohnehin immer Leute geben, denen ich nicht jüdisch genug war, ganz gleich, was ich tat. Genauso wie es immer Leute geben würde, denen ich zu jüdisch war.

Das Gleiche gilt im Übrigen für mein Schwedisch-sein. Ich gehöre nie ganz dazu, und das wird wohl immer so bleiben.

Früher hat mich das belastet. Ich musste dafür kämpfen, akzeptiert zu werden, und so tun, als ließe es mich kalt, wenn man mich fragte, woher ich kam. Aus Björknäs, Saltsjö-Boo, Nacka, Stockholm oder Schweden, hatte ich dann immer wahrheitsgemäß geantwortet, und fast immer folgte die Frage: »Ich meine ursprünglich. Also so richtig?«

Früher war es mir wichtig gewesen, in der schwedischen Jugendnationalmannschaft zu spielen, die Wehrpflicht in einer Elitetruppe zu absolvieren, bei der großen staatlichen Fluggesellschaft zu arbeiten, von Literaturkritikern für meine »Beherrschung der schwedischen Literatursprache« gelobt zu werden. Ich hatte so hart dafür gekämpft, als *echter* Schwede angesehen zu werden.

Jude zu sein hängt nicht davon ab, was man glaubt, sondern wie man handelt, hatte mir der Rabbi erklärt. Eine Sache, die ein jüdischer Mann tun muss, betrifft seinen Penis. Es klingt wahrscheinlich banal, wenn man die Zugehörigkeit zum jüdischen Volk auf einen Hautfetzen reduziert, aber an genau dem Punkt war ich nun angekommen.

»Es wird dir dabei helfen, die richtigen moralischen Entscheidungen zu treffen«, hatte mir der Kantor erklärt, worauf ich ihn fragend angeblickt hatte. »Jedes Mal, wenn du deinen Schmeckel in der Hand hältst, wirst du daran erinnert werden, dass du Jude bist und was das bedeutet.«

Das Einzige, was jetzt noch zwischen dem einzigen Gott und mir stand, war also mein Penis. Aber wenn ich mich nun beschneiden ließ, ohne an Gott zu glauben, würde ich das nicht für Gott tun, sondern für die Menschen, damit sie mich als vollwertiges Mitglied ihrer Gemeinschaft akzeptierten. Nicht alle Juden sehen das so. Manche sind gegen die Beschneidung und haben alternative Namensgebungsrituale für ihre neugeborenen Söhne entwickelt. Brit Schalom ist ein Ritual ohne Blut oder Wunden. Lebendige Traditionen stehen immer im

Dialog mit der Gegenwart, und das Judentum ist eine lebendige Tradition.

Mit der Zeit habe ich verstanden, dass der Glaube trotzdem eine große Rolle spielt. Wenn ich mich beschneiden lasse, ohne daran zu glauben, ist es nicht echt, und was nicht echt ist, ist nicht nur sinnlos, sondern auch respektlos gegenüber denen, die den körperlichen Bund zwischen Gott und Mensch ernst meinen. Solange ich nicht tatsächlich daran glaube, dass diese Handlung etwas Grundsätzliches verändert, komme ich niemandem näher, weder Gott noch den Menschen. Wenn ich nicht daran glaube, kann ich es also genauso gut bleiben lassen.

Werde ich heute gefragt, wo ich eigentlich herkomme, antworte ich: »Ich bin, wer ich bin.« Manchen Menschen wird diese Antwort nie genügen. Es ist die gleiche Antwort, die Moses erhielt, als er Gott nach seinem Namen fragte. »Ich bin, der ich bin«, antwortete Gott. »Ich werde sein, der ich sein werde.«

Manche Menschen werden immer ein Problem damit haben, Andersartigkeit zu akzeptieren, das Göttliche in anderen Menschen zu sehen. Für sie wird es immer ein Problem sein, wenn sie die Zugehörigkeit nicht eindeutig bestimmen können. Aber für mich ist das kein Problem mehr.

Studio in der Jungfrugatan
Stockholm, Königreich Schweden

Anfang 2002 erhielt ich Antwort auf einen Brief, den ich an die Jüdische Gemeinde in Hamburg geschickt hatte. Eine Frau Landshut schrieb höflich, sie bedaure meine Familientragödie. Ja, sie hieß tatsächlich Landshut, wie die Stadt oder die Lufthansa-Maschine, die 1977 von palästinensischen Terroristen gekapert und nach Mogadischu entführt wurde, womit die

Terroristen die inhaftierte RAF-Führung in Stuttgart-Stammheim freizupressen versuchten. Dabei wurde der Kapitän erschossen.

Frau Landshut schrieb, sie habe in der Gemeinde niemanden ausfindig machen können, der alt genug war, sich an meine Familie zu erinnern. Die meisten Gemeindemitglieder seien nach dem Krieg nach Hamburg gekommen, vor allem in den Neunzigern, und in der Gemeinde werde mehr Russisch als Deutsch gesprochen. Sie habe jedoch im Archiv einige Dokumente gefunden, in denen es um meine Familie ging. Ich solle mich bei ihr melden, wenn ich mehr erfahren wolle.

Meine erste Reaktion auf den Brief war Verwunderung. Gab es tatsächlich Dokumente, in denen es um das Leben meiner Vorfahren in Hamburg ging – um all die Dinge, von denen mein Vater mir nie erzählt hatte? Dann wandelte sich meine Verwunderung in Irritation. Auf welche »Familientragödie« spielte Frau Landshut an? Und was wusste sie darüber? In unserer Familie hatte nie jemand von einer Tragödie gesprochen, vor allem nicht mein Vater. So etwas gehörte nicht zu seinem Selbstverständnis.

Die Irritation wich Neugier. Schließlich wählte ich die Nummer im Briefkopf und bat, mit Frau Landshut verbunden zu werden.

»Es ist nicht so leicht, darüber am Telefon zu sprechen«, erklärte sie. »Am besten kommen Sie persönlich in mein Büro und holen sich Kopien der Dokumente ab.«

»Ich rufe aus Stockholm an«, sagte ich. »Können Sie mir nicht sagen, um was für Dokumente es sich handelt?«

»Ganz unterschiedliche. Manche sind in einer sehr alten deutschen Schrift geschrieben. Vermutlich können Sie die Briefe nicht ohne fremde Hilfe lesen. Aber es gibt auch ein paar maschinengeschriebene Schriftstücke, und im Staatsarchiv Hamburg liegen weitere Dokumente. Sie sollten sich mit

Frau Baumbach unterhalten, der Historikerin, oder mit Herrn Sielemann vom Staatsarchiv. Die beiden sind Experten auf diesem Gebiet und sprechen sehr gut Englisch.«

»Ich werde mich gern an Frau Baumbach und Herrn Sielemann wenden«, sagte ich. »Aber können Sie mir nicht trotzdem etwas über die Dokumente verraten?«

»Ich könnte Ihnen ein paar Kopien mit der Post schicken. Dann können Sie selbst lesen, worum es geht.«

»Sie haben gesagt, die Dokumente sind schwer zu entziffern.«

»Ja … oder nein … das lässt sich am Telefon schwer erklären.«

»Inwiefern?«

»Ich fühle mich wirklich nicht sehr wohl dabei. Mein Englisch ist nicht gut genug. Es wäre besser, Sie lesen es selber, glauben Sie mir.«

»Nur ein Hinweis … irgendetwas.«

»Es ist kompliziert.«

»Bitte, versuchen Sie's.«

»Wissen Sie was? Ich schicke Ihnen die Kopien noch heute, dann haben Sie sie spätestens Ende der Woche. Und wenn Sie das nächste Mal in Hamburg sind, melden Sie sich bei mir, dann vereinbaren wir einen Termin und können zusammen das Gemeindearchiv durchgehen. Was halten Sie davon?«

»Ja, gern.«

»Ohne Hilfe würden Sie im Gemeindearchiv nichts finden, nicht mal wenn Sie wissen, wonach Sie suchen. Es ist kompliziert.«

»Ja, das haben Sie schon gesagt.«

»Verzeihung?«

»Sie haben das schon gesagt, als ich nach den Dokumenten fragte. Dass es kompliziert ist.«

»Ach so. Ja, wissen Sie, in Deutschland ist es kompliziert, Jude zu sein.«

52

Frau Landshuts zweiter Brief
Hamburg, Bundesrepublik Deutschland

Im zweiten Brief von Frau Landshut steckte die Kopie eines Schriftstücks, ausgestellt vom Chef des sogenannten Judenreferates der Gestapo Hamburg. Darin ging es um einen Zug, der Hamburg am 4. Dezember 1941 mit dem Endziel Minsk verlassen sollte. 794 namentlich aufgeführte, als Juden eingetragene Personen sollten befördert werden. Sie alle waren sogenannte Volljuden – in den Akten der Nazis war auch von Halb-, Viertel-, Achteljuden die Rede.

Die maschinengeschriebene Ziffer 750 war durchgestrichen worden, und jemand hatte mit Tinte die Zahl 794 darübergeschrieben. Auch die Endstation Minsk hatte man durch ein anderes Ziel ersetzt.

Dieser vierte von insgesamt zwanzig Deportationszügen aus Hamburg verließ die Stadt am 6. Dezember 1941 mit 753 der aufgeführten Personen. Einundvierzig fehlten also.

Frau Landshut hatte auch eine Liste mitgeschickt, auf der dreizehn Personen aufgeführt waren, die nach Erhalt der »Evakuierungsorder« Selbstmord begangen hatten. Blieben achtundzwanzig Personen, denen es womöglich gelungen war, sich zu retten.

Auf der »Evakuierungsliste« waren zwei Personen mit meinem Nachnamen eingetragen. Meine Großeltern hatten also zu den Deportierten gehört. Minna und Gustav waren ihre Namen gewesen.

Jetzt begriff ich, warum Frau Landshut nicht am Telefon über die Dokumente hatte sprechen wollen. Mein Vater hatte ja auch nie mit mir darüber gesprochen. Er hatte die Namen seiner Eltern nie erwähnt, und ich hatte ihn nie danach gefragt. Frau Landshut hatte recht: Das Ganze war kompliziert, und es war klug von ihr gewesen, mir die Dokumente per Post zu schicken.

»Du bist doch kein Jude«, hatte die Stewardess an dem Morgen auf der Hotelterrasse in Tel Aviv gesagt. »Wenn deine Mutter keine Jüdin ist, bist du kein echter Jude.«

»Nein«, hatte ich geantwortet, »und ein echter Schwede bin ich auch nicht. Was bin ich dann?«

»Halb, halb vielleicht … Halbjude …?«

Sie meinte es bestimmt gut mit mir. Sie wollte das Frühstück mit mir genießen, mich trösten, mir versichern, dass die primitive Gewalt von Menschen, die in Tel Aviv sich und einen ganzen Bus in die Luft sprengten, nichts mit mir zu tun hatte. Aber Halbjude genannt zu werden ist kein Trost – außerdem ist Halbjude ein Nazibegriff. Entweder du bist Jude oder du bist es nicht. Das ist genauso, wie wenn Leute sagen, mein Bruder sei nur mein Halbbruder. Ist er nicht. Er ist mein Bruder.

In beiden Behauptungen ist das »Halb-« etwas, das zu meiner Mutter zurückführt. Als wäre an der wunderbaren Frau, die mich geboren und aufgezogen hat, etwas halb oder unvollständig.

In der offiziellen schwedischen Statistik wird nicht zwischen sogenannten Halbjuden und anderen gebürtigen Schweden unterschieden – Gott sei Dank nicht! Doch bis 2002 wurden Personen, die wie ich in Schweden geboren wurden, aber mindestens einen Elternteil haben, der aus keinem nordischen Land stammt, als »Einwanderer zweiter Generation« verzeichnet.

Es wird nicht explizit ausgesprochen, aber den Einwanderern zweiter Generation werden gewisse Probleme prognostiziert. Die Statistik bezieht sich auf Faktoren wie Ausbildung, Erwerbstätigkeit und Kriminalität. Wer der zweiten Generation angehört, hat angeblich ein niedrigeres Ausbildungsniveau vorzuweisen, findet schwerer Arbeit und besitzt ein größeres kriminelles Potenzial als *normale* Schweden.

Diese Statistik wurde jedoch nach 2002 nicht fortgeführt. Danach bin ich als »in Schweden geboren mit einem inländischen und einem im Ausland geborenen Elternteil« verzeichnet. Als ich in meinem Studio saß und das Material aus den Umzugskisten durchging, war ich also – zumindest offiziell – auf einem guten Weg, vom Einwanderer zweiter Generation zu einem fast *normalen* Schweden zu werden.

Einige Wochen nach Frau Landshuts zweitem Brief erhielt ich noch einmal Post aus Deutschland. Diesmal vom Bundesverband Information & Beratung für NS-Verfolgte e.V. aus Köln. Frau Landshut oder jemand anderes hatte offenbar meinetwegen mit dieser Organisation Kontakt aufgenommen.

Aus dem Brief ging hervor, dass ich als Mitglied der zweiten Generation Holocaust-Überlebender betrachtet wurde. Aufgrund des Schicksals meines Vaters und seiner Familie in der Hitlerzeit hätte ich besondere Ansprüche und Rechte. Obwohl ich in Schweden geboren bin, und dies sechzehn Jahre nachdem Hitler Eva Braun die Zyanid-Kapsel reichte – ja, Liebe kann sich sehr unterschiedlich manifestieren –, sich dann in den Kopf schoss und bis zur Unkenntlichkeit verbrannt wurde.

Ein bisschen fühlt es sich so an, als hätte ich ein defektes Gen, das unter ungünstigen Umständen zum Ausbruch einer schweren Krankheit führt. Ich war dabei gewesen, meine Zugehörigkeit zur zweiten Generation aufzugeben und ein fast *normaler* Schwede zu werden. Jetzt aber spielte das Zweite-Generationen-Gen verrückt, und es kam zu einem neuerlichen Krankheitsschub. Damit musste ich leben. Meine Diagnose könnte aus dem Handbuch des amerikanischen Psychiaterverbandes stammen. Ein Leiden, das sich mit vier Buchstaben beschreiben lässt, eine Art von PTSD – Post Traumatic Stress Disorder. In meinem Fall handelt es sich allerdings eher um SGSD – Second Generation Stress Disorder –, einer Persönlichkeitsstörung mit an ADHD oder DAMP erinnernden Symptomen.

Hierbei handelt es sich um eine Krankheit, die sich nicht ignorieren lässt und die behandelt werden sollte, gegebenenfalls mit Substanzen, die dem Gehirn helfen, besser zu funktionieren. Warum nicht Alkohol? Ich kann bezeugen, dass diese Droge einen wohltuenden Effekt auf mich ausübt, wenn es um das Gefühl geht, schwedisch zu sein. Wenn ich an Freitag- oder Samstagabenden genügend trinke, fühle ich mich wie ein stinknormaler Schwede.

Eine kleine mittelalterliche Stadt in Bayern
Bundesrepublik Deutschland

Ich war noch nicht bereit, Frau Landshut in der Jüdischen Gemeinde zu besuchen. Seit meiner Zeit als Fokker-Pilot war ich nicht mehr in Hamburg gewesen, und ich wollte gut vorbereitet sein, um mich der Stadt meiner Vorfahren auf die richtige Weise zu nähern.

Das Goethe-Institut organisierte einen Deutsch-Intensivkurs in Rothenburg ob der Tauber, einer kleinen mittelalterlichen Stadt mit Stadtmauer, deren größte Touristenattraktion ein Museum über mittelalterliche Foltermethoden ist – was mich natürlich hätte abschrecken sollen. Aber auf Bildern wirkte die Stadt harmlos und pittoresk, und außerdem lag sie weit weg von Hamburg. Also machte ich mich auf den Weg dorthin.

Der Lehrer war ein etwa fünfunddreißigjähriger Mann, also fünf bis zehn Jahre jünger als ich und etwa fünfzehn Jahre älter als meine Mitschüler, die alle aus Italien kamen. Er war kräftig gebaut, mit kurzen blonden Haaren und blauen Augen. Er hatte ein freundliches, spitzbübisches Lächeln und eine offene, herzliche Art. Ich fand ihn sympathisch.

Vielleicht wären wir in einer anderen, besseren Welt Freunde geworden, aber von Anfang an ging alles schief. Er schrieb ein paar Sätze an die Tafel und bat uns, sie mit dazugehörigen Alltagssituationen zu kombinieren. Die Redewendung »Übung macht den Meister« sollte betonen, wie wichtig es war, die deutschen Präpositionen zu lernen. »Der Tod ist ein Meister aus Deutschland« schoss es mir durch den Kopf, aber das sagte ich nicht laut.

Stattdessen schlug ich vor: »Arbeit macht frei«, was die anderen Kursteilnehmer sehr witzig fanden. Der Lehrer hingegen sah gekränkt aus, und kaum, dass ich die Worte ausgesprochen hatte, bereute ich sie auch schon. Sie waren einfach so aus mir herausgesprudelt, ich hatte nichts dagegen tun können. Second Generation Stress Disorder hat zuweilen Ähnlichkeit mit dem Tourette-Syndrom.

Am ersten Abend nahmen die Lehrer uns mit in die örtliche Kneipe. Wir tranken Bier und lachten viel. Ich gab eine Runde aus und war fest entschlossen, mich zu rehabilitieren und meine zivilisiertere Seite zu zeigen. Irgendjemand witzelte, der beste Weg, eine neue Sprache zu erlernen, sei es, sich in eine Muttersprachlerin oder einen Muttersprachler zu verlieben. Jemand anderes schlug vor, wir sollten üben, wie man auf Deutsch flirtet, worauf mir ein kalter Schauder über den Rücken lief. Ich sagte, ich hätte zu Hause eine Frau und kleine Kinder, und so sollte es auch bleiben. Alle lachten. So weit, so gut, aber dann fügte ich hinzu, ich hätte noch nie eine deutsche Frau geküsst und könnte mir auch nicht vorstellen, das jemals zu tun.

Die Art, wie die italienischen Jugendlichen mich anblickten, gab mir zu verstehen, dass ich in ein Fettnäpfchen getreten war. Schweigend trank ich mein Bier aus und biss die Zähne so fest aufeinander, dass mir nach einer Weile die Kiefer wehtaten. Aus Zorn? Nein, um zu verhindern, dass noch mehr Kröten aus meinem Mund hüpften.

Bis zum Ende des Kurses blieb ich für mich. Ich steckte tief in einem Gefühlschaos, war leicht gereizt und hatte ständig das Gefühl, ich müsste mich verteidigen. Dass ich dort mit einer Gruppe italienischer Jugendlichen in einem Klassenzimmer saß, um die deutsche Sprache zu erlernen, kam mir wie Verrat vor. Und noch schlimmer war es, einen gemütlichen Abend mit Deutschen zu verbringen. Innerlich weinte ich und war zugleich wütend. Ein Teil von mir wollte wirklich dazugehören. Dieser Teil übte die deutschen Sätze, wie um Öl in die Wogen zu gießen und die Dinge zwischen dem Lehrer und mir wieder geradezubiegen. Doch da war auch ein anderer Teil, der etwas ganz anderes wollte.

Ich fühlte mich gedemütigt, dass ich überhaupt dort sein und in Süddeutschland einen Sprachkurs besuchen musste, statt mich zu Hause in Stockholm um meine Familie zu kümmern. Mein Vater hätte mir schon als Kind Deutsch beibringen sollen. Ich hatte ihn doch sogar darum gebeten, nachdem wir zusammen Simba und Ruth in Hamburg besucht hatten.

Aufbauschule an der Hohen Weide
Hamburg, Deutsches Reich, Weimarer Republik

Im Frühjahr 1929 besuchte Walter die Staatliche Aufbauschule an der Hohen Weide – eine Errungenschaft der Weimarer Republik. Das Gebäude gegenüber dem Agaplesion Diakonieklinikum gibt es noch heute. Gleich am ersten Tag freundete Walter sich mit einem Jungen mit dem Spitznamen Simba an, und von da an waren die beiden unzertrennlich.

Im Oktober 1929 stürzten an der Wall Street die Aktien ab, es war der Beginn der Großen Depression, die wiederum dazu beitrug, dass Walter und Simba sich politisch engagierten.

Simba wurde Mitglied der Kommunistischen Partei, Walter ging zu den örtlichen Sozialdemokraten, wo sein großer Bruder John Vorsitzender war. Mein Vater schreibt in seinen Erinnerungen, dass Gustav zunächst nicht gerade begeistert darüber war, sich aber später damit abfand, da er in dieser Hinsicht keinen Einfluss auf seine Söhne hatte.

Simbas richtiger Name war Bruno Meyer, aber alle nannten ihn Simba, den Löwen, wegen seiner großen Begeisterung für afrikanische Kultur. Er war ein treuer Freund, und dank ihm kam mein Vater nach dem Krieg wieder in Kontakt mit seinen alten Schulkameraden. Im März 1964 schrieb einer von ihnen:

Lieber Walter, unvergeßlicher Freund!
Der Zug »Hanseat« hatte nur drei Minuten Aufenthalt in Hamburg. Ich stand am Fenster. Da trat ein Unbekannter auf mich zu. In der etwas unheimlichen Art eines deutschen Kriminalbeamten fragte er: »Otto Schönfeldt?«
Das war die ganz große Überraschung: Simba stand vor mir. Ich konnte es gar nicht fassen. Dann die Kunde: Walter lebt!
Kannst Du Dir vorstellen, was diese Nachricht für mich bedeutet? Immer wieder hatte ich mich gefragt: Warum meldet er sich nicht zurück, wenn er durchgekommen ist? Unter dieser schrecklichen Ungewissheit litt ich sehr. Ich wünschte so sehr, daß Du ins Ausland entkommen konntest. Plötzlich hörte ich, daß Du lebst! Daß es Dir gut geht! Das ist die schönste Nachricht seit vielen Jahren.

Als ich Otto Schönfeldt während meiner Kindheit traf, war er ein gebrechlicher Mann, der am Stock ging und einen schwarzen Citroën fuhr. Auf den Bildern aus der Jugendzeit hingegen steht er in Badehose neben Walter, irgendwo in der Lüneburger Heide, lächelnd und durchtrainiert – ein gutaussehender junger Mann.

Otto stammte aus Rostock, wuchs aber in Hamburg auf. Sein alleinerziehender Vater war Zimmermann. Als Otto zwölf Jahre alt war, starb der Vater und Otto bekam einen Pflegevater. Der war Zoologe und Afrikaforscher und weckte Ottos Interesse für Literatur und Theater.

Im November 1928 erkrankte der Pflegevater an Darmkrebs und verstarb nur wenige Tage nach einer gut verlaufenen Operation an Herzschwäche.

Mit 16 Jahren war Otto wieder verwaist.

In seinen Aufzeichnungen beschreibt mein Vater Otto als »eine ganz besondere Person in der Clique. Otto hatte eine eigene Wohnung und eigenes Geld, wodurch er verhältnismäßig unabhängig war. Außerdem hatte er einen Gebrauchtwagen der Marke Hanomag, den wir für unsere Abenteuer benutzten.«

In Vaters Erinnerungen ist von Wanderungen durch die Lüneburger Heide und frühmorgendlichen Ausflügen ins Eppendorfer Moor die Rede, »wo Simba uns verschiedene Vogelarten zeigte und ihren Gesang nachahmte«. Zu der Clique gehörten Jungen und Mädchen.

Wir lasen einander Gedichte vor, schrieben selbst welche, spielten Spiele und sangen miteinander. Wir gingen ins Theater und besuchten Tanztees. Zwar waren die Kellner im Alsterpavillon nicht gerade begeistert, als wir uns an einem Tisch niederließen und nur ein einziges Bier oder einen Thé complet bestellten, sie scharwenzelten um unseren Tisch herum, um zu zeigen, daß sie auf weitere Bestellungen warteten.

Es waren die schlimmsten Depressionsjahre, die Löhne sanken, aber die Preise blieben konstant. Auch das

Beamtengehalt meines Vaters wurde um ein Viertel ge-
kürzt. Millionen Deutsche waren arbeitslos. Trotzdem
war das Gymnasium eine Art geschützte Insel.

Es war eine wunderbare, sorgenfreie Zeit. Die Zu-
kunft lag vor unseren Füßen, und wir hatten nicht die
geringsten Zweifel, daß wir dazu bestimmt waren, gro-
ße Dinge zu vollbringen. Das Erwachen war ein har-
ter Schlag.

Elf Monate vor dem Tod meines Vaters planten die Mädchen
der Aufbauschule ein Wiedersehen, um den fünfzigsten Jahres-
tag ihres Schulabschlusses zu feiern. Mein Vater reagierte überrascht und erfreut auf diese Einladung. »Gewiss würde ich gerne an einer Zusammenkunft mit Euch teilnehmen, aber ich
habe gewisse Zweifel, ob ich richtig dazu gehöre und ob ich
wirklich willkommen bin. Aber davon könntest Du mich ja
noch überzeugen.«

Worauf die Organisatorin in einem langen Brief unter anderem antwortet. »Hörst du nicht den Ruf aller: Du bist einer
der Unsrigen?«

Dennoch hat mein Vater nicht an dem Treffen teilgenommen.

Das Mädchen, in das mein Vater sich verliebt, heißt Liesbeth. »Sie ging in die Parallelklasse und war meine Jugendliebe. Wir waren fest überzeugt, wir würden heiraten, sobald wir
beide unsere Ausbildung abgeschlossen hatten.«

Obwohl Liesbeths Vater Mitglied der NSDAP ist, hat er an-
scheinend nichts gegen den jüdischen Freund seiner Tochter.
Walter schreibt dazu:

Ich hatte immer das Gefühl, daß er mich eigentlich
ganz gut leiden konnte und bis zu einem gewissen Gra-
de bereit war, über den unkorrigierbaren Fehler mei-

ner Herkunft mit einer gewissen wohlwollenden Groß-
zügigkeit hinwegzusehen. Schlimmer war es schon mit
der Mutter. Sie war zwar völlig unpolitisch, aber die
Tatsache, daß ihre Tochter mit einem Juden ging, flöß-
te ihr unüberwindliche Abneigung ein. Im Grunde ge-
nommen war es wahrscheinlich ganz einfach so, daß sie
keinen Freund ihrer Tochter akzeptiert hätte, daß aber
meine jüdische Herkunft ein gefundener Anlass war,
diese Einstellung zu motivieren. Ich konnte auch nicht
über sie klagen, zu mir war sie immer freundlich. Aber
wie oft hat sie Liesbeth »Judenhure« geschimpft. Wie oft
hatte auch Liesbeths Vater, wenn er betrunken war, un-
ser Verhältnis mit Nazi-Ausdrücken verunglimpft.

Ich machte mir nichts daraus und versuchte den
Kontakt mit ihnen aufrecht zu halten – Liesbeths we-
gen. Die Eltern machten ihr ohnehin das Leben zur
Hölle, auch meinetwegen, und ich hatte kein Recht, ihr
die Lage aus persönlicher Empfindlichkeit noch schwe-
rer zu machen.

Wir waren meistens bei mir zu Hause. Meine Eltern
liebten Liesbeth und behandelten sie wie ein Mitglied
der Familie. Und sie fühlte sich wohl bei uns und hatte
nichts dagegen, an unserem bunten und lebhaften Fa-
milienleben teilzunehmen.

Im Herbst 1931 werden einige sozialdemokratische Reichs-
tagsabgeordnete des linken Flügels aus der Partei ausgeschlossen. Sie bilden die SAPD – vier Buchstaben, die wie
eine Diagnose aus dem Handbuch des amerikanischen Psychiaterverbandes klingen, aber für Sozialistische Arbeitpar-
tei Deutschlands stehen. Im politischen Spektrum befindet
sich die SAPD zwischen Sozialdemokraten und Kommunisten. Sie versucht diese beiden Parteien und die Gewerkschaf-

ten zu einer Einheitsfront gegen den Faschismus zu bewegen, statt sich gegenseitig zu bekämpfen. Ein großer Teil des sozialdemokratischen Jugendverbandes, darunter sogar ein zukünftiger Bundeskanzler und auch Walters Gruppe, schließt sich der neuen Partei an.

Sechs Monate später, im Frühjahr 1932, legen Walter und seine Freunde das Abitur ab. Walter möchte Geschichte studieren, doch Gustav ist skeptisch und will dem Sohn wegen der unsicheren Zukunftsaussichten das Studium nicht finanzieren. Womöglich spielen dabei auch Johns mangelhafte studentische Leistungen eine Rolle.

Um seinen Vater zu überzeugen, dass er es ernst meint, und um wertvolle Erfahrungen zu sammeln, bewirbt Walter sich um einen Praktikumsplatz bei der Hamburger Jugendbehörde. Er wird einem Heim für schwer erziehbare Kinder in Besenhorst zugeteilt, einem kleinen Dorf zwischen Bergedorf und Geesthacht, mehr als eine Stunde Zugfahrt vom Hamburger Hauptbahnhof entfernt. Deshalb soll er in der Anstalt wohnen.

Während der ersten sechs Praktikumsmonate finden drei Wahlen statt. Im Frühjahr 1932 wird der Gutsbesitzer und Generalfeldmarschall Paul von Hindenburg zum Reichspräsidenten wiedergewählt, und sowohl im Juli als auch im November werden Reichstagswahlen abgehalten, bei denen die SAPD schlecht abschneidet.

Da Walter eine Klasse übersprungen hat und noch nicht zwanzig ist, darf er im Gegensatz zu Simba, Otto und Liesbeth nicht wählen.

In dem Heim für »schwer Erziehbare« widmet Walter seine freien Abende verschiedenen literarischen Projekten und verliert immer mehr den Kontakt zu seinen Schulfreunden. Er trägt nun einen Anhänger mit Hammer und Sichel, was einige Mitarbeiter provoziert. In seinem Tagebuch schreibt er über eine Auseinandersetzung mit einem national gesinnten Kollegen, der ihn vor den Augen der Kinder verprügelt, getarnt als spielerischer Ringkampf. »Ich habe mich heute mit Veit angelegt. Die typische spießerhafte Einstellung der ›Alten‹. Es ist nicht der Rede wert.«

Walter kommt mit seinen literarischen Bemühungen nicht voran und macht sein Umfeld dafür verantwortlich: »Das hier ist eine Brutstätte der Spießigkeit, der Enge, der Geistlosigkeit. Es kann einen erschlagen.«

Er sehnt sich nach dem Jahreswechsel. Anschließend soll er seinen Praktikumsplatz wechseln und in einer Anstalt in der Averhoffstraße in der Hamburger Innenstadt anfangen.

»Bald habe ich Liesbeth, habe ich meinen Kreis wieder.«

Das Waisenhaus an der Averhoffstraße 5
Hamburg, Deutsches Reich, Weimarer Republik

Der 30. Januar 1933 war ein Montag, schreibt Walter Anfang der 1950er-Jahre auf seiner Schreibmaschine. *Montags hatte ich Morgendienst in dem Waisenhaus, in dem ich angestellt war. Das heißt, daß ich um 12 Uhr frei und mein eigener Herr war. Punkt zwölf wurde ich von meinem Kollegen abgelöst und eilte in mein Zimmer, um zu essen, mich zu waschen und mich umzuziehen. Die Sonne schien strahlend, es war einer jener Wintertage, die wie ein erster Gruß des nahenden Frühlings wirken, und ich verließ die Anstalt, um Liesbeth zu treffen. Ein langer Nachmittag und ein ganzer Abend mit Liesbeth lagen vor mir, und ich ging strahlender Laune und beflügelten Schrittes. Ich ging durch die Averhoffstraße zum Mühlendamm und näherte mich meinem Ziel. Liesbeth hatte heute frei. Sie arbeitete in derselben Anstalt wie ich, nur auf der Abteilung der älteren Mädchen. Aber sie war heute nach Hause gegangen, um ihre Eltern zu besuchen. Ich sollte sie abholen, und dann wollten wir zu mir nach Hause gehen und es schön haben.*

Bei Liesbeths Eltern wollten wir nicht bleiben. Es war immer eine gedrückte Stimmung dort. Die Eltern stritten häufig, und der Vater kam häufig betrunken nach Hause. Dazu kamen ihre Schwestern, die eine leicht schwachsinnig und mit merkwürdigen Einfällen und die andere gehässig und gegen mich in höchstem Maße unfreundlich gesonnen.

Ich war also auf dem Wege zu Liesbeth, pfiff laut und unterbrach mich nur, um vielleicht etwas leiser zu singen. Als ich eine Querstraße zum Mühlenkamp durchquerte, die mich schneller zum Krohnskamp führen sollte, brüllte mir plötzlich von der anderen Seite der Straße jemand mit ausgestreckter Hand »Heil Hitler« zu. Ich wies mit dem Zeigefinger auf die Stirn und versuchte unmißverständlich klar zu machen, daß bei dem Rufer offenbar im Oberstübchen einiges in Unordnung geraten war. Er brüllte mir noch einiges nach, was ich nicht richtig verstand. Ich kümmerte mich auch nicht mehr um ihn. Das passierte schon hie und da, daß man auf der Straße angepöbelt wurde, aber ich machte mir nichts daraus. Ich wußte, daß manche Leute mich als einen Fremdstämmigen bezeichneten, aber was bedeutete das? Wer von ihnen wußte mehr als ich von deutscher Geschichte, wer von ihnen war inniger verwachsen mit deutscher Kultur? Goethe, Schiller, die deutsche Klassik und die deutsche Romantik waren meine Bildungsquellen gewesen, aus denen ich immer wieder lebendigen Zustrom erhielt. Was konnte es mir bedeuten, wenn diese Menschen mich nicht zu ihnen rechnen wollten? Ich gehörte auch nicht zu ihnen.

Ich war in der radikalen Intelligenz und in der Arbeiterklasse zu Hause. Das gab mir Selbstsicherheit und schuf einen undurchlässigen Panzer gegen antisemitische Pöbeleien. Sie trafen mich nie.

Gewiß war es im Augenblick politisch etwas unruhig. Die Nazis waren in den letzten Jahren stark angewachsen. Aber die letzte Wahl hatte ja schon gezeigt, daß sie im Rückgang begriffen waren. Die Arbeiterschaft war immer unruhiger geworden, sie würde auf Dauer die Reaktion in Deutschland nicht dulden. Alle litten noch schwer unter der ökonomischen Krise. Eine ständige Welle von Streiks und Aktionen der Arbeitslosen war an der Tagesordnung. Eine Verschärfung der Regierungsmaßnahmen in reaktionärer Richtung mußte unweigerlich eine revolutionäre Krise auslösen, in der die Arbeiterschaft zum Angriff übergehen und endlich Schluss mit dem ganzen nazistischen und reaktionären Spuk machen würde. So dachte ich.

Ich ging also weiter und hatte den Zwischenfall schon vergessen. Und dann war ich vor Liesbeths Haus, sie winkte mir schon vom Fenster zu, und ich stürmte die Treppe hinauf. Sie öffnete und küßte mich hastig zum Gruß, was bedeutete, daß gerade niemand von den Familienmitgliedern in der Nähe war. Als ich eintrat, fragte sie mich sofort:

»Weißt du es schon?«

Ich wußte nichts.

Dann sagte sie mir, daß gerade in den Mittagsnachrichten durchgesagt worden war, daß Hindenburg Adolf Hitler zum Reichskanzler ernannt hatte.

»Na«, sagte ich gelassen, »dann wird das Theater ja bald zu Ende sein.« Und ich war nicht besonders beeindruckt von der Neuigkeit.

Da kam Hilde, Liesbeths jüngere Schwester, und begrüßte mich: »Na«, sagte sie, »was sagst du nun?« Und ein triumphierendes Lächeln war unverkennbar.

»Wozu?« fragte ich unschuldig.

»Stell dich nicht so dumm«, sagte sie. »Du weißt doch sonst alles so genau. Es wird deinem aufmerksamen Ohr wohl kaum entgangen sein, daß Adolf Hitler jetzt an die Macht gekommen ist.«

»Ach das« sagte ich, »wenn ich in deinem Alter wäre und meine Eltern aus dem Methhorn getrunken hätten, würde ich vielleicht auch noch an den Zauber glauben, aber ... es tut mir leid um dich. Gott, wird das ein Katzenjammer werden!«

»In einem Monat wirst du kaum noch die Schnauze so weit aufreißen, mein Guter«, erwiderte Hilde sehr ruhig und sicher und mit einem bösartigen Funkeln in den Augen. Und ließ mich stehen.

»Du hast es ihr gut gegeben«, sagte Liesbeth, »aber«, fügte sie etwas nachdenklicher hinzu, »vielleicht wäre es besser, doch etwas vorsichtiger zu sein. Die Gedanken sind frei, aber ich fürchte, wir gehen einer Zeit entgegen, in der wir nicht alles sagen sollten, was wir möchten.«

Ich empfand mich als Sieger und ahnte nicht im Entferntesten, wie recht die beiden Schwestern hatten und wie es uns alle betreffen würde – mich, Liesbeth, Otto und Simba.

SS-Sondereinheit Dirlewanger
Nahe Budapest, Königreich Ungarn

*Simba, der Löwe, wurde schon 1930 Schutzpolizist –
Schupo – und später bei der Landespolizei angestellt.
Er nahm 1933 mit anderen Widerstandskämpfern
teil an einer geplanten und verratenen Befreiungsak-
tion für die inhaftierten Arbeiterführer und Mitglieder der KPD-Fraktion der Hamburger Bürgerschaft,
Fiete Schulze und Etkar André. Beide wurden später
hingerichtet. Simba, gegen den auch die Todesstrafe beantragt wurde, verbüßte eine zwölfjährige Haft in Gefängnissen und KZ.*

Diese Zeilen wurden zu Bruno Meyers siebzigsten Geburtstag,
am 29. Januar 1981 in der *Deutschen Volkszeitung* veröffentlicht. Der Artikel war von Walter und Otto Schönfeldt verfasst worden. Ich fand ihn zusammen mit Simbas Briefen in
einer der Kisten auf dem Dachboden. Da sie mit Schreibmaschine getippt waren, konnte ich sie nun dank ein paar Jahren
Deutschstudium lesen.

Ich fing also an, Simbas Geschichte zu recherchieren.

Dass es Simba gelang, in Kola-Fu, Sachsenhausen und den
anderen Konzentrationslagern so lange zu überleben, beruh-
te auf seiner unerschütterlich guten Laune, seiner Anpassungs-
fähigkeit und darauf, dass er aufgrund seiner »arischen« Abstammung als sogenannter »Erziehungshäftling« galt. Letzteres
war auch der Grund, warum Simba während seiner Gefangenschaft mehrfach als »Funktionshäftling« eingesetzt wurde. So
wurde er im Konzentrationslager Sachsenhausen »Blockältester«, und im Herbst 1944 musste er dem Arzt Arnold Dohmen bei medizinischen Experimenten an einer Gruppe jüdischer Jungen assistieren.

Kurz darauf wurde Simba für die SS-Sturmbrigade Dirlewanger zwangsrekrutiert. Diese Einheit bestand aus rechtskräftig Verurteilten. Gegen Kriegsende wurden politische Häftlinge aus den Konzentrationslagern zwangsrekrutiert, um als Kanonenfutter zu dienen. Wenn die wertvollste deutsche Jugend auf dem Schlachtfeld geopfert wurde, warum sollten die Verbrecher da verschont bleiben?

Die Sondereinheit Dirlewanger bestand aus Mördern, Vergewaltigern, Dieben und andere Kriminellen, deren Häftlingskleidung mit grünen Winkeln markiert war. Aber es gab auch einige politische Häftlinge, die rote Winkel trugen. Als Rekruten der Sondereinheit Dirlewanger trugen sie alle die gleiche graue SS-Uniform, doch anstelle von SS-Runen hatten sie besondere Kragenspiegel, die zwei gekreuzte Karabiner mit einer Stielhandgranate darunter zeigten; sie waren schließlich Verbrecher und damit unwürdig, sich mit SS-Insignien zu schmücken. Dieses Detail, die gekreuzten Karabiner, sollte später über Leben und Tod entscheiden.

In der Nähe von Budapest desertierte Simba. Mit seinen kommunistischen und sozialistischen Kameraden flüchtete er, vermutlich im Dezember 1944, zur Roten Armee. Sie waren fest überzeugt, die Sowjets würden sie als Waffenbrüder im Kampf gegen den Faschismus mit offenen Armen empfangen.

Unsere Erwartungen waren natürlich die, daß wir dort ebenfalls als Freunde, als Genossen aufgenommen würden. Aber weit gefehlt! Schon bald, nachdem wir uns hinter die russischen Linien durchgeschlagen hatten, wurde mir bei einer Vernehmung auf einem sowjetischen Regimentsgefechtsstand von dem Dolmetscher (ein Mann, der 8 Jahre in Berlin gelebt hatte und wirklich fließend Deutsch sprach) ganz nüchtern erklärt:

»Ihr seid Kriegsgefangene. Ihr werdet in die Sowjetunion gebracht, dort für uns arbeiten, und wenn der Krieg zu Ende ist, werdet Ihr nach Hause geschickt.«
Und so war es genau.

Dass sie am Leben blieben, verdankten Simba und die anderen Antifaschisten in SS-Uniformen lediglich den gekreuzten Karabinern auf ihren Uniformen. Die gefangenen Deutschen mit SS-Runen auf dem Kragenspiegel wurden ohne Verhör hingerichtet.

Bevor Simba nach Hamburg zurückkehren durfte, verbrachte er fünf Jahre in verschiedenen sowjetischen Lagern, zusammen mit anderen deutschen Kriegsgefangenen, darunter viele überzeugte Nazis. Zwischen den politischen Gegnern brach häufig Streit aus, und es kam vor, dass Gefangene sich gegenseitig erschlugen, ohne dass die russischen Aufseher sich darum kümmerten.

Als Simba nach siebzehn Jahren endlich wieder als freier Mann nach Hamburg zurückkehrte, traf er seine Jugendliebe Ruth wieder, die nun als Dolmetscherin arbeitete.

Man könnte glauben, Simba sei nach seiner Rückkehr nach Westdeutschland als Held gefeiert worden, gehörte er doch zu denen, die vom ersten Tag an Widerstand gegen die Nazis geleistet hatten. Aber niemand dankte Simba, als Vorbestraftem fiel es ihm sogar schwer, Arbeit zu finden.

Stauffenberg und die anderen an dem Attentat vom 20. Juli 1944 beteiligten Personen wurden gefeiert. Offiziere, die im Gegensatz zu Simba zehn Jahre gebraucht hatten, um zu der Einsicht zu kommen, dass Hitler beseitigt werden musste. Und sonderlich demokratischer Gesinnung waren die Männer des 20. Juli auch nicht gewesen.

Der Kreis um Stauffenberg hatte nicht mit dem Krieg oder der Diktatur gehadert, sondern damit, dass Hitler im Begriff stand, den Krieg zu verlieren, und sich von niemandem belehren ließ. Stauffenberg deponierte eine scharf gemachte Sprengladung unter einem Tisch im Führerhauptquartier Wolfsschanze, doch trotz militärischer Ausbildung und aller Erfahrung gelang es ihm nicht, Hitler zu töten – vier Menschen starben bei der Explosion, Hitler aber nicht. Trotzdem wurde Stauffenberg zum Helden erklärt.

Ist es nicht interessant, dachte ich, als ich eines Nachts im Studio in der Jungfrugatan saß und einen akuten Anfall von SGSD durchlitt, dass ein Land, das so stolz ist auf seine Autos, Waschmaschinen und Elektrogeräte, das weltberühmt ist für seine Ingenieurskunst, sein Organisationsvermögen und nicht zuletzt seine Kriegsführung, sich dazu entschließt, einen Mann wie Stauffenberg zum Helden zu machen? Einen Mann, der sein ganzes Berufsleben über Soldat war, aber im alles entscheidenden Augenblick scheiterte?

Konzentrationslager Sachsenhausen
Nahe Berlin, Großdeutsches Reich

Nur eine Woche nachdem ich das Archiv des ehemaligen Konzentrationslagers Sachsenhausen kontaktiert hatte, erhielt ich einen Brief, in dem bestätigt wurde, dass Bruno Meyer, also Simba, dort Häftling gewesen war. Nur der genaue Zeitraum ließ sich nicht eindeutig bestimmen.

Es hieß, kurz bevor das Lager im Frühjahr 1945 von der Roten Armee befreit wurde, seien fast alle Dokumente der Kommandantur des KZ von der SS vernichtet worden. Die wenigen unversehrten Dokumente befänden sich nun größtenteils in diversen russischen Archiven. Allerdings könne ich mich an das Landesarchiv Nordrhein-Westfalen oder das Archiv von

Schloss Kalkum in Düsseldorf wenden. Dort bekäme ich mit Sicherheit weitere Informationen über den sogenannten Sachsenhausen-Prozess in den Sechzigerjahren, in dem Simba über medizinische Experimente in den Krankenbaracken ausgesagt habe.

In seiner Zeugenaussage während des Sachsenhausen-Prozesses erklärte Simba, dass er für elf jüdische Jungen zwischen acht und vierzehn Jahren verantwortlich gewesen war.

Die Jungen wurden in strenger Quarantäne gehalten. Jeden Tag begann Simba damit, Proben ihres Morgenurins ins Labor zu bringen. Außerdem maß er bei den Jungen morgens und abends die Temperatur und nahm alle drei Tage Blutproben, damit ein umfassendes Blutbild erstellt werden konnte.

Die Jungen lagen ihm am Herzen, er sorgte sich um ihre Gesundheit, wusste aber nicht, welche Experimente der zuständige Arzt, Doktor Arnold Dohmen, an ihnen durchführte. Aufgrund der gründlichen Tests war jedoch klar, dass die elf Jungen kerngesund waren.

Im Oktober 1944 erschien Dohmen im Krankenbau in Sachsenhausen. Der Arzt hatte eine kleine Ledertasche dabei, in der vier Glasampullen auf Eis lagen. Die Ampullen waren manuell verschlossen und mit kryptisch beschriebenen Etiketten versehen. In den Ampullen befand sich eine farblose, wasserähnliche Flüssigkeit. Dohmen wählte vier Jungen aus, die den Oberkörper freimachen sollten, und injizierte ihnen aus jeder Ampulle etwa zehn Zentiliter des Inhalts. Anschließend warf er die Ampullen weg.

Simba fischte sie später aus dem Abfalleimer, brachte sie ins Labor und bat einen der Häftlinge, der Chemiker war, den Inhalt zu analysieren. Da jedoch zu wenig Flüssigkeit übrig war, konnte der Laborassistent nicht eindeutig feststellen, um welche Substanz es sich handelte. Weiterhin blieb unklar, welche Experimente Dohmen an den Jungen vornahm.

Schon am ersten Abend nach der Injektion hatten die vier Jungen erhöhte Körpertemperatur, und um die Einstichlöcher herum bildeten sich rote Schwellungen.

Bis zu Dohmens nächster Visite vergingen einige Tage. Auf seiner Uniform trug er ein Kriegsverdienstkreuz Erster Klasse. »Für meine Forschungserfolge«, erklärte er Simba und nahm zwei größere, sorgfältig in Schutzpapier eingehüllte Ampullen aus der Tasche. In den Glasbehältern befand sich eine rotbraune geleeartige Masse. Außerdem holte Dohmen zwei Glasspritzen mit dazugehörigen Gummischläuchen sowie eine kleine Metallsäge heraus. Vorsichtig breitete er alles auf einem weißen Tuch aus, das er über den Untersuchungstisch gelegt hatte.

Schließlich wählte er zwei Jungen aus, die sich ausziehen sollten. Nach einer gründlichen Untersuchung wies er sie an, sich auf Holzhocker zu setzen. Dann führte er ihnen die Gummischläuche durch die Nasen ein und schob sie bis hinab in den Zwölffingerdarm.

Anschließend streifte sich Dohmen Gummihandschuhe über, öffnete die Ampullen mithilfe der kleinen Säge und füllte die Spritzen mit etwa zwanzig Zentilitern Flüssigkeit aus jeder Ampulle. Er befestigte die Nippel der Glasspritzen an dem Gummischlauch, der aus der Nase des Jüngeren hing, und ließ die Flüssigkeit durch den Schlauch wandern. Der Arzt musste ordentlich Druck aufbringen, damit die zähe Flüssigkeit den Schlauch passierte, aber nach einer Weile war die Spritze leer.

Als er die Prozedur bei dem älteren Jungen wiederholte, betätigte Dohmen die Spritze mit solcher Wucht, dass der Gummischlauch vom Nippel der Glasspritze abrutschte und ein bisschen von der rotbraunen geleeartigen Substanz auf den Fußboden spritzte.

»Niemand rührt sich!«, rief der Arzt aufgebracht, stellte sich breitbeinig über den Geleefleck und machte eine abwehrende

Handbewegung. Hastig legte er die Spritze beiseite und wandte sich Simba zu.

»Desinfektionsmittel! Beeilung!«

Simba bat eine Hilfskraft, einen Eimer mit warmem Wasser zu holen, und ging ins Labor, um eine Flasche Valvanol zu besorgen und den Boden damit zu reinigen. Die Reaktion des Stabsarztes räumte sämtliche Zweifel aus dem Weg, dass hier völlig gesunde Kinder mit einer Bakterienkultur infiziert wurden.

Sobald der Boden desinfiziert war, setzte Dohmen sein Experiment an dem älteren Jungen fort. Schließlich schickte er die Jungen ins Bett und wies Simba an, in den gleichen Intervallen wie bisher ihre Körpertemperatur zu messen und Urin- und Blutproben zu nehmen.

Im November 1944 kehrte Dohmen zurück, um die beiden Jungen zu untersuchen. Er konzentrierte sich auf den oberen Teil ihres Rumpfes – tastete und klopfte die zierlichen Jungenkörper unmittelbar unter den Rippen ab, schien aber unzufrieden mit den Ergebnissen des Experiments und schickte sie wieder ins Bett.

Ehe Dohmen den Krankenbau verließ, um ins Universitätsklinikum in Gießen zurückzukehren, fragte Simba ihn, wonach er eigentlich gesucht habe.

»Einer Vergrößerung der Leber«, antwortete der Stabsarzt sachlich. »Bei dem älteren Jungen scheint bereits eine Schwellung eingetreten zu sein, aber nur ganz leicht. Uns bleibt nichts anderes übrig als abzuwarten.«

Ein paar Tage später kam Dohmen abermals zurück und wiederholte die Untersuchung. Anschließend bat er Simba, den älteren Jungen ins Verbandszimmer des Krankenbaus zu bringen, er wollte sein Experiment nicht vor den Augen des anderen Jungen durchführen. Außerdem solle Simba den norwegischen Arzt und Widerständler Sven Oftedal holen, um ihm zu assistieren. Auf dem Weg ins Verbandszimmer informierte Simba seinen Mithäftling über Dohmens Vorhaben und bat ihn, sich alles genau zu notieren, da sie die einzigen Zeugen dieses Experiments sein würden.

Im Verbandszimmer wurde der halbnackte Junge angewiesen, sich auf den Verbandstisch in der Mitte des Raums zu setzen. Oftedal und Simba halfen ihm dabei. Dann saß der Junge still da, mit durchgestrecktem Rücken und herabbaumelnden Beinen.

Dohmen nahm einen Gegenstand aus seiner Tasche, eine Art Spritze mit langer, angesägter Metallspitze. Er stellte sich hinter den Jungen, tastete dessen Rücken mit den Fingerkuppen ab, setzte die Spitze des Instruments an der Seite an und presste das Metallröhrchen mit Wucht durch Haut und Muskeln bis hinein in die Bauchhöhle. Der Junge zuckte vor Schmerz zusammen und biss sich in die kleine Faust, um nicht zu schreien. Simba trat einen Schritt vor und sagte dem Jungen mit brüchiger Stimme, er müsse jetzt tapfer sein. Der Junge antwortete nichts, seine Wangen waren bleich, und er hatte Tränen in den Augen. Dohmen nahm einen weiteren Anlauf, und Simba suchte unruhig nach Oftedals Blick.

»Perkutane Leberbiopsie«, flüsterte Oftedal. »Oder Leberpunktion. So nimmt man eine Probe für die Untersuchung der Leber.«

Dohmen zog eine lange Nadel aus der Sonde und hielt ein Reagenzglas unter die Mündung. Langsam tropfte dunkles Blut von der Nadel und landete zusammen mit Gewebeteilchen im Reagenzglas. Schließlich zog der Arzt die Sonde heraus, legte das Instrument in eine Schale, drückte eine Kompresse auf die Wunde und fixierte sie mit zwei dicken Streifen Heftpflaster. Oftedal und Simba halfen dem Jungen vom Tisch, führten ihn zurück zu den anderen Kindern und legten ihn ins Bett. Dort lag er dann und weinte leise mit dem Gesicht zur Bretterwand.

In seiner Zeugenaussage erklärte Simba, er sei Dohmen kurz darauf im Flur der Krankenbaracke begegnet und habe ihn angefleht, die Situation der Jungen zu verbessern, aber keine Antwort erhalten.

»Ich habe die Kinder nie wiedergesehen. Auch meine Bemühungen, nach der Rückkehr aus der Gefangenschaft in Russland 1950 etwas über ihr Schicksal zu erfahren, blieben bisher erfolglos.«

Am Ende des Verfahrens wurde Arnold Dohmen freigesprochen, da für eine Verurteilung die Beweise fehlten. »... soweit Körperverletzung in Betracht kommt, ist inzwischen Strafverfolgungsverjährung eingetreten«, hieß es in der Urteilsbegründung der Staatsanwaltschaft Köln.

Für Simba war die Geschichte damit noch nicht zu Ende. In einem Brief an seinen Jugendfreund Walter vom März 1975 – einen Monat bevor das Kommando Holger Meins, eine Gruppe RAF-Terroristen, die bundesdeutsche Botschaft in Stockholm stürmte – berichtet er, er liege im Krankenhaus und warte auf eine Operation. Einige Monate zuvor habe er einen plötzlichen Blutsturz gehabt und sei in die Notaufnahme gebracht worden. Dort habe sich gezeigt, dass sein Blut nicht richtig durch die Leber floss und sich andere Wege suchte. Daher sei der Druck auf die Blutgefäße im unteren Teil der Speiseröhre so groß gewesen, dass die Adern geplatzt waren.

Bei der bevorstehenden Operation sollte die Hauptvene, die die Leber mit Blut versorgt, nun abgetrennt und an eine andere Vene angeschlossen werden, um den Blutstrom um die Leber herumzuleiten und dadurch eine lebensgefährliche weitere Blutung zu verhindern.

Die Leberkrankheit ist rätselhaft, schreibt Simba.
Selbstverständlich hat man, d.h. die Ärzte und ich,
nach der Ursache der Lebererkrankung gesucht. Es fin-

det sich wohl nur ein Anhaltspunkt, nämlich daß ich mich im KZ bei medizinischen Versuchen infiziert habe. Als ich dort Blockältester im Krankenbau in der Baracke für innere Krankheiten war, musste ich zugegen sein bei Experimenten, die man mit epidemischer Hepatitis an einer Gruppe jüdischer Kinder durchführte. Dabei passierte dem Arzt der Wehrmacht, Dr. Dohmen, der diese Experimente vornahm, ein »kleiner« Unfall. Als er versuchte, den Kindern Bakterienkulturen mit einer Duodenalsonde in den Darm zu spritzen, rutschte der Gummischlauch von dem Nippel einer Glasspritze ab. Dabei verspritzte er einen Teil der Gallerte mit den Bakterien. Trotzdem alles sofort mit einer stark desinfizierenden Flüssigkeit gesäubert wurde, habe ich mich möglicherweise dabei infiziert. Alle mich behandelnden Ärzte sind der Meinung, daß die Krankheit seit vielen Jahren verdeckt in meinem Körper arbeitete und schließlich zu einer Leberzirrhose geführt hat, die größere Teile der Leber verschwartet hat.

Ja, lieber Walter, Freund, so verfolgen uns die schrecklichen Untaten der Nazis bis heute, bis ins Alter.

Wohnung am Kungsholms Kyrkoplan
Stockholm, Königreich Schweden

»Nein, Simba und ich sind uns nie begegnet«, sagte die etwa achtzigjährige Frau, die mir am Küchentisch gegenübersaß. »Aber ich habe schöne Erinnerungen an Hamburg«, fügte sie hinzu, »auch wenn ich am Ende aus der Stadt flüchten musste.«

Die Wintersonne stand niedrig über den Eisenbahngleisen auf der anderen Seite des Kanals Klara Sjö, die Strahlen sickerten durchs Fenster und warfen Lichtreflexe auf den Brief, der vor ihr auf dem Tisch lag.

Schontje stammte aus Friesland und da sie wie mein Vater und Heinemann Jüdin war, hatte sie während der Naziherrschaft Deutschland verlassen müssen. Sie war die Mutter meines Bruders und die ehemalige Ehefrau meines Vaters. Über den Rand ihrer Lesebrille hinweg warf sie mir einen Blick zu.

»Sollen wir weitermachen?«

»Natürlich«, sagte ich.

»Meine lieben Eltern«, las sie auf Deutsch aus dem Brief vor. Ich schrieb mit. Sie fuhr fort:

»Meine lieben Eltern, meine über alles geliebte ... äh ... geliebte ... irgendetwas mit L ...«

»Liesbeth?«, schlug ich vor.

»... meine über alles geliebte«, sie suchte mit dem Vergrößerungsglas nach dem richtigen Abstand und blickte angestrengt auf den Text, »... geliebte Liesbeth, ja, stimmt. Sehr gut! Woher wusstest du das?«

»Er schreibt in seinen Aufzeichnungen über sie.«

»Aha.«

Es war früh am Vormittag, im dritten Jahr, das ich mit den Umzugskartons vom Dachboden in Björknäs verbrachte. Zusätzlich zum Sprachkurs in Rothenburg hatte ich ein paar Semester Deutsch an der Stockholmer Universität studiert und verstand die Sprache immer besser.

Wie Walter hatte auch Schontje Sütterlin in der Schule gelernt, doch seit ihren Zwanzigern hatte sie die alte Schrift weder gelesen noch geschrieben. Mit vereinten Kräften versuchten wir nun, die winzigen Buchstaben zu entziffern, die Walter niedergeschrieben und aus Kola-Fu geschickt hatte. Das Papier war liniert, und auf jede Linie hatte Walter zwei Zeilen gequetscht. Die Buchstaben waren so klein, dass etliche Wörter völlig unleserlich waren. In gewisser Hinsicht erschien es mir jedoch passend, dass die an einem derart ungeheuerlichen Ort geschriebenen Briefe aus Schriftzeichen bestanden, die man nicht entziffern konnte.

Schontje las die Briefe auf Deutsch vor und ich notierte das Gehörte, soweit es mir meine nach wie vor rudimentären Sprachkenntnisse erlaubten. Dann tauschten wir die Rollen. Sie las vor, was ich geschrieben hatte, lachte, korrigierte mein Deutsch, und ich verglich, was sie vorlas, mit dem, was ich den Briefen entnehmen zu können glaubte. Es war eine mühsame Arbeit. Gelegentlich mussten wir eine Pause einlegen, damit Schontje ihre Augen ausruhen konnte.

»Was hat er eigentlich von der Zeit im Konzentrationslager erzählt?«, fragte ich.

»Er hat in einer Isolierzelle gesessen«, antwortete sie und knabberte am Bügel ihrer Lesebrille. »Er durfte weder Papier noch Stift bei sich haben. Er musste riesige Steine vom einen Ende des Hofes zum anderen schleppen, dann wieder zurück. Damit hat er seinen Rücken ruiniert. Zuerst war mir nicht klar gewesen, dass er ein Gebiss trug. Aber eines Tages fragte ich ihn, was mit seinen Zähnen passiert sei. ›Die hab ich in Fuhlsbüttel verloren‹, antwortete er, und ich hakte nicht weiter nach. Vielleicht hätte ich das tun sollen.«

»Ich habe ihn auch nicht danach gefragt«, sagte ich. »Nicht darüber zu sprechen, war wie ein stilles Einvernehmen. Alles, was sein Leben in Deutschland betraf, war tabu.«

Schontje nickte langsam. »Bist du bereit?«, fragte sie dann.

»Okay«, sagte ich und sie las weiter.

Schließlich legte Schontje ihre Lesebrille auf den Tisch. Sie wirkte erschöpft. Wir hatten uns mühsam durch den halben Brief hindurchgearbeitet.

»So geht das nicht weiter«, sagte sie. »Vielleicht kann dir jemand an der Uni helfen?«

»An der Uni?«

Dort hatte ich bereits nachgefragt. Eine Austauschstudentin hatte mir geholfen, das Material ins Reine zu schreiben und Auszüge zu übersetzen. Auch bei bei den Briefen Simbas und meiner Onkel hatte sie mich unterstützt. Aber niemand hatte mir helfen können, die alte deutsche Handschrift zu transkribieren. Allein die Briefe aus der Gefangenschaft umfassten mehrere Hundert Seiten in Sütterlinschrift. Hinzu kamen Aufsätze, Gedichte und Notizbücher. Mehr als tausend Seiten Sütterlin. Wenn Schontje mir nicht helfen konnte, wer würde dann die Geduld, Kompetenz und das Interesse aufbringen, erst die Kurrentschrift ins lateinische Alphabet zu transkribieren und anschließend ins Schwedische zu übersetzen?

Ich schien in einer Sackgasse zu stecken.

»Ach, übrigens«, sagte Schontje, als wir uns an der Haustür voneinander verabschieden wollten, »wie sind die Briefe hierhergekommen?«

»Die lagen auf dem Dachboden.«

»Ja, aber wie sind sie aus Deutschland nach Schweden gekommen? Dein Vater kann sie bei der Flucht nicht dabei gehabt haben. Das wäre zu gefährlich gewesen.« »Keine Ahnung«, sagte ich, »darüber habe ich nie nachgedacht.«

»Wäre er mit den Briefen aus dem KZ an der Grenze kontrolliert worden, wären sie beschlagnahmt worden. Und dann die Menge. All diese Briefe! Er kann sie unmöglich mit sich durch Europa geschleppt haben.«

»Ich weiß nicht, wie sie hergekommen sind.«

»Er muss sie von irgendwem in Deutschland bekommen haben. Nach dem Krieg. Von jemandem, der in Hamburg geblieben ist und sie für ihn aufgehoben hat.«

»Glaubst du?«

»Ja, definitiv.«

»Von jemandem in Hamburg?«, wiederholte ich. »Aber wer sollte das gewesen sein?«

Vor dem Cockpit der Fokker F-27
Hamburg, Bundesrepublik Deutschland
vor der Wiedervereinigung

Ich war seit über zehn Jahren nicht mehr in Hamburg gewesen. Damals war ich zum letzten Mal mit einer Fokker F-27 in Hamburg-Fuhlsbüttel gestartet. Seitdem hatte ich nichts vermisst, was mit Zubringerverkehr, dem engen, dröhnenden Cockpit oder der Stadt Hamburg zu tun hatte. Nichts. Abgesehen von Lale, Frau Lademeisterin mit den klugen Augen und dieser persönlichen, fast sinnlichen Art, einen Flug vorzubereiten. Ja, um ehrlich zu sein: Sie hatte ich vermisst.

Damals in der Rothenburger Kneipe hatte ich meinen italienischen Mitschülern und dem Lehrer gesagt, dass ich nie eine deutsche Frau geküsst hätte und es mir auch nicht vorstellen könne. Doch das stimmte nicht, und es ist typisch für SGSD, Schwierigkeiten mit der Wahrheit zu haben, wenn sie unangenehm ist. Das ist nicht böse gemeint, es ist einfach so.

Lale, die Lademeisterin, und ich hatten uns mehrmals außerhalb der Arbeit getroffen. Schon an einem der ersten Abende hatte sie mich in ein italienisches Restaurant mitgenommen. Ich aß Fisch, sie Kalbsleber mit Salbei, danach teilten wir uns ein Tiramisu.

Als wir aufbrachen und nach unseren Sachen griffen, stand ich ihr plötzlich im Weg. Ich wich nicht zur Seite, und auch Lale rührte sich nicht. Wir verweilten einen Moment in dieser Situation, die womöglich peinlich geworden wäre, doch das wurde sie nicht. Mehr geschah nicht, aber als ich ihr in den Mantel half, berührte ich sie leicht an der Schulter.

Dann gingen wir nebeneinander durchs Grindelviertel, und erst vor Lales Haustür küssten wir uns. Mir wurde erst warm, dann kalt, dann wieder warm. Ihre Zunge in meinem Mund, auf der Suche nach meiner. Sie fragte, ob ich eine Tasse Tee wolle. Ich wollte. Ich wollte gern einen Tee trinken, aber vor allem wollte ich Lale.

Doch es ging nicht. Ich war wie blockiert. Lale merkte, dass ich neben mir stand. Statt Tee machte sie heiße Schokolade, die wir mit einem Schuss Rum und Sahne tranken. Wir spielten Monopoly, lachten. Ich erzählte ihr Dinge, die ich noch nie jemandem erzählt hatte, und entschuldigte mich bei ihr, dass ich so müde war.

»Schon in Ordnung, das macht doch nichts, ich verstehe dich«, sagte Lale. Aber ich bin mir ziemlich sicher, dass sie das nicht tat. Ich verstand ja selbst nicht, was mit mir los war. Natürlich war es die Krankheit, Second Generation Stress Disorder, und dies lange bevor ich die Diagnose erhielt.

Wir schliefen mehrmals in einem Bett wie Bruder und Schwester. Lale näherte sich mir neckisch und fordernd, bot mir ihren Körper an, aber ich lehnte ab. Warum? Nicht, dass ich irgendwelche Verpflichtungen oder jemanden zu Hause gehabt hätte, das alles geschah in den 1980er-Jahren, lange bevor ich meine Frau kennenlernte. Und es war auch nicht so, dass mein Beruf mir verboten hätte, ihr näherzukommen. Keineswegs. Ich hatte schlicht und einfach einen Kurzschluss, mir fehlte der Mumm.

Deshalb zog ich mich in mein Hotelzimmer zurück. Dort widmete ich mich meinen Fantasien, in denen ich Lale liebte, ohne dass sie dabei war.

Manchmal liege ich nachts wach und denke darüber nach, was aus Lale geworden ist. Ich stelle mir Fragen, auf die es keine Antworten gibt. Was wäre aus uns geworden, wenn ich nicht diese Angst vor Deutschland gehabt hätte oder nur eine Spur mutiger gewesen wäre?

II
Briefe aus der Gefangenschaft

KZ-Gedenkstätte Fuhlsbüttel
Hamburg, Bundesrepublik Deutschland

Sie war Deutsche und einen Kopf kleiner als ich. Sie weinte bitterlich und presste ihr Gesicht gegen meine Brust. Ihr Alter war schwer zu bestimmen, aber man sah ihr deutlich an, dass das Leben sie nicht geschont hatte. Ich schätzte sie auf sechzig bis siebzig. Der Geruch von altem Schweiß stieg mir in die Nase. Wir befanden uns in einem spärlich möblierten Raum mit Wänden und Fußboden aus Beton.

Es war ein schöner Frühlingstag, und ich hatte ihn damit eingeläutet, dass ich in einem Taxi von meinem Hotel an der Binnenalster zum »Tor zur Hölle« gefahren war, um die Gedenkstätte Kola-Fu zu besuchen. Kaum dass ich das Torhaus betreten hatte, war die Frau auf mich zugekommen. Sie sprach mich an und verwickelte mich in ein Gespräch, als würden wir uns kennen. Die Menschen um uns herum glaubten wahrscheinlich, sie wäre meine Mutter, dabei waren wir uns noch nie begegnet.

»Fünf Jahre«, seufzte sie verzweifelt.

Ich legte mein Kinn auf ihren Kopf und streichelte ihr unbeholfen über den Rücken. Von draußen hörte ich die Motorgeräusche eines startenden Flugzeugs. Da stand ich, knapp zwei Kilometer vom Flughafen Fuhlsbüttel entfernt, dem Flughafen, den ich nur allzu gut kannte, und versuchte, eine ältere, ungewaschene deutsche Frau zu trösten, was mir nicht besonders gut gelang. Mit ihren Tränen hatte sie auf meinem Hemd bereits einen Gesichtsabdruck hinterlassen. Wie sollte ich mich aus ihrer Umarmung befreien?

»Fünf Jahre«, wiederholte sie. »Ich durfte sie nicht treffen. Kinder unter sechs Jahren durften die Häftlinge nicht besuchen. Ich bin auf den Kastanienbaum geklettert ... da ... vor der Mauer.« Die Frau zeigte schluchzend nach draußen. Ich versuchte mich aus ihrer Umarmung zu lösen, aber sie war stark.

»Und dann saß ich oben im Baum und dachte, ich könnte meiner Mutter zuwinken«, fuhr sie fort.

Wir schwiegen eine Weile und verharrten in dieser sonderbaren Umarmung. Die Frau, die auf einem Kastanienbaum gesessen und ihrer Mutter zugewinkt hatte, und ich, der Mann, der auf der Suche nach seinem Vater hierhergereist war. Mit einem Mal war Kola-Fu nichts Abstraktes mehr; die feuchten, muffigen Kellergänge, die sich unter unseren Füßen wie Gedärme durch die Erde wanden, der Schimmelgeruch der Steinwände in den Zellen, die harten Pritschen, der an der Wand befestigte Tisch, der dreibeinige hölzerne Hocker, der Blecheimer neben dem Klosett – das alles war nun absolut greifbar.

Ich hörte ihr zu und antwortete, so gut ich konnte. Draußen startete ein weiteres Flugzeug. Ich erkannte die charakteristischen Laute der mittelgroßen Propellerturbinen. Wäre ich draußen gewesen, hätte ich beobachten können, wie die Maschine über die Hausdächer durch die Lüfte glitt. Ich hätte die Vibrationen gespürt und das ohrenbetäubende Dröhnen gehört, das den Sommermorgen zerschmetterte, als brüllte der allmächtige Gott seinen Schmerz und Zorn heraus. Bilder schwirrten durch meinen Kopf. Aufsteigende Rauchschwaden, als sich ein Flugzeug in die Glasfassade eines der Zwillingstürme bohrt; die Propellermaschine hier draußen, die Kurs nimmt auf den sternförmigen Gebäudekomplex, sinkt und durch die Ziegelmauer hindurchfliegt, weiter durch das gedärmeartige Gewirr aus Fluren und bis in die dunkle, schmerzerfüllte Kellerzelle, die mein Kopf ist. Ich öffnete den Mund,

und es kamen deutsche Wörter heraus. Ja, ich sprach tatsächlich Deutsch. Nicht fehlerfrei, aber die deutschen Wörter sprudelten einfach aus mir heraus. Es fühlte sich an, als würde ich mich übergeben.

Die anderen Menschen sammelten sich in einem Kreis um uns her und hörten uns zu. Es störte mich nicht. Ich hatte das Gefühl, ich wäre einer von ihnen, und in gewisser Weise war ich das auch. Gewiss hatten auch andere Besucher hier Angehörige, die von den Nazis in Kola-Fu eingesperrt worden waren. Ich atmete tief ein, erwiderte die Umarmung der weinenden Frau und brach selbst in Tränen aus, als ich ihr von den Briefen erzählte, die ich nicht lesen konnte, von meinem Vater, der genau hier, wo wir uns in diesem Moment befanden, fast zu Tode geprügelt worden war.

Die Frau und ich hielten einander fest, als hätten wir Angst zu fallen, wenn einer losließ. Ob ich sie tröstete oder sie mich, konnte ich nicht mehr sagen.

Vor mir stand ein kleines Mädchen mit zwei dicken Zöpfen und trotzig geschürzten Lippen. Sie trug ein kariertes Baumwollkleid – die Fünfjährige im Kastanienbaum. Sie hatte sich herausgeputzt, im Glauben, ihre Mutter zu treffen.

Ich erzählte ihr von einem anderen fünfjährigen Kind, einem Jungen, der im Sommer kurze Hosen trug und dessen Knie aufgeschürft waren. Er rannte den Kiesweg vor dem Haus in Björknäs hoch, mit Briefen aus Südamerika, aber er rannte nie schnell genug, um seinen Vater einzuholen, er erreichte ihn nie wirklich. Ein Junge, der schon damals verzweifelt nach der Geschichte seines Vaters, nach der eigenen Geschichte, gesucht hatte. Ich erzählte ihr alles auf Deutsch. Als wäre die Sprache die ganze Zeit irgendwo in mir drin gewesen. Wie ein Infekt, der im Körper lauert und langsam aber sicher sämtliche Organe befällt, bis die Krankheit irgendwann ausbricht. Woher sollte ich die Wörter sonst haben? Von der Universität? Dem

Goethe-Institut in Rothenburg? Nein, ich hatte die Sprache von meinem Vater geerbt, obwohl wir sie nie miteinander gesprochen hatten. Wie so vieles, was ich von ihm geerbt habe, Dinge, von denen er mir nie erzählt hatte und von denen ich trotzdem weiß.

In der darauffolgenden Woche kam ein Brief mit blauem Portostempel statt Briefmarke. Deutsche Post – Hamburg. Ein Praktikant der KZ-Gedenkstätte Neuengamme, die auch für die Kola-Fu-Gedenkstätte verantwortlich war, schrieb, er habe von meinem Besuch und den Briefen gehört, die Mitte der 1930er-Jahre in Kola-Fu abgeschickt worden seien. Die Historiker der Behörde hätten großes Interesse, sich die Briefe anzuschauen. Ob ich mir vorstellen könne, ihnen das Material zu überlassen?

Ich dachte darüber nach und sprach mit meiner Familie. Die Briefe, Walters Briefe, waren privat. Wollten wir sie Fremden anvertrauen? Wollten wir einen »wichtigen Beitrag zur Forschung leisten«, wie es in dem Brief hieß? Wir kamen zu dem Schluss, dass es die einzig richtige Entscheidung war. Die Historiker in Hamburg waren vermutlich unsere beste Chance, mehr über den Inhalt der Briefe zu erfahren.

Das war der Beginn einer intensiven Korrespondenz, die dazu führte, dass ich mit einer Auswahl der Briefe, die mein Vater hinterlassen hatte, nach Hamburg fuhr, die S-Bahn nach Bergedorf und von dort den Bus nach Neuengamme nahm, wo sich die KZ-Gedenkstätte Neuengamme befand.

Ich wartete auf einem schwarzen Kunstledersofa, bis ich von einer Mitarbeiterin empfangen wurde, mit der ich zuvor Mailkontakt gehabt hatte. Sie stellte mir ihre Kollegen vor, und ich breitete die Briefe auf einem Tisch aus. Alle trugen dünne weiße Baumwollhandschuhe und gingen sehr behutsam mit den Dokumenten um. Inzwischen hatten sich etwa zehn Personen um den Tisch versammelt und beugten sich über die

Dokumente. Was sie sahen, schien sie zu faszinieren. Hoffnung keimte in mir auf.

»Dürfen wir Kopien machen«, fragte der Archivleiter.

»Sicher«, antwortete ich. Wenn er tatsächlich so interessiert an dem Material ist, kann er mir sicher helfen, es zu transkribieren, dachte ich.

Einer der Assistenten ging mit einer Handvoll Briefe zum Kopiergerät, und am Tisch entstanden lebhafte Diskussionen, denen ich nicht so recht folgen konnte. Nach einer Weile sagte der Archivar, ein Herr Diercks, es werde einige Zeit in Anspruch nehmen, sich eine Übersicht über das Material zu verschaffen. Er fragte, wie lange ich noch in Hamburg sei und ob er die Originale einen oder zwei Tage behalten und sie mir dann ins Hotel bringen lassen dürfe. Ich sagte, das gehe in Ordnung, und wir verabredeten einen Zeitpunkt für die Rückgabe.

Obwohl alle sehr freundlich und zuvorkommend waren, muss ich zugeben, dass ich – wie immer – ein gewisses Unbehagen verspürte, weil sie Deutsche waren. Dieses Gefühl zu überwinden hat lange gedauert. Es gehört zum Krankheitsbild der Second Generation Stress Disorder.

Mittlerweile befinde ich mich auf dem Weg der Besserung. Es ist jetzt viele Jahre her, dass ich in meinem E-Mail-Postfach einen separaten Ordner für Nachrichten aus Deutschland hatte. Es kostet mich Überwindung, darüber zu schreiben, aber früher, in der schlimmsten Krankheitsphase, bildete ich mir ein, der Ordner würde mir dabei helfen, mich nicht mit *dem Deutschen* zu infizieren.

Hotel Vier Jahreszeiten
Hamburg, Bundesrepublik Deutschland

Ebenfalls um mir die deutsche Sprache und das typisch Deutsche bestmöglich vom Leib zu halten, hatte ich mir ein Hotel mit internationalem Flair ausgesucht. Als ich die Lobby eine Viertelstunde nach der verabredeten Zeit betrat, wartete die wissenschaftliche Assistentin bereits auf mich. Ja, die fünfzehn Minuten Verspätung waren beabsichtigt – Second Generation Stress Disorder. Sie reichte mir die Mappe mit den Originaldokumenten und bedankte sich dafür. »Keine Ursache«, sagte ich und steuerte die sogenannte Wohnhalle des Hotels an. Anstandshalber hätte ich sie natürlich fragen müssen, ob ich ihr etwas anbieten dürfe, aber ich tat es nicht. Die nachmittägliche Teestunde hatte bereits begonnen, und da Afternoon Tea bei SGSD so wirksam ist wie Alkohol, setzte ich mich vor den Kamin und blätterte in dem Material, um sicherzugehen, dass nichts fehlte.

Am Flügel saß ein Pianist im Smoking, der maßvoll und dezent spielte – ohne Gesang. Der Kellner bewegte sich lautlos und grazil wie ein Tänzer zwischen den Tischen. Er stellte eine Teekanne vor mir hin und erklärte, dass ich warten solle, bis die Sanduhr durchgelaufen sei, dann habe der Tee fertig gezogen. »Three minutes, Sir«, sagte er in nahezu aristokratischem Englisch und lächelte sein professionellstes Lächeln. Am Nebentisch saßen ein paar vergnügte Damen im Kostüm und zelebrierten einen Low Tea mit Queen Victoria's Teegebäck – Schnittchen, Biskuits, Scones mit Clotted Cream, Marmelade und Lemon Curd, angerichtet auf einer dreistöckigen Etagere.

Als die Sanduhr durchgelaufen war, nahm ich den Einsatz aus der Kanne und goss Darjeeling in die zarte Tasse aus Knochenporzellan. Da fiel mein Blick auf einen Briefkopf mit Simbas Adresse. Simba war etwa zur selben Zeit gestorben wie mein Vater, Anfang der Achtziger. Simbas Witwe Ruth Meyer und meine Mutter hatten einander nach dem Tod ihrer Männer geschrieben, aber da sämtliche Kontakte mit Deutschland über meinen Vater stattgefunden hatten, beschränkte sich der Briefwechsel zwischen den beiden Frauen auf die Todesnachricht und die darauffolgenden Beileidsbekundungen. So hatte meine Mutter es mir jedenfalls erzählt, ehe sich ihr Gedächtnis verschlechtert hatte. Sie habe Briefe an die deutschen Freunde meines Vaters geschickt, um sie über seinen Tod zu informieren, und Beileidsbekundungen erhalten.

Das war alles. Danach war Deutschland aus unserem Leben verschwunden.

Aber da ich gerade ohnehin in Hamburg war: Was sprach dagegen, die Nummer im Briefkopf anzurufen? Ich zog mein Handy hervor, wählte Länder- und Ortsvorwahl und die siebenstellige Telefonnummer.

Zu meiner Verwunderung ertönte ein Freizeichen. Wem war Simbas Nummer zugeteilt worden? Jemandem, der ihn gekannt hatte, vielleicht sogar einem Verwandten?

Oder war Ruth Meyer noch am Leben?

Ich zählte die Signaltöne, zwei … drei … vier …

»Ja?«, fragte eine Frauenstimme.

»Jaaa, hallo«, sagte ich und wusste nicht, wie ich fortfahren sollte.

»Ja?«

»Jaaa, guten Abend …«

»Guten Tag«, sagte die Frauenstimme. »Mit wem möchten Sie sprechen?«

»Ich suche einen … äh … einen Verwandten von Simba …«

»Einen Verwandten? Wer spricht denn da?«

Sie klang misstrauisch.

»Ich suche Ruth Meyer«, sagte ich nach einer kurzen Pause.

»Die ist am Apparat.«

»Wirklich?«

Wieder musste ich eine kurze Pause machen. Aber dann sprudelten die Worte aus mir heraus, wie in der kargen Zelle in Kola-Fu. Noch während ich versuchte, meine Gedanken zu sortieren, erzählte ich eine unzusammenhängende Geschichte über die Reisen nach Hamburg, als ich Kind war. Es klang völlig wirr. Ich fing noch einmal von vorne an, erzählte von den Briefen, die vor mir auf dem Tisch lagen, und davon, dass Ruth und Simba auf mich als Baby aufgepasst hatten, als laut den Notizen meiner Mutter im Familienalbum unsere Hausangestellte ausgefallen war. Die ganze Zeit hatte ich Angst, Ruth Meyer könnte auflegen. Aber sie hörte mir zu, erst reserviert, dann mit immer größerem Interesse, bis ich sie davon überzeugt hatte, dass ich tatsächlich der war, als der ich mich vorgestellt hatte – Walters Sohn.

»Dann wissen Sie doch bestimmt, dass Simba verschwunden ist?«, fragte sie.

»Nein.«

»Doch, doch, er war einfach eines Tages weg. Und später merkte ich, dass seine Sachen ebenfalls weg waren. Wie vom Erdboden verschluckt.«

»Ich dachte, er war krank.«

»Ja, er war sehr krank.«

»Und trotzdem ist er verschwunden?«

»Ja, er ist verschwunden. Wir suchen ihn seitdem. Er wurde vermisst gemeldet.«

Sie fragte, ob ich oder jemand aus meiner Familie womöglich von ihm gehört hatte. War er vielleicht in letzter Zeit in Stockholm gewesen? Ich verneinte. Dann fragte sie, wie lange ich in Hamburg bleiben wolle?

»Nur ein paar Tage«, erwiderte ich.

»Dann sollten wir uns sofort sehen«, meinte sie und lud mich zum Abendbrot zu sich nach Hause ein. Sie wohne noch immer in der alten Wohnung. Zur Sicherheit las ich die Adresse im Briefkopf vor.

»Stimmt genau«, sagte Ruth Meyer. »Sie sind herzlich willkommen.«

Das Backsteinhaus mit Rissen in der Fassade
Hamburg, Bundesrepublik Deutschland

War es wirklich so einfach?, ging es mir durch den Kopf, als ich in einer vielbefahrenen Straße in Hamburg-Barmbek vor dem Haus stand, in dem Ruth Meyer wohnte. Ich hatte einfach nur eine Telefonnummer gewählt, mich kurz mit ihr unterhalten, mich in ein Taxi gesetzt, und schon war ich neunundzwanzig Jahre in der Zeit zurückgereist, genauer gesagt ins WM-Jahr 1974. Jetzt stand ich an derselben Stelle, wo ich als Kind in den Opel Rekord gestiegen war und meinem Vater gesagt hatte, dass er mir Deutsch beibringen solle.

»Warum willst du Deutsch lernen?«, hatte er verwundert gefragt, ehe er den Gang einlegte und losfuhr, als hätte ich ihm vorgeschlagen, er solle von jetzt an Latein oder Esperanto mit mir sprechen. »Wozu?«

Ich erkannte die schrägen Schatten wieder, die die Abendsonne auf die Fassade warf, die Spuren, die das Urzeittier mit seinen Klauen hinterlassen hatte und die auch jetzt, ein Menschenleben nach dem Krieg, noch immer in der roten Ziegelfassade klafften. Auch die Klingelschilder gaben einiges über die Geschichte des Hauses preis. Bei den ältesten handelte es sich um schwarze Plastikschilder, in die weiße Buchstaben gestanzt worden waren, die neueren Schilder waren weiß mit schwarzen Buchstaben. Die allerneuesten wirkten eher provisorisch: Ein Hausbewohner hatte einfach seine Visitenkarte neben die Klingel geklebt, ein anderer hatte einen schwarzen, mit einem Etikett versehenen Klebestreifen angebracht. Die meisten Schilder gaben lediglich die Titel und Nachnamen der Bewohner an, ohne Vornamen oder Initialen. Doch es gab ein paar Ausnahmen. Auf dem Schild neben dem Klingelknopf stand B. Meyer. B wie Bruno.

War Simba tatsächlich noch am Leben? War es möglich? Er wäre jetzt über neunzig gewesen.

»Hier oben«, rief Ruth Meyer durchs Treppenhaus. Da es keinen Fahrstuhl gab, stieg ich die knarzende Holztreppe hinauf und war ganz außer Atem, als ich das dritte Stockwerk erreichte.

Sie stand in der offenen Tür und wartete auf mich. Ruth Meyer, die Frau, die mir in einem anderen Jahrtausend einmal die Windeln gewechselt hatte. Sie war klein und quirlig, und wirkte für ihr Alter erstaunlich gut in Schuss. Aber vor allem schien sie sich aufrichtig zu freuen, mich zu sehen. Ja, ich würde sogar sagen, sie wirkte glücklich.

»Lass dich ansehen. Wie groß du bist! Ist es tatsächlich dreißig Jahre her, dass wir uns gesehen haben? Wir duzen uns doch«, beschloss sie und bat mich herein.

Als wir auf dem Sofa Platz genommen hatten, zeigte ich ihr Bilder von meinen Kindern und erzählte von meiner Familie, dem Leben in Stockholm und den Kisten vom Dachboden in Björknäs. Ruth hörte mir interessiert zu, fragte mich über meine Kinder aus und meinte, sie sähen mir sehr ähnlich.

»Hmm, wie alt wart ihr wohl, als wir deine Schwester und dich kennengelernt haben? Du warst noch ganz klein, ein Jahr alt vielleicht, und deine Schwester war ... drei, glaube ich.«

»Das war im Sommer 1962«, sagte ich und blätterte in den Briefen. »Kurz vor der Kubakrise ... hier steht es.« Ich zeigte ihr den Brief, den Simba 1962 an meinen Vater geschickt hatte, zusammen mit ein paar Schwarz-Weiß-Fotos von der »gemeinsamen Schwedenreise«. Sie las schweigend, schmunzelte, lachte ein bisschen und blickte dann mit gespielter Entrüstung zu mir auf.

»Ihr habt immer gemacht, was ihr wolltet«, sagte sie. »Am Anfang dachte ich, ich kriege einen Herzinfarkt. Ihr seid die Treppe hochgerannt und dann runtergerutscht. Du kopfüber auf dem Bauch, deine Schwester auf dem Rücken, mit den Beinen zuerst. Dann seid ihr wieder hochgerannt und noch mal runtergerutscht, rauf und runter, immer wieder. Ihr habt mir vielleicht einen Schrecken eingejagt! Aber du scheinst keine bleibenden Schäden davongetragen zu haben.« Sie tat so, als würde sie mich kritisch mustern.

»Entschuldigung«, sagte ich. »Kommt nicht wieder vor, Ehrenwort.«

Wir lachten.

Dann betrachtete Ruth die Bilder von meinen Kindern.

»Ja, deine Schwester und du, ihr hattet eine freie Kindheit«, sagte sie. »Wenn ihr hungrig wart, durftet ihr euch selbst was zu essen nehmen. Ich finde das richtig so. Ihr habt euch völlig frei im Haus bewegt. Und dann …«

Sie reckte den Zeigefinger in die Luft: »Ihr wart hart im Nehmen. Seid halbnackt rumgelaufen, im September, die Kälte hat euch gar nichts ausgemacht. Und später waren wir zusammen in den Schären. Ich habe vorsichtig zwei Finger ins Wasser gesteckt, um zu sehen, wie kalt es war« – sie machte die Bewegung mit Zeige- und Mittelfinger nach –, »puh, eiskalt! Aber ihr seid einfach ins Wasser gerannt. So was härtet ab!«

Ich fragte sie, wann Simba aus der sowjetischen Gefangenschaft zurückgekehrt war. »Im Januar 1950«, erklärte sie. »Er stand unten auf dem Gehsteig und hat meinen Namen zum Balkon hochgerufen. Ich habe ihn da unten stehen sehen, in zerschlissener Kleidung, mit einer altmodischen Reisetasche.

Der Schnee war weiß, der Himmel strahlend blau. Es roch nach Essen, weil die Nachbarn gerade kochten. Nach all den Jahren war er zurückgekommen, und mit ihm waren auch die Farben und Gerüche zurück, plötzlich konnte ich wieder Farben sehen und Gerüche wahrnehmen. Das war seltsam.«

Sie hatte ihm geöffnet. Er war die Treppen hinaufgestiegen, hatte die Wohnung betreten und war geblieben. Bis zu dem Tag, an dem er verschwand.

»Na ja«, sagte Ruth und wechselte das Thema. »Wie geht's deiner Mutter?«

»Gut, danke, den Umständen entsprechend. Sie ist wieder in Stockholm.«

»Sie hat sich sicher einsam gefühlt.«

»Walter ist im November 1983 gestorben. Und dann –«

»Und dann?«, unterbrach sie mich und blickte erwartungsvoll auf den Brief und die Bilder, die vor uns auf dem Couchtisch lagen.

»… dann riss der Kontakt zu unserer Familie ab«, fuhr ich fort. »Ich habe keine Briefe gefunden, die nach Walters Tod abgeschickt wurden.«

»Nein, natürlich nicht. Bruno ist am 22. Dezember 1983 gestorben.«

Einen Moment lang sah ich sie schweigend an und wartete auf eine Erklärung, aber vergebens.

»Er ist tot?«, fragte ich schließlich. »Aber Sie haben doch gesagt, er …« Ich siezte sie, und obwohl wir uns auf das Du geeinigt hatten, rutschte mir gleich noch ein Sie heraus. »Sie haben doch vorhin gesagt …«

»Er ist tot, ja, genau.« Sie schaute mich etwas ungeduldig an.

»Er ist also gestorben?«, fragte ich.

»Ja, im Krankenhaus.«

»Am 22. Dezember 1983?«, fragte ich und versuchte mir unser Telefongespräch von vorher ins Gedächtnis zu rufen.

Hatte sie nicht gesagt, Simba sei verschwunden? Hatte ich etwas falsch verstanden? Im Schwedischen lassen sich »sterben« und »verschwinden« schließlich beinahe synonym verwenden. Aber warum standen Simbas Initialen auf dem Klingelschild, wenn er seit mehr als zwanzig Jahren tot war?

»Ja«, sagte Ruth. »Am 22. Dezember.«

»Also einen Monat nach Walter?«

»Zwei Tage vor Weihnachten. Ja, zwei Tage vor Heiligabend.« Sie wirkte gekränkt.

»Okay …« Ich war mir nicht sicher, ob ich der Grund für ihre Irritation war oder ob es ihr unpassend erschien, dass jemand zwei Tage vor Heiligabend starb.

»Aber …«, fuhr sie fort, »ich glaube nicht daran. Ich habe nie daran geglaubt.«

»Okay …?«

»Wobei, als ich ins Krankenhaus kam, hieß es, er sei gestorben. Nun ja, wir haben ihn jedenfalls begraben. Wir können zu seinem Grab gehen, wenn du willst. Aber …« Sie schüttelte den Kopf und wandte den Blick zum Fenster.

»Jaaa?«, sagte ich, um zu signalisieren, dass ich ihr zuhörte.

»Dort gibt's nichts zu sehen …« Sie drehte sich wieder zu mir um. »Das Grab ist leer«, sagte sie mit fester Stimme.

»Entschuldige, aber …«

»Ich weiß nicht, was eigentlich passiert ist. Meiner Meinung nach …«

»Er war krank«, sagte ich.

»Ja, er war krank, sehr krank, aber ich glaube trotzdem, dass er noch mal davongekommen ist.«

»Davongekommen?«

»Wir hatten uns daran gewöhnt«, sagte Ruth. »Er hatte die Krankheit seit vielen Jahren.«

Simbas Schlafzimmer
Hamburg-Barmbek, Bundesrepublik Deutschland

Ruth erzählte von dem Blut auf dem Badezimmerboden, dem Rückfall, den zahlreichen Krankenhausaufenthalten und der Operation, zu der es nie gekommen war. Die Ärzte wollten bei Simba keine Narkose durchführen, denn sie fürchteten, das Anästhesiemittel würde seine Leber zu stark belasten. Ich sagte, ich hätte in den Briefen von seiner Krankheit und den Experimenten in Sachsenhausen gelesen, die die Leberzirrhose verursacht hatten.

»Einen Moment«, sagte Ruth und ging zum Bücherregal. »Weißt du ... ein paar von den Jungen haben überlebt. Aber das hat Simba nie erfahren. Die Ungewissheit hat ihm arg zugesetzt.«

Sie zog ein Buch aus dem Regal, das, wie sie mir erklärte, von dem Jungen stammte, dem Doktor Dohmen die Spritze gesetzt hatte, als die geleeartige Flüssigkeit auf den Boden gespritzt war, und der wenige Wochen später einer Leberbiopsie unterzogen worden war. Er und einige andere Jungen hatten tatsächlich überlebt.

»Wenn Saul in Deutschland ist, treffen wir uns«, sagte sie. »Ich finde, Simba sollte das wissen. Weißt du nicht, wie du ihn erreichen könntest?«

»Nein, leider nicht.«

»Ich erreiche ihn nicht mehr.« Sie blickte mich forschend an. »Da dachte ich, dass er vielleicht in Schweden ist ...«

»Nein, ich habe ihn dort nicht gesehen.«

»Und deine Mutter ...?«

»Auch nicht.«

»Wann hast du ihn denn das letzte Mal gesehen?«

»Das war hier in Hamburg. Aber das ist ja lange her. Ich war dreizehn. Vielleicht waren wir sogar hier in diesem Zimmer.

Wir haben uns das WM-Finale angeschaut, Deutschland gegen die Niederlande. Müller, Hoeneß und Beckenbauer gegen Cruyff und Neeskens. Ich weiß noch, dass Simba und Walter Deutsch miteinander sprachen, was ich nicht verstand«, sagte ich. » Aber du warst doch auch dabei.«

»Das muss im anderen Zimmer gewesen sein«, erklärte Ruth. »Das hier war damals unser Schlafzimmer.« Sie strich die Tischdecke glatt und ließ ihren Blick durchs Zimmer schweifen. »Ich habe alles neu möbliert. Ich will hier nicht liegen und sein leeres Bett ansehen müssen und auf jemanden warten, der nicht kommt.«

»Ich verstehe«, sagte ich.

»Und danach hast du ihn nie wieder getroffen? Persönlich, meine ich.«

»Nein, seit Vaters Tod habe ich nichts mehr von ihm gehört.«

»Nein, nein, natürlich nicht.«

Allmählich gewöhnte ich mich daran, wie Ruth mit Simba umging. Ist es nicht so, dass die Menschen, die wir lieben, immer bei uns sind? Auch wenn sie nicht mehr unter uns weilen, begleiten sie uns. Wir teilen mit ihnen unser Leben. Stellen ihnen Fragen und führen mit ihnen Gespräche. Wir versuchen sie zu erreichen, auch wenn sie schon verstorben sind. Was natürlich nicht einfach ist.

Nach dem Tod meines Vaters hatte ich selbst immer wieder davon geträumt, wie ich mich im Krankenwagen auf dem Weg zur Regionalklinik mit ihm unterhielt. Wenn ich dann aufwachte, dauerte es einen Moment, bis mir klar wurde, dass das Gespräch nur in meinem Kopf stattgefunden hatte. Ehrlich gesagt ist mir so was nicht nur im Traum passiert. Und nicht nur damals. Noch heute, selbst in wachem Zustand, kommt es vor, dass ich mit meinem Vater im Krankenwagen fahre.

»Typisch Simba, einfach spurlos zu verschwinden«, sagte Ruth. »Das erste Mal hat er sich auf dem Schulhof in Luft aufgelöst. Jemand hatte mich von hinten angetippt, und als ich mich umdrehte, war da niemand. Es war Simba gewesen. In der nächsten Pause kam er dann auf mich zu und sprach mich an. Ich weiß nicht mehr, was er gesagt hat. Aber ich weiß noch, dass ich ihn fragte: ›Du heißt Bruno, oder?‹ Und er hat geantwortet, seine Freunde würde ihn Simba nennen, und ich dürfe das auch …«

Sie verzog das Gesicht zu einer schwer zu deutenden Grimasse.

»… das war auch sein Deckname gewesen. Er war Nazigegner gewesen, deshalb wurde er festgenommen. Sonst wäre alles anders gekommen, wobei, vielleicht hätten sie ihn trotzdem geholt, aber das glaube ich nicht. Meyers gibt's doch überall. Es war reiner Zufall. Die Staatspolizei hat einen Meyer und einen Simba gesucht. Zwei verschiedene Personen, dachten sie jedenfalls. Bruno hat damals im Gefängnis gearbeitet. Einer seiner Kollegen sagte der Polizei, es gebe dort einen Meyer, und der nenne sich Simba. Damit war die Suche beendet. Er wurde verhaftet.«

Hotel Vier Jahreszeiten
Hamburg, Bundesrepublik Deutschland

Im Hotel wartete eine Nachricht auf mich. Herr Diercks von der KZ-Gedenkstätte Neuengamme bat mich, ihn unter seiner Privatnummer anzurufen. Er erklärte, er habe ein paar Schwarz-Weiß-Fotos, auf denen Walter – alias mein Vater – in einem HSV-Fußballtrikot abgebildet war, einem Sporthistoriker gezeigt, der gerade an einem Jubiläumsbuch des Vereins arbeitete. Ein Kapitel sei den jüdischen Mitgliedern zur Zeit der Weimarer Republik gewidmet. Deshalb wolle er mich um Erlaubnis bitten, die Bilder verwenden zu dürfen.

Außerdem wollte er mich treffen, solange ich noch in Hamburg war, und mir ein paar Fragen über meinen Vater stellen. Er lud mich ein, später am Abend zu dem Stammtisch für Kulturschaffende zu kommen, an dem sowohl er als auch der Sporthistoriker teilnahmen.

Ehe wir auflegten, erzählte er noch, seine Kollegen in Neuengamme und er hätten inzwischen eine erste Auswertung der Kopien vorgenommen.

»Wir sind äußerst interessiert an dem Material. Allerdings verfügt die Gedenkstätte nicht über die erforderlichen Kapazitäten, sämtliche Dokumente transkribieren zu lassen. Falls Sie einverstanden sind, würden wir gern eine Auswahl vornehmen und eine Handvoll Briefe für die geplante Ausstellung in der Gedenkstätte Kola-Fu verwenden.«

Die übrigen Dokumente wollten sie gerne zu Forschungszwecken in die Datenbank aufnehmen. Natürlich würde ich Kopien erhalten, falls in Zukunft weitere Transkriptionen angefertigt werden sollten.

Wenn ich aber wollte, dass das gesamte Material schon jetzt transkribiert wurde, hätte er womöglich eine andere Lösung: Die wissenschaftliche Assistentin habe Kontakt zu einem älteren Herrn, dem Vorsitzenden einer Arbeitsgemeinschaft für Transkriptionen alter Schriftstücke. Als Gegenleistung erwarte die Arbeitsgemeinschaft eine kleine Spende an ein Altenheim in einem nördlichen Stadtteil von Hamburg, in dem einige Vereinsmitglieder wohnten. Wenn ich Interesse hätte, könne er gern den Kontakt herstellen und die ersten Dokumente weiterleiten.

Was für eine Frage! Natürlich war ich interessiert, auch wenn es etwas kosten würde. Daher bat ich ihn, die Zusammenarbeit so schnell wie möglich in die Wege zu leiten und freundlicherweise herauszufinden, welche Spendensumme die Mitglieder der Arbeitsgemeinschaft erwarteten.

Ein knappe halbe Stunde später saßen wir mit einem Bier in der Hand in einer Kneipe im Schanzenviertel und betrachteten ein Schwarz-Weiß-Foto, auf dem die erste HSV-Jugendmannschaft vor einem Fußballtor posierte.

»Das ist die St.-Johannes-Kirche«, sagte Diercks und zeigte auf den Kirchturm im Hintergrund.

»Vermutlich das letzte Bild von Walter im HSV-Trikot«, sagte ich. »Es muss im Sommer 1929 aufgenommen worden sein. Bei der Jahresfeier des Vereins im Herbst hielt der Vorsitzende eine antisemitische Rede, worauf mein Vater austrat und sich dem Arbeitersportverein Fichte anschloss.«

»Die Rede ist vermutlich nicht archiviert worden«, sagte der Sporthistoriker, ein ernsthafter, jovialer Typ um die fünfzig, »aber vielleicht wird sie irgendwo erwähnt.« Es fiel ihm sichtbar schwer, seinen Enthusiasmus zu bremsen. »Ich werde das herausfinden. Wirklich interessant. Der HSV ist stolz auf seine demokratische Tradition, aber wenn man genauer hinsieht, finden sich Spuren einer braunen Vergangenheit häufig auch da, wo man sie am wenigsten erwartet. Leider.«

Diercks nickte düster, und schlagartig traf mich die Einsicht, dass es unter den Pensionären in der Arbeitsgemeinschaft für Transkriptionen sicherlich auch das eine oder andere Mitglied mit weniger rühmlicher Vergangenheit gab. Wahrscheinlich hatte Diercks deshalb nach meiner ausdrücklichen Zustimmung gefragt. Vermutlich waren nicht alle aktive Nazis gewesen, aber sie hatten in einer Zeit gelebt, als ein Großteil der Deutschen entweder auf Hitlers Seite gestanden oder sich dafür entschieden hatte wegzusehen. Diejenigen, die damals zu jung gewesen waren, um am Krieg teilzunehmen, waren in der Hitlerjugend oder dem Bund Deutscher Mädel gewesen. Sie hatten den Hitlergruß gezeigt und Briefe mit »Heil Hitler« unterschrieben – wie damals fast jeder. Manche hatten womöglich ihre jüdischen Nachbarn an die Gestapo verraten oder jemanden ausgeliefert, der sich auf einem Dachboden versteckte.

Mit anderen Worten: Ich würde die Dokumente, in denen es um Dinge ging, über die mein Vater nie mit mir gesprochen hatte, Menschen anvertrauen, die auf die eine oder andere Weise und in unterschiedlichem Maße in die Geschehnisse involviert gewesen waren, die ihn zur Flucht aus Deutschland gezwungen hatten. Um zu überleben. Die Einsicht, dass ich mich von der Hilfe dieser Menschen abhängig machen wollte, bereitete mir Unbehagen. Gleichzeitig empfand ich große Erleichterung, weil ich damit endlich mein Ziel erreichen konnte: Die Briefe würden transkribiert werden, und ich würde schon bald wissen, was darin stand.

Ich beschloss, Ruhe zu bewahren, loszulassen und das Beste aus dem Abend mit Diercks, dem Sporthistoriker und ihren kulturschaffenden Freundinnen und Freunden zu machen, die allesamt nach dem Krieg geboren waren. In den Siebzigern hatten sie lange Haare gehabt, sich nicht rasiert, keine BH's getragen und sich von allem distanziert, was mit der Generation ihrer Eltern zu tun gehabt hatte.

Ja, ich hatte tatsächlich das Gefühl, mit Freunden beisammen zu sitzen. Wobei, vielleicht nicht unbedingt mit Freunden, aber mit integren Deutschen. Menschen, die mich nicht verraten und an die Nazis ausgeliefert hätten, hätten wir in den 1930er-Jahren gelebt.

Aber konnte ich mir da wirklich sicher sein?

Nein, konnte ich nicht. Wie auch? Hätten meine neuen Freunde ihr Leben riskiert wie Johannes Kleiman und Victor Kugler, die Anne Frank und ihrer Familie geholfen hatten? Wie kann man wissen, ob jemand sein Leben aufs Spiel setzt, um einen anderen Menschen zu retten? Woher weiß man, wer seinen besten Freund verraten wird? Seine Liebsten?

Lale? Hätte sie mich gerettet, wenn wir zusammengekommen wären? Hätte sie mich verraten?

Woher soll ich das wissen?

Hamburger Staatsarchiv
Hamburg, Bundesrepublik Deutschland

Es wurde ein langer Abend mit Herrn Diercks, dem Sporthistoriker und den Kulturschaffenden. Daher wollte ich am nächsten Morgen ausschlafen, aber schon sehr früh klingelte das Telefon in meinem Hotelzimmer. Ich hatte zwar keine Lust, mit irgendjemandem zu reden, aber da es Diercks sein konnte, nahm ich den Telefonhörer ab.

»Jaa, guten Morgen?« sagte ich und hörte selbst, wie verschlafen ich klang.

»Guten Morgen«, sagte eine energische Männerstimme und stellte sich vor, aber da ich den Anrufer nicht verstand, bat ich ihn, den Namen zu wiederholen. Er stellte sich erneut vor. Nennen wir ihn im Folgenden Herrn Biedermann. So heißt er zwar nicht wirklich, doch der Name erscheint mir passend.

Jedes Wort überdeutlich artikulierend, erklärte er, dass er Vorsitzender der Arbeitsgemeinschaft für Transkriptionen alter Schriftstücke sei. Diercks hatte ihn schon gestern nach unserem Telefonat angerufen und ihm Kopien geschickt. Am Morgen hatte Biedermann meine Frau in Stockholm angerufen und erfahren, dass ich noch in Hamburg sei und unter welcher Nummer er mich erreichen könne.

»Ich habe bereits einen Blick auf das Material aus Neuengamme geworfen und würde mich sehr gerne mit Ihnen treffen«, erklärte er bestimmt.

Ich hatte vom Vorabend einen veritablen Kater und versuchte mich aus der Affäre zu ziehen: »Heute habe ich schon einige Termine. Ginge es auch an einem anderen Tag?«

»Die Nachmittage verbringe ich meist im Hamburger Staatsarchiv in Wandsbek«, fuhr er fort, als hätte er mich nicht gehört. »Finden Sie den Weg? Sagen wir nach dem Mittagessen, am Eingang. Ich möchte Ihnen etwas zeigen.«

Hinter den Glastüren des Hamburger Staatsarchivs erwartete mich ein kleiner, drahtiger Mann, der fast neunzig Jahre alt war, aber mindestens zehn Jahre jünger wirkte. Er hatte etwas von einem Wiesel, sowohl was seine Erscheinung als auch seine Art zu sprechen betraf. Scharf, clever und ungeduldig sind die ersten Adjektive, die mir in den Sinn kommen. Er führte mich in den Raum in den Kellergewölben unter dem Lesesaal, in dem sämtliche Personenstandsbücher aufbewahrt sind, auch die von Mitgliedern der Jüdischen Gemeinde.

Zunächst fragte er mich nach dem Geburtsdatum meines Vaters, schlug dann das entsprechende Personenstandsbuch auf, und schon hatte er Walter gefunden. Auf dieselbe Weise fand er auch Minna und Gustav, die im Register natürlich als Eltern des Neugeborenen aufgeführt waren. Dann musste er lediglich ihre Spuren zurückzuverfolgen, und binnen weniger Stunden hatte Biedermann einen Stammbaum skizziert, der bis ins frühe 18. Jahrhundert zurückreichte. Eine beeindruckende Leistung.

In meinem ganzen Leben habe ich niemanden getroffen, der sich in einem Archiv derart zu Hause fühlte. Hin und wieder musste er raten, in welches Verzeichnis er schauen musste, um den nächsten Geburts- oder Todestag, eine unbekannte Adresse oder eine nicht angegebene Begräbnisstätte zu finden. Manche Namen waren in den verschiedenen Büchern unterschiedlich geschrieben, aber für Biedermann war keine Aufgabe zu schwer, als er meinen Stammbaum Zweig für Zweig nachzeichnete.

Kurz vor Ende der Öffnungszeit fragte Biedermann, ob er mich auf einen Kaffee in der Kantine einladen dürfe. Dort saßen wir dann, mit Blick auf den alten Jüdischen Friedhof von Wandsbek, und tranken laschen Automatenkaffee aus Plastikbechern, die so dünn waren, dass wir Servietten darum wickeln mussten, um uns die Finger nicht zu verbrennen.

Biedermann erklärte, mit den ersten Transkriptionen könne ich in ein paar Wochen, vielleicht auch erst in ein paar Monaten rechnen. Für die Übertragung des gesamten Materials seien jedoch Jahre nötig, obwohl sich mehrere Personen, die er namentlich nannte, gleichzeitig mit den Dokumenten befassen würden. Sie seien alle recht alt, weshalb er ihnen nicht zu viel Druck machen wolle.

»Sie sind mir wirklich eine große Hilfe«, sagte ich.

»Gern geschehen«, antwortete Biedermann und trank einen Schluck Kaffee. Dann sah er mir in die Augen und räusperte sich. »Vor allem in einem Fall wie Ihrem.«

Sein Blick wurde starr. In einem Fall wie meinem? Was meinte er damit?

»Ich erstatte Ihnen natürlich die Kosten«, sagte ich. »Ich bin Ihnen wirklich sehr dankbar.«

»Ich habe Ihnen zu danken«, entgegnete Biedermann.

»Jetzt komme ich nicht mehr mit.«

Er blickte mich schweigend an.

»Sie sind es doch, der mir hilft«, sagte ich und trank den letzten Schluck Kaffee.

»Danke!«, sagte Biedermann.

»Danke?«, wiederholte ich. »Aber wofür?«

»Danke, dass wir Ihnen helfen dürfen.«

»Keine Ursache«, erwiderte ich und zerknüllte den Plastikbecher.

Zeit zu gehen. Doch als ich aufstehen wollte, griff Biedermann nach meinem Arm und sah mich eindringlich an.

»Wir sind die Tätergeneration«, sagte er.

Ich hatte ihn genau verstanden, antwortete aber nicht und erwiderte seinen Blick so neutral wie möglich.

»Wir sind die Tätergeneration«, wiederholte er.

Studio in der Jungfrugatan
Stockholm, Königreich Schweden

Die ersten Transkriptionen kamen als E-Mail-Anhang. Es handelte sich um eine Reihe von Briefen, die Walter während seiner Haft verfasst hatte, sowie Tagebucheinträge aus den Jahren unmittelbar davor und danach.

Biedermann kommentierte das Material ausführlich und erklärte mir einiges über die Boxkämpfe von Max Schmeling, die erwähnt wurden. Er konnte sich auch noch an eine Theateraufführung erinnern, über die Walter in einem Tagebucheintrag vom 3. März 1935 schrieb: »Don Karlos« von Friedrich Schiller in der Regie von Jürgen Fehling. Ein Gastspiel des Staatlichen Schauspielhauses Berlin. Die Inszenierung sei nicht die Sensation geworden, die Walter, Biedermann und viele andere erwartet hatten.

Manchmal schickte Biedermann die Transkriptionen nur in Papierform, in braunen B4-Kuverts, sodass ich die Texte selbst in ein Textverarbeitungsprogramm einspeisen musste.

Ich wusste nie, wann und in welchem Format Biedermann die nächste Ladung schicken würde, geschweige denn, welcher Inhalt mich erwartete. Die transkribierten Dokumente waren nicht chronologisch geordnet, ich erhielt sie in der Reihenfolge, in der sie fertig wurden. Ich verwandte viel Zeit darauf, mir ein System auszudenken, um die unzähligen Dokumente thematisch und chronologisch zu ordnen.

Manchmal kam es mir so vor, als würde mir die Post Sendungen mit fünfzig, sechzig, siebzig oder gar achtzig Jahren Verspätung zustellen, peu à peu, kunterbunt durcheinandergewürfelt, von Briefen über Schulaufsätze bis hin zu Tagebucheinträgen.

Ohne Biedermanns Hilfe hätte ich die Dokumente nie lesen können. Und nicht nur das: Im Hamburger Staatsarchiv fand er Gustavs Personalakte der Steuerverwaltung.

»Es ging alles so schnell«, schreibt mein Vater in seinen Erinnerungen. »Es ist heute schwer für mich, die Reihenfolge zu bestimmen, in der alles passierte. Mein Vater war immer stolz darauf gewesen, dass er schon unter Kaiser Wilhelm II. Beamter war, und gleichzeitig war er ein überzeugter Republikaner. Nun wurde er in einem Brief von einigen ihm unterstellten Kollegen als Jude und ›Marxist‹ denunziert.«

Die Anklageschrift der Kollegen und die darauffolgenden Ermittlungen wurden in Gustavs Personalakte aufgenommen. Die Ermittlungen finden in der ersten Hälfte des Jahres 1933 statt, als der Reichstag brennt und die Nazis ihre Macht festigen. In dieser Zeit wird das »Gesetz zur Wiederherstellung des Berufsbeamtentums« erlassen, das darauf abzielt, alle nicht-arischen Beamten aus dem Dienst zu entfernen. Es zeigt sich jedoch, dass das Gesetz in Gustavs Fall nicht greift: Er kann nicht fristlos entlassen werden, weil er schon vor dem Ersten Weltkrieg Beamter war.

Am 4. April 1933, drei Tage nach dem ersten großen Judenboykott, muss er aber Urlaub nehmen und die Ergebnisse der Ermittlungen abwarten. Zwei Tage danach schreibt Gustav den ersten von mehreren Verteidigungsbriefen, die in seiner Personalakte aufbewahrt werden:

Ich habe mich in meinem ganzen Leben nicht mit Politik beschäftigt und werde dies auch fernerhin nicht tun.

Ich gehöre keiner Partei mehr an; wenn es früher der Fall gewesen ist, so geschah dies nur aus dem Grunde, weil ich als Jude mich einer Partei anschließen mußte, die für die Interessen der Juden eintrat. Ein Marxist bin ich nie gewesen.

Ich werde auch unter der nationalen Regierung meine Pflicht als Beamter genauso erfüllen, wie ich dies bisher getan habe, & dafür bietet auch mein bisheriges Verhalten in 32 Jahren volle Gewähr. Wenn einige Beamte des Finanzamts Baumeisterstraße es für richtig gehalten haben, gegen mich zu hetzen, trotzdem ich ihnen hierzu nicht den geringsten Anlaß gegeben habe, so mögen sie das mit ihrem Gewissen abmachen, ich weiß jedenfalls bestimmt, daß der weitaus größte Teil der Kollegen sowohl des Finanzamts Baumeisterstraße als auch der anderen Finanzämter mich wegen meiner lauteren Gesinnung hochachtet, & ich habe auch gerade in der letzten Zeit viele Beweise dafür von den Kollegen erhalten.

Ich erlaube mir, die sehr ergebene Bitte an den Herrn Vorsteher zu richten, meine Tätigkeit jetzt wieder aufnehmen zu dürfen.

Trotz dieser Ermittlungen hat Walter seinen Vater endlich überreden können, ihn bei einem Studium an der Universität finanziell zu unterstützen. Zusammen mit Oskar Arnold, einem Freund aus der Aufbauschule, möchte er nach Ostern mit einem Geschichtsstudium beginnen.

Doch am 26. April 1933, einen Monat vor Walters zwanzigstem Geburtstag, wird das »Gesetz gegen die Überfüllung von deutschen Schulen und Hochschulen« im *Reichsgesetzblatt* veröffentlicht. Damit bleibt ihm die akademische Welt verschlossen. In seinem Tagebuch schreibt er:

April 33
Ich bin jetzt 19 Jahre alt und werde in einem Monat
20. Ich bin Abiturient. Ich habe die unstillbare Sehn-
sucht nach der Wahrheit und nach den Schönheiten der
Kunst in mir. Ich bin Intellektueller. Ich bin Jude. Das
ist alles, was ich bin und habe. Ich bin Jude; das ist
heute ein Schicksal. Jude sein heute in Deutschland,
d.h. nichts sein, d.h. nicht lernen dürfen, d.h. nichts
werden dürfen, d. h. nicht leben dürfen, d.h. nicht da
sein dürfen, ja das heißt, nichts sein dürfen. 19 Jahre
Leben sind an mir vorüber gegangen. 19 Jahre, das ist
nicht viel, die ersten 19 Jahre, das ist noch weniger, weil
es Jahre des stillen Werdens waren.

Gustav sieht die Dinge anders als sein Sohn. Er ist ein deutscher Beamter und überzeugt davon, dass am Ende die Gerechtigkeit siegen wird. Am 9. Mai 1933 trifft er Oberregierungs-
rat Doktor Lottich im Landesfinanzamt Unterelbe, um zu den
Vernehmungsprotokollen mit den Kollegen Stellung zu beziehen. Eloquent verteidigt er sich gegen die Vorwürfe und schil-
dert seinen politischen Werdegang.

Ich habe etwa von 1913 bis 1929 oder 1930 der Deut-
schen Demokratischen Partei (Staatspartei) als zahlen-
des Mitglied angehört. Am 1. Februar 1931 trat ich
zur SPD über, weil ich als Jude bei einer größeren Par-
tei Schutz suchen mußte. Am 15. Februar 1933 bin ich
aus der SPD infolge der veränderten politischen Ver-
hältnisse ausgetreten, wie aus der von mir überreichten
»Bestätigung« vom 16. Februar 33 hervorgeht. Jetzt ge-
höre ich keiner Partei an. Trotzdem ich eingetragenes
Mitglied der SPD war, bin ich politisch niemals in die-
ser Richtung hervorgetreten, habe mich auch insbeson-

dere nie politisch betätigt. Ich habe keine Mitglieder-
versammlungen besucht, bin in der Partei überhaupt
vollständig unbekannt, habe keine Abzeichen getragen
und auch keine Fahne gehalten. Ich bin, wie gesagt,
nur um als Jude in der Partei Schutz zu finden, nicht
wegen meiner sonstigen politischen Gesinnung, in die
SPD eingetreten.

An der heutigen Regierung bedaure ich die Einstel-
lung gegenüber uns Juden, im Übrigen bin ich, da ich
mich trotz allem als Deutscher fühle, mit der natio-
nalen Erhebung voll einverstanden und bin selbstver-
ständlich bereit, auch unter den heutigen Verhältnissen
meine Pflicht als Staatsbürger und Beamter zu erfüllen.

Durch eine Entlassung oder Beurlaubung würden
meine Familie und ich wirtschaftlich sehr schwer be-
troffen werden. Einer meiner Söhne ist vom Statisti-
schen Landesamt als Jude fristlos entlassen worden; ein
zweiter, der in Berlin Schauspieler ist, ist seit einem
Jahr ohne Engagement. Der dritte sollte die Univer-
sität besuchen, ist aber jetzt davon ausgeschlossen und
zur Zeit ohne Beschäftigung. Die beiden ältesten Söh-
ne sind verheiratet. Ich muß für sie und ihre Familien
sowie für meine mittellose Stiefmutter und eine Schwä-
gerin sorgen.

Ich bitte, aus der gegen mich erstatteten Anzeige, die
m. E. aus den Zeitverhältnissen zu erklärende Übertrei-
bungen enthält, nicht den Schluß zu ziehen, daß ich als
Beamter für den nationalen Staat ungeeignet sei. Ich
versichere, daß ich nach bestem Können und mit allen
Kräften nach wie vor meine beruflichen Pflichten er-
füllen werde.

Der 26. Mai ist Walters zwanzigster Geburtstag. Am selben Tag ist Gustav zu einem Treffen mit Landesfinanzdirektor Witting geladen. Dieser weist ihm einen Ausweg aus seiner unglücklichen Situation. Für das Problem, dass Gustav als *Nichtarier,* der bereits vor dem Ersten Weltkrieg als Beamter tätig war, mit dem neuen »Arierparagraphen« nicht entlassen werden kann, aber als Beamter nicht mehr erwünscht sei, hat er eine Lösung parat: Gemäß Paragraph 5, Absatz 2, des »Gesetzes zur Wiederherstellung des Berufsbeamtentums« kann Gustav seine Pensionierung beantragen.

Nach dem Treffen schreibt Gustav einen weiteren Verteidigungsbrief, in dem er die Vorwürfe gegen ihn noch einmal als völlig haltlos bezeichnet. Er hat noch nicht eingesehen, dass es nicht um Rechtsprechung geht, sondern dass für jüdische Beamte im neuen Deutschland kein Platz ist. Damit riskiert er nun, genau wie sein Sohn John, ohne jegliche Pensionsansprüche entlassen zu werden.

Der Glaube meines Vaters an Gerechtigkeit hatte sowohl etwas Tragisches als auch etwas Großartiges, schreibt mein Vater in seinen Erinnerungen. Er las uns seine Briefe vor und bat uns um Kommentare. Wir hörten zu, und als wir sanft versuchten, ihm klar zu machen, daß es hoffnungslos war, reagierte er mit Wut. Ich sehe ihn vor mir, wie er vor dem Schreibtisch sitzt oder durch die Wohnung geht und sich eine kraftvolle Formulierung überlegt.

Ende Juni 1933 erleidet Gustavs geliebte Stiefmutter Lea einen Schlaganfall, einige Tage später stirbt sie.

Am 1. Juli 1933, dem Tag vor der Beerdigung, bittet Gustav um seine Versetzung in den Ruhestand.

Hüttengefängnis
Hamburg, Deutsches Reich

Im Sommer 1933 hat Walter wider Willen viel Freizeit. »Das Leben jetzt so ohne Ziel ist ziemlich schwer«, notiert er in seinem Tagebuch. »Ich lese jetzt wieder viel. Dostojewski, Zweig. Soeben habe ich Wilhelm Meisters Lehrjahre beendet.« Er nimmt auch an illegalen Demonstrationen teil. Darüber erzählt mein Vater in seinen Erinnerungen:

> *Die Information wurde durch die Mund-zu-Mund-Methode verbreitet: Man sollte seine besten Kleider anziehen und sich an einem bestimmten Platz zu einer bestimmten Zeit versammeln. Pünktlich ertönt dort ein Pfiff, und von einem Moment auf den anderen füllt sich die Straße mit jungen Menschen, die aus Hauseingängen und Seitenstraßen herbeiströmen, um sich hinter einer roten Fahne zu formieren. Anschließend zieht der Demonstrationszug die Straße hinauf, Parolen gegen Hitler skandierend und Kampflieder singend. Aber es dauert nicht lange, bis die rote Fahne wieder eingerollt wird und sich der Demonstrationszug auflöst. Die Teilnehmer fliehen in Treppenhäuser und angrenzende Straßen, um der Polizei zu entkommen.*

Oft aber streunt Walter einfach ziellos durch die Stadt. Er darf ja nicht studieren und hat keine Arbeit.

Eines Tages besucht er eine Freiluft-Zirkusvorstellung auf dem Heiligengeistfeld. Ein finster dreinblickender Clown geht durchs Publikum, um Geld zu sammeln. Walter weicht ein paar Schritte zurück, damit der Hut nicht unter seiner Nase landet. Gleichzeitig versucht er unbeholfen mit den Mädchen im Publikum zu flirten, nicht zuletzt, um irgendetwas zu tun zu haben.

Da werden zwei Polizisten in Zivil auf ihn aufmerksam. Sie halten ihn für einen Marxisten, der Kurierdienste ausführt, und bringen ihn ins »Hüttengefängnis«, das Polizeigefängnis unweit der Reeperbahn, in der vor allem Prostituierte, Sittlichkeitsverbrecher und Betrunkene in Haft genommen werden. Außerdem führt die Polizei eine Hausdurchsuchung bei ihm durch, findet aber nichts, wofür Walter angeklagt werden könnte. Nach drei Nächten auf der feuchten, stinkenden Matratze im Hüttengefängnis wird er freigelassen. Seinen besorgten Eltern muss er das Versprechen geben, sich nie mehr politisch zu engagieren.

»Ein Versprechen, das ich nicht halten wollte«, schreibt mein Vater in seinen Erinnerungen.

Da Walter arbeitslos ist und in den Hinterhöfen Eimsbüttels Flugblätter gegen die Nazis verteilt hat, verlangen die Eltern, dass er das Viertel verlässt. So unternimmt er eine Reise nach Berlin und schreibt darüber:

Hin mit dem Rad, zurück mit dem Rad! Man spürt's in den Knochen. Berlin ist eine wunderschöne Stadt. Große Straßen, herrliche Anlagen, famoser Menschenschlag, Weltstadt. Ich möchte schon gern in Berlin leben! Vielleicht später einmal.

Historisch gleichermaßen interessant wie auch erschütternd sind die baulichen Hinterlassenschaften unserer »großen« Wilhelms. Denkmäler en gros, als wären sie in Akkordarbeit fabrikmäßig hergestellt worden. Schlösser, ach kannst du sie zählen? Aber schön ist kein einziges davon, weder die Schlösser noch die Denkmäler. Warum wurde das alles gebaut? Warum? Ich würde für den ganzen Ramsch 2,50 M geben, ich glaube, so viel könnte man bei der Schrottverwertung herausbekommen.

Aber diese Denkmäler und Schlösser sind nicht das richtige Berlin. Das liegt im Norden und im Osten, und schön ist es nicht vom ästhetischen Standpunkt, nicht vom künstlerischen Standpunkt, aber vom menschlichen Standpunkt aus. Da sind die Menschen, unter denen man leben mag, mit ihrer wohlwollenden, nie verletzenden Schnoddrigkeit, mit der großen Klappe, aber auch mit dem anständigen Charakter. Ich war gern in Berlin.

Als er nach Hamburg zurückkehrt, haben die Eltern als Vorsichtsmaßnahme eine neue Wohnung gemietet. Sie liegt in Barmbek und ist halb so groß wie die Wohnung am Eppendorfer Weg. Es ist die erste von mehreren immer kleineren Wohnungen, in denen Minna und Gustav in den nächsten Jahren leben werden.

Minna leidet vermutlich stärker als alle anderen unter der Ausgrenzung und den Schikanen, denen die Familie ausgesetzt ist. Als sie zehn war, starb ihr Vater, und die Mutter fühlte sich mit drei Kindern überfordert. Daher bekam Minna einen staatlichen Vormund und wurde im Paulinenstift, einem jüdischen Waisenhaus für Mädchen, untergebracht. Als sie volljährig wurde, konnte sie das Paulinenstift verlassen und Gustav heiraten. Er und die Familie geben ihrem Leben Halt. Aufgrund des psychischen Drucks hat Minna massive Verdauungsprobleme und muss sich schließlich einer Darmoperation unterziehen.

Im Herbst 1933 kehrt auch Max nach Hamburg zurück, da er in Berlin nicht länger mit Gelegenheitsengagements über die Runden kommt. Zuletzt war er für eine Filmrolle besetzt worden. Aber da der Regisseur und Hauptdarsteller Siegfried Arno Jude war, wurden die Dreharbeiten eingestellt. Danach musste sich Max in der Hauptstadt mit kleineren Auftritten in verschiedenen Kabaretts durchschlagen. Nun beziehen er und seine Ehefrau Dora eine Wohnung am Scheideweg in Hamburg; das Haus verwaltet Gustav für einen wohlhabenden Privatier namens Steffen.

Max und Walter wirken in diversen Kabaretts mit, etwa in der »Rosenroten Brille« die von Willy Hagen im Curio-Haus geleitet wird. Walter ist schon als Kind mit seinem Bruder auf verschiedenen Bühnen aufgetreten und hat ernsthaft über eine Karriere als Schauspieler nachgedacht. Doch für einen Juden gibt es keine Möglichkeit, eine Schauspielschule zu besuchen. Liesbeth hat ihren Eltern versichern müssen, dass sie die Beziehung zu Walter beendet hat. Was nicht der Wahrheit entspricht: Sie treffen sich weiterhin heimlich bei Walter und mit anderen Hitlergegnern. Oskar Arnold dagegen hat den Kontakt zu seinem jüdischen Freund abgebrochen. Wehmütig schreibt Walter:

Vor allen Dingen sehne ich mich nach einem so guten Freund, wie Oskar es mir gewesen ist. Es fehlt mir der geistige Austausch, wie wir ihn pflegten. Wenn ich nicht vollkommen von der Sinnlosigkeit einer solchen Handlung überzeugt wäre, würde ich ihm meine Freundschaft erneut anbieten. Ich hoffe doch noch wieder einen Freund zu finden, denn ich brauche einen solchen neben Liesbeth. Denn ein geistiger Austausch zwischen zwei Männern ist anders als zwischen Mann und Frau.

Nach fast einem Jahr ohne feste Arbeit erhält Walter das Angebot, bei den Gebrüdern Robinsohn, einem der größten Modehäuser in Hamburg, eine Lehre zu machen. Einzelhandelskaufmann ist zwar nicht gerade sein Traumberuf, aber er nutzt die Chance, denn die Lehre ist in jedem Fall besser als arbeitslos zu sein.

Im Januar 1934 fängt er bei der Firma an. Da er Abitur hat, steigt er mit dem Gehalt des zweiten Lehrjahres ein, 25 Reichsmark im Monat. Er arbeitet im Lager und vermisst Stoffe. Eine Tätigkeit, die er verabscheut. Doch die Eigentümer wollen vermeiden, dass er, ein Jude, direkten Kundenkontakt hat. Zwar sind die Gebrüder Robinsohn selbst Juden, doch das Personal besteht größtenteils aus Nicht-Juden. Darunter sind auch einige SA-Mitglieder.

Walter sehnt sich danach zu studieren, Neues zu lernen, ganz egal was, Hauptsache, er muss keine Stoffbahnen mehr vermessen. Deshalb bewirbt er sich für eine Lehrerausbildung, organisiert von der Reichsvertretung der deutschen Juden in Berlin.

In seinem zweiten Brief von 1964 schreibt ihm der Freund Otto Schönfeldt:

Gestern war mein 52. Geburtstag (!). Und am Vortage kam Edith jubilierend an mein Bett: »Walter hat dir geschrieben!« Ja, das war eine wunderschöne Geburtstagsfreude für uns beide! Auch wenn die Schatten der Vergangenheit wieder düster heraufzogen. Es scheint, daß sie nicht mehr aus unserem Leben verschwinden können. Immer sind sie zur Stelle wie die Hexen in »Macbeth«. Lange hielt ich Deinen ungeöffneten Brief in Händen. Freude und Schmerz mussten sich erst mal einig werden, wer stärker ist. Deine glückliche Post überwältigte mich.

Ich will Dir gleich auf Deine herzliche und großzügige Einladung antworten. Wir nehmen das Angebot, in Eurem Hause zu wohnen, herzlich gern an und sind Deiner Frau und Dir dafür dankbar.

Ich brenne darauf, Dein Familien-Idyll kennen zu lernen und eine Zeitlang daran teilnehmen zu können. Wir haben ja leider keine Kinder – c'est la guerre! Ich

halte mich auch nicht auf mit weiteren Geschichten.
Der Stoff ist übermächtig. Er fordert den Dialog.
Sahen wir uns zuletzt nicht in Eurer Wohnung in
Barmbek? 1934 – vor dem Einzug des »größten Feld-
herrn aller Zeiten« (Gröfaz) in Hamburg? Du warst
bei »Robinsohn« auf dem Neuen Wall untergekommen,
Wenig später erfuhr ich, wahrscheinlich von Oskar Ar-
nold, von Deiner Verhaftung.
   Ich glaube, es ist richtig, daß Du in Schweden ge-
blieben bist.

Gebrüder Robinsohn, Neuer Wall
Hamburg, Deutsches Reich

An einem Montagvormittag sitzt Walter in der Kantine des Modehauses. Es ist der 4. März 1935, ein Datum, das er nie vergessen wird.

Der Tag hat begonnen wie jeder andere auch. Walter hat Stoffe vermessen, die später an verschiedene Händler ausgeliefert werden. Jetzt machen die Lagerarbeiter Pause, man unterhält sich über den Boxkampf, der am kommenden Sonntag in der Hanseatenhalle stattfindet: Max Schmeling gegen den Amerikaner Steve Hamas. Einer von Walters Kollegen ist sich sicher, dass Schmeling mit dem Kampf den Grundstein dafür legen wird, sich wieder den Weltmeistertitel zu holen. Walter hört schweigend zu. Er selbst würde sich lieber über den gestrigen Theaterabend, die Premiere von »Don Karlos« oder Bücher unterhalten, aber als Lehrling wird von ihm erwartet, sich bedeckt zu halten.

Plötzlich betritt die Assistentin des Personalchefs die Kantine und bittet Walter, ihr zu folgen. Walter glaubt, dass es um die beantragte Gehaltserhöhung geht. Der Personalchef hat ihm erklärt, das sei durchaus möglich, denn schließlich habe Walter sich als tüchtig erwiesen und im Gegensatz zu den meisten anderen Lehrlingen das Abitur abgelegt.

»Bin gleich zurück«, sagt Walter zu seinen Kollegen und erhebt sich erwartungsfroh von seinem Stuhl.

In der Personalabteilung empfängt ihn ein hochgewachsener, hagerer Mann mit wachsamem Blick und Händen, die so gepflegt sind wie die eines Pianisten. Er trägt einen gut sitzenden Anzug und wird begleitet von einem kleineren grobschlächtig wirkenden Mann mit Hafenarbeiterfäusten, ebenfalls im Anzug. Der Mann mit den Klavierspielerhänden fragt Walter, ob ihm der Name Kurt Spier etwas sagt.

»Das ist ein Freund von mir«, antwortet Walter.

Da zeigt der Mann mit den Klavierspielerhänden seine Polizeimarke und erklärt, er sei von der Staatspolizei und müsse Walter mitnehmen. Ehe sie gehen, fragt er Walter noch, ob er etwas in der Personalumkleide holen wolle.

»Das muss ein Missverständnis sein«, sagt Walter.

»Nein, Missverständnisse gibt's bei uns nicht.«

»Ich verstehe nicht ...«

»Bald werden Sie es verstehen.«

Auf dem Weg zur Personalumkleide erklärt Walter, er lasse seine Sachen immer im Spind und könne sie, wenn nötig, auch später noch holen. Der Mann mit den Klavierspielerhänden entgegnet, es sei besser, die Sachen sofort mitzunehmen, worauf Walter scherzt, so lange werde der Ausflug wohl kaum dauern.

»Er wird sogar eine ganze Weile dauern«, antwortet der Mann.

Staatspolizeileitstelle, Stadthaus
Hamburg, Deutsches Reich

»Wollen Sie uns das Ganze vielleicht mit eigenen Worten schildern?«, fragt der Mann mit den Klavierspielerhänden, der Walter gegenüber im Verhörraum des Stadthauses sitzt. Seit 1933 befindet sich hier die Zentrale der Hamburger Staatspolizei. »Ich verstehe nicht«, erwidert Walter schulterzuckend. Er spürt die Gegenwart des Hafenarbeitertyps hinter sich, will sich aber nicht umdrehen. »Na, so was.« Der Pianist lächelt, kneift die Augen zusammen und legt den Kopf schief, als spräche er mit einem Kind, das gerade etwas Lustiges gesagt hat. »Wir wissen, dass es nicht leicht für Sie ist«, fährt er fort. Die Staatspolizei sei bestens darüber im Bilde, was Walter getan habe. Er habe mehrfach illegales politisches Material von einem Mann namens Heinz Beerbaum entgegengenommen, um es einem gewissen Hans Brand zu überbringen. Beide seien bereits festgenommen worden und hätten gestanden. Leugnen sei also zwecklos. »Wir wissen alles.«

Walter gibt zu, sowohl Beerbaum als auch Brand zu kennen. Allerdings habe er nie illegales Material entgegengenommen oder weitergegeben. Beerbaum sei der Schwager eines Freundes, er kenne ihn nur oberflächlich. Brand sei in der Anton-Rée-Realschule in die Parallelklasse gegangen und damals eher nationalistisch gesinnt gewesen. Dass er nun Widerständler gegen Hitler sein soll, halte er für äußerst unwahrscheinlich.

Der Pianist hört geduldig, fast amüsiert zu, aber Walter ist sich bewusst, dass dem Mann jeden Moment der Geduldsfaden reißen könnte. Die Angaben über die geheimen Treffen und illegalen Drucksachen sind so detailliert, dass die Polizei sie eigentlich nur von Walters Kameraden wissen kann. Gleichwohl weist die Geschichte die eine oder andere Lücke auf. Möglicherweise will die Polizei manche Dinge aus ermittlungstechnischen Gründen nicht erwähnen, oder Beerbaum und Brand konnten Informationen unterschlagen – gesetzt den Fall, sie sind tatsächlich verhaftet worden.

Die ganze Zeit spürt Walter die Bedrohung, die von dem Mann unmittelbar hinter ihm ausgeht. Der Pianist meint, dass es noch andere Vernehmungsmethoden gebe, doch er rechne damit, dass Walter sich kooperativ zeige. Näher geht er auf die »anderen Methoden« nicht ein, und die Vagheit der Drohung macht Walter noch mehr Angst.

Gerade als er glaubt, dass der Hafenarbeitertyp zuschlagen wird, bricht der Pianist das Verhör ab, und Walter wird in den Keller des Stadthauses geführt – »für eine kurze Pause, damit Sie darüber nachdenken können, wie es weitergehen soll.«

Eine kurze Pause? Stunden später sitzt Walter noch immer in der kargen Kellerzelle. Es stinkt nach Urin und Angst – nach der Pisse von jemand anderem und Walters Angst.

Diesmal ist es anders als vor zwei Jahren im Hüttengefängnis, das spürt er. Die Polizei ist ihm auf der Spur. Er lässt den Kopf gegen die Mauer sinken und versucht sich ins Gedächtnis zu rufen, was der Mann mit den Klavierspielerhänden gesagt hat.

Plötzlich wird die Zellentür geöffnet. Ein Polizist reicht ihm einen roten Zettel, auf dem steht, Walter werde wegen »Vorbereitung zum Hochverrat« in Schutzhaft genommen. Der Polizist erklärt, dass Walter weder das Recht auf einen Anwalt noch auf Kontakt zu seinen Angehörigen habe. Dann schließt er die Tür wieder.

Wann ist das passiert? Gerade eben? Vor einer Weile? In der einsamen, düsteren Zelle hat Walter jedes Zeitgefühl verloren. Es stinkt nach Pisse. Nach der Pisse von jemand anderem, vermischt mit seiner eigenen. Der Urin ist an seinem Bein heruntergelaufen und hat eine kleine Pfütze um seinen linken Fuß gebildet. Die nassen Stellen auf der Haut brennen vor Kälte. Wann hat er das letzte Mal etwas gegessen? Er weiß es nicht. Wie gerne würde er mit jemandem sprechen. Mit irgendwem, selbst wenn es ein Polizist wäre. Er weiß nicht, ob er weiterhin schweigen kann, falls sie ihn foltern. Doch alles, was er bei den illegalen Treffen gelernt hat, verbietet ihm strikt, mit der Polizei zu kooperieren. Wird er es schaffen? Er weiß es nicht. Aber das Wichtigste ist, dass sie Liesbeths Namen nicht erwähnt haben. Er ist fest entschlossen, Liesbeth aus allem herauszuhalten, aber er hat Angst, und die Angst lähmt seine Gedanken.

»Guten Morgen«, sagt der Pianist und deutet auf einen Stuhl. »Nehmen Sie Platz.«

Walter erwidert den Gruß und setzt sich.

Der Mann lächelt ihn freundlich an, fast so, als sähe er einen alten Freund wieder. Dann erklärt er, dass er das Verhör nicht unnötig in die Länge ziehen wolle. Er werde Walter die Protokolle der Vernehmungen von Beerbaum und Brand zu lesen geben. »Das ist eigentlich nicht erlaubt, aber da Sie ja das Gymnasium besucht haben, wird es Ihnen sicher dabei helfen, die richtige Entscheidung zu treffen.«

Der Hafenarbeitertyp legt die Protokolle auf den Tisch. Sein Blick flackert einen Moment lang zwischen dem Papierstapel und Walter hin und her, dann wendet er sich ab und geht in Richtung Tür. Er stellt sich genau dorthin, wo er auch beim letzten Mal stand, hinter Walter.

Walter überfliegt die Protokolle. Die beiden Kameraden haben gestanden, mehrfach illegales Druckmaterial entgegengenommen oder weitergegeben zu haben. Die Angaben in den Vernehmungsprotokollen sind vage, aber korrekt. Ein Trick, um Walter zum Reden zu bringen? Nein. Beerbaum und Brand haben die Protokolle unterzeichnet. Die beiden sind verhaftet worden, die Polizisten sagen hier die Wahrheit.

Walter hat die ganze Nacht kein Auge zugetan. Trotzdem fühlt er sich mit einem Mal hellwach und sonderbar aufgekratzt. Er befindet sich in Schutzhaft und wird von der Polizei vernommen. Ein Beweis dafür, dass er wirksam politischen Widerstand geleistet hat. Aber jetzt ist das Spiel aus. Er liest die Protokolle noch einmal genau durch, prägt sich alles ein und denkt eine Weile nach.

»Es stimmt«, sagt er schließlich. »Ich bin bereit zu gestehen.« Der Verhörleiter sieht ihn mit einem Ausdruck auf dem Gesicht an, der fast schon an Dankbarkeit erinnert. Er wirkt genauso erleichtert wie Walter selbst.

Die Vernehmung zieht sich über drei Tage hin. Walter gibt sich größte Mühe, von Beerbaums und Brands Versionen nicht allzu sehr abzuweichen, und die Polizisten setzen ihn nicht unter Druck. Sie scheinen zufrieden mit dem, was Walter ihnen berichtet. Ihnen geht es vor allem darum, Einzelheiten zu verifizieren, über die sie bereits Kenntnis haben. Die Stimmung ist gut, fast freundschaftlich. Einmal bietet der Pianist Walter eine Schinkenstulle aus seiner Unica-Box an, die seine Frau zubereitet hat. Walter lehnt ab, er sei nicht hungrig. Dabei hat er sehr wohl Hunger, doch er will nichts von einem Polizisten annehmen.

Der Mann mit den Klavierspielerhänden nimmt es ihm nicht übel, meint aber, Walter begehe eine große Dummheit. Schließlich werde man ihm nicht so schnell wieder eine solche Delikatesse anbieten.

Grüne Minna
Hamburg, Deutsches Reich

Am Donnerstag, den 7. März 1935, ist das Vernehmungsprotokoll fertiggestellt. Walter gesteht, Kurt Spier Mitte November 1934 eine *Rote Fahne* für 15 Pfennig abgekauft zu haben – die Rote Fahne ist in dieser Zeit die wichtigste illegale Zeitung des antifaschistischen Widerstandes. Anfang Dezember hat Walter Kurt Spier außerdem ein *John-Kling*-Heft für 20 Pfennig abgekauft – die *John-Kling*-Hefte sind Krimis, die von den Nazis als »Kitsch, Schmutz und Schund-Literatur« angesehen werden. In einigen früheren Heften wurde der Jude Sally Löb, ein Vertrauter von John Kling in Paris, in positiven Worten dargestellt, seit 1933 ist Löb aber aus den Heften verschwunden. Dieser Anklagepunkt wirkt willkürlich, da die John-Kling-Hefte ja nicht verboten sind.

Bald darauf hatte Spier Walter mit Beerbaum bekannt gemacht, der Walter Ende Dezember 1934 zu Hause besuchte und mit acht Exemplaren der Dezemberausgabe der verbotenen, aber weiterhin illegal erscheinenden kommunistischen *Hamburger Volkszeitung* für 10 Pfennig pro Stück sowie drei *John-Kling*-Heften zu je 20 Pfennig versorgte. Ende Januar 1935 verkaufte Beerbaum Walter acht weitere Exemplare der *Hamburger Volkszeitung.* Die illegalen Drucksachen, die Walter von Spier und Beerbaum erhielt – ausgenommen die *Rote Fahne,* die er im November 1934 kaufte –, gab er seinem Schulfreund Hans Brand, der sie ebenfalls bezahlte und weiterreichte. Über den Empfänger kann Walter allerdings keine Angaben machen.

Da er nicht weiter als Mittelsmann fungieren wollte, brachte er Ende Januar oder Anfang Februar 1935 Beerbaum mit Brand zusammen. Das Treffen fand im Café Kanzler bei den Kolonnaden in der Hamburger Innenstadt statt.

In dem Protokoll, das Walter unterzeichnet, ist nur ein Bruchteil der Drucksachen aufgeführt, mit denen er in Berührung kam. Die illegalen Demonstrationen – bei einer am Schulterblatt wäre Walter um ein Haar festgenommen worden – bleiben ebenso unerwähnt wie die Straßenprügeleien mit jugendlichen Nazis und SA-Männern, die ihn mit einem Messer verfolgten. Kein Wort über die Flugblätter, die er auf den Eimsbütteler Hinterhöfen verteilte, und vor allem kein Wort über Liesbeth.

Noch am selben Abend findet Walter sich in einer Zelle in einem Gefangenentransport wieder. Es gibt zwei schrankartige Zellen, gesäumt von Sitzreihen an den Längsseiten des Transporters. Walter wird nicht das erste Mal in einer Grünen Minna befördert, allerdings hat er im Sommer 1933 auf dem Weg zwischen Hüttengefängnis und Stadthaus auf einer der Bänke gesessen. Jetzt muss er kerzengerade dastehen, die Hände an die Oberschenkel gepresst. Es brennt ihn nicht mehr an der Rückseite seines linken Beins, aber es juckt. Auch am Hals und im Gesicht juckt es, doch er kann sich nicht kratzen. Er versucht den Gesprächen der anderen Gefangenen zu lauschen. Sie sprechen von Kola-Fu, er schnappt jedoch nur Bruchstücke auf.

Plötzlich blendet ihn grelles Scheinwerferlicht. Er hört Hundegebell und Befehle von Männern in SS- und SA-Uniformen. Als sich seine Augen an die Dunkelheit gewöhnt haben, erspäht er sogar Uniformen der berüchtigten Marine-SA.

Walter und die anderen Gefangenen werden über einen Hof ins Gebäude gescheucht, treppauf, durch Korridore, treppab und wieder hinaus auf den Hof, wo ihnen befohlen wird, sich mit den Zehen- und Nasenspitzen zur Mauer hin aufzustellen. Hinter ihnen gehen Aufseher auf und ab, die sie beschimpfen und ihnen Rauch ins Gesicht blasen. Manche Häftlinge werden getreten, oder ihre Köpfe werden gegen die Mauer geschmettert. Wer Nasenbluten bekommt, muss in strammer

Haltung stehen bleiben und die Wand anstarren, während das Blut über die Kleidung läuft. Walter hat Glück, noch ist er nicht misshandelt worden.

Dann werden die Gefangenen aufgefordert, sich umzudrehen. Vor ihnen steht ein hagerer Mann mit markanten Wangenknochen und finsterem Blick: Lagerkommandant Johannes Rode. Auch die Aufseher stehen vor dem asketisch wirkenden Mann stramm. Rode spricht mit schneidender Stimme über den »Verrat der Roten« und die Nutzlosigkeit der Juden. »Hier im Lager werdet ihr lernen zu gehorchen«, verspricht er. »Herzlich willkommen in Kola-Fu.«

Dann ein neuerlicher Sprint in den Keller. Walter wird in eine Zelle bugsiert und angewiesen, nicht aus dem Fenster zu blicken; die Aufseher haben den Befehl, auf alle zu schießen, die sich am Fenster zeigen. Wenn die Zellentür aufgeht, soll er unter dem geschlossenen Zellenfenster strammstehen und dem Aufseher Gefangenennummer und Namen nennen – dies ist vermutlich der Grund für seine lebenslange Angewohnheit, stets hinter verschlossener Tür zu arbeiten. Denn wenn die Tür geschlossen ist, herrscht Ruhe, doch sobald sie aufgeht, kann alles Mögliche passieren.

In der ersten Nacht in Kola-Fu kommt niemand in die dunkle Zelle. Walter ist allein. Lange liegt er wach und lauscht auf die ungewohnten Geräusche. Schritte im Korridor. Zellentüren, die geöffnet und zugeschlagen werden. Protestrufe, Weinen, Flüche.

Bis in die frühen Morgenstunden spielt jemand auf der Orgel in der Kapelle des Lagers. Dann werden erneut Zellentüren zugeschlagen. Stille.

Block C, Kola-Fu
Hamburg, Deutsches Reich

»Das KZ Fuhlsbüttel wurde als eines der ersten Konzentrationslager in Nazideutschland errichtet«, erklärte Herr Diercks. »Regimegegner sollten durch Terror und Gewalt eingeschüchtert und damit von weiteren illegalen Widerstandsaktionen abgehalten werden. Ich denke, dass die Abschreckung eine wesentliche Rolle spielte, ebenso Rachegelüste der Nazis und Sadismus gegenüber Menschen, die sie verachteten.«

In den sieben Monaten, die Walter in Kola-Fu verbrachte, saßen etwa 300 Häftlinge dort ein. Elf von ihnen kamen durch Misshandlungen oder durch Selbstmord ums Leben. Wer zu Tode gefoltert wurde, wer in den Selbstmord getrieben wurde, lässt sich kaum sagen.

Eine Woche nach seiner Inhaftierung erhält Walter die Erlaubnis, seinen ersten Brief zu schreiben. Vier Nächte hat er allein im Keller von Haus C verbracht.

Es ist der 11. März 1935, ein Tag nachdem ein Gefangener namens Heinrich Thes in der Zelle neben Walter tot aufgefunden wurde – Todesursache unklar. Wie in einem Anflug freudianischen Wunschdenkens schreibt Walter ein falsches Datum in den Briefkopf: 11. März 1934 statt 11. März 1935.

Meine lieben Eltern, meine über alles geliebte Liesbeth, ihr müßt Euch keine Sorgen machen um mich. Nach den gegebenen Umständen geht es mir durchaus gut, und den Kopf halte ich auch hoch, beginnt er tapfer und fährt fort: *Laßt mich an Eurem Leben teilnehmen, als wäre ich nur verreist. Lieber Vater, Du darfst mir nicht böse sein, und auch die Mutter darf sich nicht aufregen,* schreibt er, wohl wissend, welches Versprechen er seinen Eltern nach der Haft im Hüttengefängnis gegeben hat – ein Versprechen, das er nie ernst gemeint hatte.

Die ersten Tage waren die schlimmsten. Das Gefühl der Vereinsamung bedrückte mich grenzenlos. Aber jetzt bin ich darüber hinweggekommen. Die Hoffnung, von Euch bald einen Brief zu empfangen, tröstet mich. Dienstags schickt mir bitte immer ein Paket mit Wäsche.

In den Schmutzwäschebeutel darf Walter kurze Nachrichten stecken. So bittet er zum Beispiel um eine neue beziehungsweise um eine »heile Brille«, weil »bei dieser die Schrauben locker sind«.

Zehn Tage später, am 21. März 1935, schreibt Walter den zweiten Brief. Eigentlich darf er nur einen Brief im Monat verschicken, doch er hat den Oberaufseher mit Hinweis auf den bevorstehenden 54. Geburtstag seiner Mutter überreden können, eine Ausnahme zu machen.

»Bin ich schon Onkel?«, fragt Walter in seinem Brief. Doch seine Nichte Jessica, die Tochter von Max, kommt pünktlich zum Geburtstag ihrer Großmutter Minna zur Welt.

Als Walter den Geburtstagsbrief schreibt, ist es erst wenige Tage her, dass Hans Westermann, ehemaliges Mitglied der KPD-Fraktion der Hamburgischen Bürgerschaft, in der Gefängniskapelle zu Tode gefoltert wurde. Nächtliche Orgelmusik sollte vermutlich die Misshandlungen übertönen, damit die Gefangenen im Keller von Block C nichts mitbekamen. Vielleicht war aber auch das Gegenteil der Fall, und die Musik sollte ihre Aufmerksamkeit wecken und sie einschüchtern. Doch ganz gleich, welche Absicht dahintersteckte, die Gefangenen wussten genau, was nachts in der Kapelle vor sich ging.

Es wäre gut, wenn Ihr mir einen Verteidiger gebt,
schreibt Walter. Sprich doch mal mit Otto Schönfeldt,
dessen Onkel ist doch Rechtsanwalt, vielleicht hilft der
uns. Ich bin augenblicklich in Einzelhaft, und das ist
sehr schwer, Ihr könnt Euch nicht vorstellen, was das
heißt, Tag für Tag allein zu sein mit bohrenden Gedan-
ken und immer warten auf eine Änderung. Hoffentlich
komme ich bald in Gemeinschaftshaft. Um 6 Uhr ist
Aufstehen, dann Waschen, Bettenmachen, dann War-
ten. Um ½ 7 Uhr Kaffeetrinken und dann liegt der
ganze Morgen bis ½ 12 vor mir. Die Stunden werden
zur Ewigkeit, ich gehe auf und ab in meiner Zelle, 7 ¾
zu 12 ¾ Fuß = 345 Quadratfuß.

Was gar nicht stimmt: 7¾ mal 12¾ ergibt etwa 99 Quadratfuß. Ist das ein Fehler? Oder versucht er etwas durch einen
Kode zu mitteilen?

Um ½ 12 Uhr ist Mittag, und dann ist mit Ausnahme
der Freistunden wieder nichts. Wieder warten, warten,
grübeln. ½ 5 Uhr ist Abendbrot. Und bis 7 Uhr wie-
der nichts. 7 Uhr Schlafengehen. Das ist mein Tages-
ablauf. Abends vor dem Schlafengehen mache ich im-
mer Freiübungen, um mich frisch zu erhalten. Wenn
ich bloß lesen könnte.
Das ist das Schlimmste, daß ich nicht lesen darf.

Am 5. April 1935 legt Walter seiner Schmutzwäsche eine
Nachricht bei, in der er seine Familie darüber informiert, dass
er in eine Gemeinschaftszelle in Block A verlegt wurde, worüber er sehr erleichtert ist. Er bittet um Essen, Schokolade
und Tabak, Rasierzeug und eine Nagelfeile, zwei Handtücher
und Bilder aller Familienmitglieder sowie ein bisschen Geld

per Postanweisung. »Bemüht Euch bitte um Besuchsscheine«, schreibt er. »Bei Besuch dürft Ihr 1 Pfd. Obst + 1 Pfd. Kuchen mitbringen.«

Walters älterer Bruder John holt die Wäsche vom KZ ab und bringt einige Briefe der Familie zurück, die der Zensor nicht an Walter weitergegeben hat, weil sie zu lang waren.

Das Leben in Saal IV von Block A ist ganz anders als das Dahinvegetieren in der Isolierzelle. Die Häftlinge sind ausnahmslos politische Gefangene, manche sind Sozialdemokraten, andere Kommunisten. Man bemüht sich, gut miteinander auszukommen – ein Wunder, dass das tatsächlich möglich ist! –, und teilt solidarisch alle Pakete. Es werden Kurse in revolutionärer Taktik und materialistischer Dialektik organisiert. Sobald die Tür aufgeht, muss der Stubenälteste dem Aufseher die Häftlingsanzahl nennen. Walter steht immer ganz hinten. Seine Kameraden schützen ihn, nicht weil er einer der Jüngsten ist, sondern weil er der einzige Jude in Saal IV ist.

Im April bekommt Walter einen Brief von der Reichsvertretung der deutschen Juden. Er hat eine Zusage zur Lehrerausbildung erhalten. Nach Ostern soll die Ausbildung beginnen. In Berlin, der Stadt seiner Träume. »Könnt Ihr nicht etwas für mich tun?«, fragt er. »Könnt Ihr nicht vielleicht ein Gesuch an die Staatspolizei richten?«

Der Brief vom 10. Mai 1935 ist sehr umfangreich.

Es ist sehr bitter für mich, jetzt hier zu sein, wo meinem langen Bemühen um die Möglichkeit zum Studium Erfolg beschieden ist. Aber glaubt nicht, daß ich verzweifle. Ich habe mich durchgekämpft durch die schweren Stunden, in denen Verzweiflung an mir nagte. Als ich sah, wie die ersten Knospen, das erste Grün in den Bäumen ausbrach, da sind mir die Tränen in die Augen ge-

stiegen. Aber ich habe die Zähne zusammengebissen.
Heute ist die Sehnsucht nach einem Wiedersehen un-
vermindert stark, aber ich bin ruhiger. Ich bin jung,
ich weiß, daß ich noch viel schaffen kann, und ich füh-
le mich sicher in dem Bewußtsein Eurer Zuneigung.

Durch Walters Kontakt mit der Reichsvertretung weiß die La-
gerleitung nun, dass er Jude ist. Deshalb wird er in den Keller
von Block C zurückverlegt. Er teilt die Zelle, die Klein-Jerusalem genannt wird, mit zwei anderen Juden. Einer davon ist ein
älterer Buchhändler, der ein Repertoire von klassischen Musik-
stücken pfeifen kann.

Regelmäßig wird Walter für einige Tage oder gar Wochen in
eine Isolierzelle gesteckt. Der Grund ist nicht immer klar, es
geschieht einfach. Die Hölle, die die Isolierzelle bedeutet, hat
unterschiedliche Stufen. Am erträglichsten ist es, wenn er nur
eingesperrt und nicht weiter beachtet wird. Wenn er Glück
hat, öffnen die Aufseher die Tür nur drei Mal täglich zu den
Essenszeiten, vielleicht auch zum Hofgang, der allerhöchstens
zwanzig Minuten dauert.

Schlimmer ist es, wenn Walters Arme hinter dem Rücken
an einem Eisen festgebunden werden, das nachts am Bettpfosten fixiert wird. Eine Steigerung besteht darin, permanent am
Bett gefesselt zu sein. Und schlimmstenfalls – was Walter noch
nicht erlebt hat – wird dem Gefangenen ein Eisenring um
den Hals gelegt, der mit einer Kette an dem Eisen hinter
dem Rücken verbunden ist, das wiederum mit weiteren Ket-
ten an den Fesseln fixiert wird. In dem Fall bleibt einem nichts
anderes übrig, als mit gekrümmtem Rücken auf dem Bett zu
sitzen.

Über diese verschiedenen Folterstufen hinaus werden häufig
die Essensrationen reduziert, oder man bekommt eine schim-
melige oder anderweitig ungenießbare Mahlzeit aufgetischt.

Walter schreibt dicht gedrängt, zwei Zeilen auf jeder Linie. Am 26. Mai wird er 22 Jahre alt. Er bittet seine Familie um Pakete mit

1 Kuchen, ein paar Früchte, Kartengrüße darf ich auch empfangen. Ich hätte auch gern ein Schachspiel mit Figuren. Ich habe oft Angst, ich könnte hier vergessen werden. Liebe Liesbeth, im Hamburger Schauspielhaus kommt jetzt »Minna von Barnhelm« in der Inszenierung von Jürgen Fehling heraus. Geh' bitte hin und berichte darüber. Schenke mir bitte zum Geburtstag einen einfachen kleinen Ring (ganz billig, er soll nicht aus Gold sein), damit ich etwas Sichtbares, das ein ständiger Ausdruck unserer Verbundenheit ist, bei mir trage. Liesbeth, wenn ich wieder bei Dir bin, und mag es noch so lange dauern, dann werde ich uns ein Leben gestalten, das alles Leid doppelt ausgleicht. Du brauchst niemanden als Dich und mich.

Der Ton ist fordernder als in den früheren Briefen. Das Eingeschlossensein zehrt an seinen Nerven, und allmählich dämmert ihm, dass er so bald nicht entlassen wird. »Pfingsten werde ich wohl noch hier verleben.« Was passiert in der Zeit mit Liesbeth? Sie leben in derselben Stadt, unter demselben Himmel, aber der Abstand zwischen ihnen wird immer größer. »... und Du, Liesbeth, sei allein, bis diese zwangsweise Trennung vorüber ist.« Er bittet sie, ihn zu besuchen, und um einen Beweis, dass sie ihn nicht vergisst, während er im Keller von Haus C lebendig begraben ist.

Im Konzentrationslager wird eine »Rote Hilfe« organisiert. Die Gefangenen in den Gemeinschaftszellen bestechen Aufseher, damit diese ihnen Schokolade und Tabak aus der Kantine besorgen. Die Kalfaktoren geben die Waren der Putzkolonne –

zu der auch Walter gehört – mitsamt Instruktionen, für welche Gefangenen im C-Haus-Keller sie bestimmt sind. Morgens werden sämtliche Türen aufgesperrt, die Zellen geputzt und die Toiletteneimer ausgeleert. Auch die Schlösser der Zellentüren sollen blank poliert werden. Dabei kann Walter die Schokolade, den Tabak und eventuelle Nachrichten übergeben.

Auch der Juni-Brief ist mit zwei Zeilen pro Linie beschrieben.

Meinen Geburtstag habe ich ohne große Bitterkeit verlebt. Das Gefühl, daß Ihr draußen mit mir seid und auf mich wartet, gibt mir Kraft. Meine lieben Eltern, ich muß es einmal sagen, es bedrückt mich, daß nun noch dieses Leid über Euch gekommen ist, nachdem Ihr so viel für uns geopfert und so viele Sorgen mit uns gehabt habt.

Damit bezieht er sich darauf, dass John Ende Mai verhaftet wurde. Der ältere Bruder befindet sich nun ebenfalls im Lager und ist den Umständen entsprechend wohlauf. Aber das kann Walter nicht schreiben, und so richtet er eine weitere verschlüsselte Botschaft an die Ehefrau des Bruders:

Ich hoffe, daß es Else wieder etwas besser geht. Sie ist ja jung und ihr Körper ist kräftig, sie wird schon durchkommen. Sie soll den Kopf hochtragen.

Er dankt den Eltern für die Pakete zu seinem Geburtstag. Dann wendet er sich an Liesbeth:

Meine geliebte Liesbeth, ich danke Dir für den Ring. Warum hast Du nicht geantwortet auf meinen letzten Brief? Glaub mir, da ich so wenig schreiben kann ist je-

des Wort auf seine Wichtigkeit geprüft. Mich beunruhigen manche Stellen aus Deinen Briefen. Du darfst nicht müde werden. Du darfst Dich nicht von Deinem Kummer unterkriegen lassen. Was ich kann, kannst Du auch. Wir gehören zusammen, ob ich bei Dir bin oder nicht. Du bist ein reifer Mensch, Du kannst Dein Leben selbständig verantworten auch ohne mein körperliches Dabeisein. Ich glaube an Dich, und das sei Quelle Deiner Kraft. Wenn es vielleicht auch noch etwas dauern wird, bis ich wieder bei Dir bin, Du darfst Dich nicht verlieren in Deinem Kummer. Ich stehe immer zu Dir, was Du auch treiben wirst, bedingungslos. Das sage ich Dir, weil ich weiß, daß Du empfindest, welche Verantwortung Dir dadurch auferlegt ist.

»Minderwertigkeitskomplexe hatte er jedenfalls nicht«, meinte Schontje, als wir die Transkriptionen durchgingen. »Er hatte so ein enormes Selbstvertrauen, aber vielleicht ist es auch die pure Angst, die da aus ihm spricht. Immerzu verlangt er Beweise, dass sie ihn nicht vergessen.«

»Was ist eigentlich in Kola-Fu passiert?«, fragte ich.

»Ich weiß es nicht.«

»Irgendetwas muss doch passiert sein. Es kann nicht sein, dass nur seine Zähne und seine Brille kaputtgegangen sind.«

»Nein. Aber wir haben nie darüber geredet, über …«

»Über die Misshandlungen …«, ergänzte ich. »Hast du …«, sagte ich zögernd, »… über das Schlimmste gesprochen, was dir –«

»Nie!«, unterbrach mich Schontje, die nicht im KZ gewesen war, aber durch die Nazis ihre Familie verloren hatte und selbst fliehen musste, um ihr Leben zu retten.

»Über das Zweitschlimmste?«, fragte ich.

Sie schüttelte den Kopf.

»Das Drittschlimmste?«

»Nein.«

»... das Zehntschlimmste?«, beharrte ich.

»Ich habe darüber wie von einem Abenteuer erzählt. Ich wollte kein Mitleid, wollte kein Opfer sein, auf das man Rücksicht nehmen muss. Dann haben die Leute das Interesse verloren, weil ich nicht ganz ehrlich war.

Ich weiß nicht, warum ich die Chance nicht ergriffen habe, ehrlich darüber zu reden. Einige hatten wirklich Interesse daran, aber ich habe das Interesse zerstört.

Hätte ich eine andere Wahl gehabt? Ich glaube nicht. Du willst nicht bemitleidet werden, dein Kind soll sich geborgen fühlen. Du hältst es auf Abstand, damit du nicht an deinen Gefühlen zerbrichst. Das färbt sich auf deine zwischenmenschlichen Beziehungen ab. Wir haben alle Schuldgefühle, weil wir überlebt haben. Schuld und Verrat. Die einzige Überlebende zu sein, ist nicht einfach. Ich habe versucht, alles zu verdrängen ... wie man es sonst mit Schuldgefühlen macht.«

Der Juli-Brief ist noch dichter beschrieben als die letzten beiden Briefe. Walter beteuert, er sei immer noch der Alte, die achtzehn Wochen in Haft hätten ihn keineswegs verändert. »Ich darf Euch versichern, daß mich der Wandel der Zeit unberührt gelassen hat. Ich bin frisch, zuversichtlich und lebensfroh, wie ich es immer war.«

Doch Walter, der Jude in Klein-Jerusalem, ist enttäuscht von Liesbeth, seiner arischen Freundin:

Meine liebe Liesbeth, ich halte an meinem alten Grundsatz unbedingter Offenheit fest und kann nicht umhin, über Dinge zu schreiben, die mich seit geraumer Zeit bedrücken. Ich war sehr enttäuscht, daß Du mich nicht besucht hast. Es ist mir unvorstellbar, daß Du bei echtem Wollen nicht die kurze Zeit hättest aufbringen kön-

nen. Du kannst nicht wissen, was das für uns hier be-
deutet, diese armseligen 10 Minuten, aus denen ich
Kraft schöpfe für weitere 2 Monate. Ich vermisse bei Dir
das ganz feine Mitfühlen. Ich schreibe jeden Monat nur
einen Brief. Glaub mir, in ihm ist ein Monat meines
Lebens. So mußt Du ihn lesen. – Denke immer daran,
was Du auch tust, denn es gibt kein Wiedergutmachen.
Ich will, daß wir dort weiterleben können, wo wir ge-
trennt wurden. Ich werde eines Tages wieder frei sein,
möge die Zeit dafür nicht zu fern sein, dann werde ich
Dich fragen: »*Wie hast Du gelebt während meiner Ab-*
geschiedenheit vom Leben?« *Dann wird es nur ein kla-*
res Ja oder Nein zwischen uns geben. Laß es ein Ja sein,
das ist mein Wunsch und Deine Verantwortung.

Im August-Brief erfolgt eine Kehrtwende. Liesbeth hat auf
Walters Brief vom Juli reagiert. Sie ist wütend, weil Walter sie
und sich selbst mit seinen Forderungen in Gefahr bringt.

Meine liebe Liesbeth, hätte ich gewußt, daß mein letz-
ter Brief Dich so beunruhigt hat, hätte ich ihn nicht
geschrieben. Ich wollte keine ultimativen Forderun-
gen stellen, sondern nur klären. Ich verstehe nicht, wie
Du Dich in solche Gefühlsübertreibungen hineinstei-
gern kannst. Es gibt keine Differenzen grundsätzli-
cher Art zwischen uns, ich stehe immer zu Dir, selbst
wenn meine Verwandten Dir Vorwürfe machen. Aber
Du mußt eine kritische Anfrage vertragen können.
Unsere alte Schulfreundschaft kann an solchen Din-
gen nicht zerschellen. Ich wünsche Dir, daß Dein Ver-
lobter Schrumpfke bald Arbeit bekommt, damit Euer
zweijähriger Brautstand endlich durch Eure Heirat ein
Ende findet. Ihr beide seid meine besten Freunde. So

wie wir drei immer zusammengehalten haben, zusam-
mengelebt haben, trotz Eurer engen Verbindung durch
die Verlobung, so werden wir trotz der Trennung auch
späterhin weiterleben, ganz genau so wie früher, nicht
wahr, das könnt Ihr mir versprechen?

»Also«, sagte Schontje empört, »das ist doch völlig irrsinnig. ›Unmittelbar bevorstehende Hochzeit‹! Wenn er damit die ›Rassenschande‹ vertuschen wollte, hat er vermutlich genau das Gegenteil erreicht. Wer Walters frühere Briefe gelesen hat, weiß doch genau Bescheid über das wahre Verhältnis zwischen ihm und Liesbeth. Doch vielleicht ist ihr nichts passiert, weil ihr Vater in der Partei war?«

Im September 1935 hält die NSDAP ihren Reichspartei-tag in Nürnberg ab. Die Nürnberger Gesetze werden einstimmig angenommen. Laut dem »Gesetz zum Schutze des deutschen Blutes und der deutschen Ehre« ist die Eheschließung zwischen Juden und Nichtjuden fortan strafbar.

In diesem Monat schickt Walter keinen Brief aus Kola-Fu, was seine Eltern stark beunruhigt.

Innenhof, Kola-Fu
Hamburg, Deutsches Reich

An einem Nachmittag im September 1935 steht Walter nach dem Hofgang im Keller von Block C und wartet darauf, dass seine Isolierzelle aufgeschlossen wird, als die Aufseher einen neuen Gefangenen hereinführen. Walter hat sich inzwischen an Kola-Fu und das Leben im KZ gewöhnt, er weiß, dass ihm vermutlich nichts geschieht, solange er in strammer Haltung stehen bleibt, bis er an der Reihe ist.

Der Neuankömmling trägt noch immer Zivil, einen teuren Anzug mit Hemd. Ein Geschäftsmann, denkt Walter, ein Grünschnabel, der noch einiges zu lernen hat. Der Mann stürzt vornübergebeugt den Gang hinunter, stolpert und kriecht auf allen vieren weiter. Er wirkt eher verwundert als verängstigt. Zwei Aufseher prügeln den Neuen mit Schlagstöcken in die Zelle gegenüber. Sie sind so beschäftigt, dass sie Walter nicht beachten und ihn einfach im Flur stehen lassen.

Durch die offene Tür sieht Walter, wie die Aufseher den Neuen auffordern, die Kleidung abzulegen. Ein Aufseher nimmt den nackten Häftling in den Würgegriff und hebt ihn hoch, bis er halb in der Luft hängt. Der andere Aufseher schlägt dem Mann mit dem Schlagstock mehrmals gezielt in den Schritt und spuckt ihm ins Gesicht. Der Neuankömmling sackt stöhnend zusammen, bleibt auf dem Betonboden liegen und bedeckt mit beiden Händen die Genitalien, während die Aufseher die Tür verriegeln.

»Hast du gesehen, was gerade passiert ist?«, fragt der Aufseher, als er schließlich die Tür zu Walters Isolierzelle öffnet und ihn hineinlässt.

»Ja«, antwortet Walter. »Ich habe gesehen, was passiert ist.«

»Gut. Weiß du, was der Jude getan hat?«

»Nein.«

»Er hat versucht, ein arisches Mädchen zu verführen und zu vergewaltigen.«

Den Rest des Nachmittags sitzt Walter in seiner Zelle und lauscht auf Geräusche aus der Zelle gegenüber. In der Nacht liegt er wach auf seiner Pritsche und hört, wie die Aufseher jede Stunde in die Zelle hineingehen und wieder herauskommen. Die gesamte Mannschaft scheint den armen Kerl der Reihe nach zu besuchen. Walter hört Flüche, Schläge, hämisches Gelächter, unterdrücktes Schluchzen, Stöhnen. Manchmal auch die heiser flüsternde Stimme des Lagerkommandanten Rode.

»Ist das Arschloch immer noch am Leben?«

Am Morgen werden Walter, sein Bruder John und die beiden anderen jüdischen Häftlinge auf den Hof getrieben, wo sie Löcher graben sollen. Es ist nicht das erste Mal, und immer mussten sie die Gruben sofort wieder mit Erde auffüllen. Doch an diesem Morgen ist alles anders. Die Grube ist tiefer als sonst. Sie schaufeln ein Grab aus. Groß genug für alle vier. Plötzlich taucht ein dröhnender Flugzeugschwarm am Himmel auf. Als Hakenkreuz formiert, schweben die Maschinen einen Moment lang über dem Hof, um dann Richtung Flughafen Fuhlsbüttel weiterzuziehen. Es handelt sich um eine Schwadron Arado Ar 64 von der Jagdfliegerschule, die in Hamburg zu Besuch ist. Die Arado Ar 64 ist ein Doppeldecker-Jagdflugzeug, entwickelt in den 1920ern und ausgerüstet mit zwei synchronisierten Maschinengewehren – ein Urzeitungetüm, das mit seinen Klauen Furchen in Ziegelsteinfassaden reißt.

Nach dem Überflug herrscht bedrückende Stille, und der Hof füllt sich mit anderen nicht-jüdischen Häftlingen. Sie müssen sich in einer Reihe aufstellen, mit dem Rücken zur Wand, und beim Graben zusehen. Die Aufseher sehen mit ihren Stahlhelmen und Maschinenpistolen noch finsterer aus als sonst.

»Das ist tief genug«, erklärt Kommandant Rodes Adjutant.

Einige Häftlinge kommen mit einer Bahre, auf der die Leiche von Walters Zellennachbarn liegt, die Augen geöffnet, der Körper übersät von verkrusteten Blutflecken. Da, wo seine Genitalien waren, klafft nur noch eine Wunde. Es sieht aus, als wäre er einem Raubtier zum Opfer gefallen. Außer dem aufdringlichen Kreischen der Möwen ist kein Laut zu hören, als der Tote Walter und seinen jüdischen Mithäftlingen vor die Füße geworfen wird.

»Ausziehen!«, befiehlt der Adjutant.

Später kann Walter sich nur noch bruchstückhaft erinnern. Wahrscheinlich hat er sich ausgezogen, wie schon so viele Male zuvor, und dem Befehl gehorcht, zu masturbieren, ebenfalls wie so oft zuvor. Oder anders ausgedrückt: Er hat die entsprechenden Handbewegungen ausgeführt, bei sich und bei anderen. Dann sollten sie singen. Und er sang, daran erinnert er sich noch. Und daran, dass sie die Leiche in die Grube gerollt haben, sich danebenlegen und aus vollem Halse schreien mussten, sie seien Rassenschänder, Scheißjuden, Wichser, Schwanzlutscher und vieles mehr. Ja, auch das hat er gemacht. Zusammen mit seinem großen Bruder und den beiden Schicksalsgenossen musste er die Leiche über den Hof rollen, immer und immer wieder. Er tat es und doch wieder nicht. Was er tat, spielte keine Rolle mehr. Er hatte seine Gedanken und Gefühle weggesperrt und war nicht mehr er selbst. Sein Körper folgte nicht mehr seinem eigenen Willen, sondern führte lediglich Befehle aus, als wäre er eine Maschine. Singen, Leichen herumschleppen, masturbieren, andere befriedigen, das Glied des Bruders in den Mund nehmen, dessen Urin schlucken. Und? Walter war nicht verantwortlich für sein Handeln, genauso wenig wie sein Bruder John, die beiden anderen Juden oder die Zuschauer, die ebenfalls zum Singen gezwungen wurden. Sie waren Teil eines mehrstündigen kollektiven Wahnsinns.

Bis die Grube wieder mit Erde gefüllt und die Leiche in den Keller getragen wurde.

Hamburgische Gefangenenanstalt am Holstenglacis
Hamburg, Deutsches Reich

Meine lieben Eltern, meine liebe Liesbeth, seit dem 3. Oktober [1935] bin ich nun fort von Kola-Fu. Nach kurzer Zwischenstation im Hüttengefängnis bin ich am

7. Oktober nach über siebenmonatiger Schutzhaft in
die Untersuchungshaft überführt worden. Was das für
mich bedeutet, könnt Ihr gar nicht ermessen. Ich bin
sehr glücklich.

Jetzt befindet sich Walter also in Untersuchungshaft in der
Hamburgischen Gefangenenanstalt HH1 am Holstenglacis 3.
Er hat die sieben Monate im Konzentrationslager überlebt.
Aber er weiß nicht, wie er erzählen soll, was dort geschehen ist.
Selbst wenn die Zensur es zulassen würde, darüber zu schreiben, er fände kaum die richtigen Worte.
Auch John ist nicht mehr in Kola-Fu. Er ist am 30. September wegen »illegaler Betätigung« zu acht Monaten Gefängnis verurteilt und in die Justizvollzugsanstalt Lübeck-Lauerhof
verlegt worden.
Im Untersuchungsgefängnis am Holstenglacis darf Walter
einen Brief in der Woche verschicken, Bücher aus der Gefängnisbibliothek leihen und einige ausgewählte Zeitungen lesen.
Nach ein paar Wochen darf er sogar ein Spanisch-Lehrbuch
und eine Kladde kaufen. Es finden keine Vernehmungen statt.
Die Ermittlungen sind abgeschlossen, das Geständnis ist unterzeichnet, und Walter möchte nichts darin ändern. Der Mann
mit den Klavierspielerhänden hatte Walter gewarnt, dass es ein
großer Fehler wäre, das Geständnis zurückzuziehen. Von Mithäftlingen hat er Geschichten über die Unglücklichen gehört,
die in der Untersuchungshaft versucht haben, ihre Geständnisse zu widerrufen, oder sich über die Folter beklagt haben. Sie
werden »wegen weiterer Ermittlungen« zurück ins Konzentrationslager geschickt und dann nie wieder gesehen.

Ich bin noch ganz wirr in meinen Gedanken, fährt er
fort, denn der Wechsel ist zu bedeutend, als daß er so
gleichmütig hingenommen werden könnte. Über eines

könnt Ihr aber sicher sein: Was auch geschieht, ich werde immer den Kopf hochhalten. Und Liesbeth möchte ich sagen, sie hat sich in den 7 Monaten meiner Abwesenheit so bewährt, wie sich nur ein Mensch bewähren kann.

Aber die Briefe, die Walter in den kommenden Wochen an Liesbeth schreibt, schwanken im Ton zwischen zärtlich und wütend. Manchmal nennt er sie seine »liebe Cousine«, um die Zensoren zu täuschen. Dann wieder bezeichnet er sie als seine »kleine Prinzessin«. Und manchmal wirft er ihr in seiner Haftpsychose Dinge an den Kopf, die er später am liebsten zurücknehmen würde.

Liesbeth, was ist los mit Dir? Warum schreibst Du nicht? Seit 20 Tagen 2 Briefe von Dir! Willst Du einen Bruch provozieren? Geht Deine Nachlässigkeit über alles Maß? Zu den 2 Briefen: Du greifst zu verabscheuungswürdigen Narkotika, weil Du nicht stark genug bist, Dein Leid aus Dir heraus zu überwinden. Kannst Du das auch verantworten? Bist Du ein sentimentaler Backfisch oder eine reife Frau? Du kannst ins Kino gehen, aber schreiben kannst Du nicht, weil Du das noch nicht verarbeitet hast? Seit wann fütterst Du mich mit albernen Ausflüchten, bin ich kein ehrliches Wort wert? Wem zuliebe kannst Du mich vergessen? Du flirtest, Du erfährst durch Enttäuschungen meinen Wert aufs Neue bestätigt? Du kannst tändeln, während ich gefangen bin? Wer bin ich? Wer sind sie, an denen ich gemessen werde?

In einigen Briefen schreibt er explizit über ihren Körper und bittet sie, getrieben von Eifersucht, von allem Abstand zu nehmen, worauf er gezwungenermaßen verzichten muss. Er rät ihr zu körperlicher Ertüchtigung: Morgens und abends solle sie sich mit kaltem Wasser waschen, wie er es auch tut. Er ermuntert sie zu studieren, Klavier zu spielen, Handarbeiten zu erledigen, Sprachen zu lernen und sich auf die gemeinsame Zukunft vorzubereiten. Er selbst lerne bereits Spanisch und male sich eine Zukunft in Spanien aus. Er fleht sie an, sich mit keinen anderen Männern zu treffen, und verspricht ihr hoch und heilig, sich »reinzuhalten«. Andere Male schreibt er, dass er sie immer lieben werde, sie solle tun, was immer sie für richtig halte, er werde in jedem Fall Verständnis aufbringen und ihr verzeihen.

Alle Briefe gehen an Walters Eltern – auch wenn er sich darin an Liesbeth wendet – und werden dann von sämtlichen Familienmitgliedern gelesen. Eltern, Brüdern, Schwägerinnen, den Verwandten in Berlin und natürlich auch von Liesbeth. Manchmal bittet Walter die Familie ausdrücklich, die an Liesbeth gerichteten Passagen nicht zu lesen. Trotzdem liest die Familie sie vermutlich – entweder aus Neugier oder weil sich nicht immer auf den ersten Blick erkennen lässt, an wen sich die jeweiligen Passagen richten.

Am 25. Oktober 1935 schreibt Walter einen langen Brief, der nur an seinen Vater gerichtet ist: »Mein lieber alter Herr, spät kommt er, doch er kommt, – nämlich der ›Geburtstagsbrief‹.«

Es ist der Tag nach dem Geburtstag des Vaters. Fünf Tage zuvor hat Walter Liesbeth die heftigsten Vorwürfe gemacht, getrieben von wütender Haftpsychose: »Brauchst Du die Welt schmutziger Erotik, des seichten Vergnügens, des Talmilebens, in dem hinter jedem Wort, hinter jedem Tun das Bett hervorgrinst? Willst Du in den Armen eines Anderen unsere Vergangenheit, unsere Zukunft, Dich und mich verraten?« In diesem Brief ist er mit keinem Wort auf den Vater eingegangen. Dass er einen Geburtstag vergessen hat, ist ihm noch nie passiert.

Im Brief an den Vater heißt es weiter: »Du hast doch wohl nicht ernsthaft angenommen, daß ich Deinen Geburtstag vergäße? Im Gegenteil, ein Extrabrief ist das Einzige, was mir würdig erschien, Deinen ›60-jährigen‹ zu feiern.« Am 24. November 1935 schreibt Walter: »Liesbeth, Du schreibst jetzt recht lieb, aber so unregelmäßig.« Er fragt sie, ob sie sich nicht vorstellen könne, was er empfindet, wenn der Wachtmeister mit der Post kommt und kein Brief für ihn dabei ist. »Nee, Lies, das macht kaputt. Ist Dir das klar? Also, wie oft wirst Du schreiben?

Ich werde nie so tief sinken, um Briefe zu betteln«, fährt er fort. Einige Zeilen weiter aber schreibt er: »Um Dir Ansporn zum Briefschreiben zu geben, setze ich für jeden Brief eine Belohnungseinheit aus, deren Auszahlung nach Rückkehr ›mündlich‹ verabfolgt wird.«

»Was meint er wohl damit?«, fragte ich Schontje. »Mündlich verabfolgte Belohnungseinheiten?«

Schontje zuckte mit den Schultern.

»Geht es um Oralsex?«, hakte ich nach. »Um Küsse? Nein, wenn er Küsse gemeint hätte, hätte er Küsse geschrieben wie in den anderen Briefen auch.«

»Den Brief hat ein junger Mann geschrieben, der zutiefst verzweifelt ist«, erwiderte Schontje. »Er hat sich noch nicht von Kola-Fu erholt. Er vergisst den sechzigsten Geburtstag seines Vaters und schickt nachträglich einen Extrabrief mit Glückwünschen ... er ist verzweifelt ... er weiß nicht, was er tut.«

»Und für besonders gelungene Briefe verspricht er weitere Belohnungseinheiten«, sagte ich, »und das in einem Brief, den die ganze Familie lesen kann. Und nicht nur die Familie, sondern auch die Zensoren. Und das wenige Monate nach Verabschiedung der Nürnberger Gesetze.«

»Die Isolierzelle hat ihn verändert«, sagte Schontje. »Er hat den Kontakt zu sich, zur Welt außerhalb der Gefängnismauern und sein Gefühl für die deutsche Sprache verloren. Er ist sich nicht darüber im Klaren, wie seine Worte wirken – wie wenn jemand eine Sprache beinahe beherrscht, aber eben nur beinahe, und sich deshalb ohne es zu wollen sehr hässlich ausdrückt.«

Hanseatisches Oberlandesgericht, Sievekingplatz
Hamburg, Deutsches Reich

Der erste erhalten gebliebene Brief Liesbeths wurde am 12. Januar 1936 geschrieben, vier Tage vor Beginn des Prozesses:

> *Gestern habe ausnahmsweise ich Deine Wäsche abgeliefert. Es wird wohl voraussichtlich das letzte Mal sein. Den ganzen Morgen ist das Paket in strömendem Regen mit mir gewandert, bis es, so gut wie möglich vorm Naßwerden geschützt, im U.G. landete. Wenn es wahr ist, was der Wetteronkel sagte, sollen wir ja noch Schnee und Frost bekommen. Vorläufig haben wir statt Winter noch Frühling. Aber das ist ja ganz gut, dann ist es für Dich dort nicht so kalt.*
> *Nun sitze ich wieder allein zu Hause und schreibe an Dich. Tag und Nacht muß ich an den 16. denken. Mir scheint, die Tage bis dahin wollen gar nicht weniger werden. Wenn es nun das Warten auf etwas Freudiges wäre, könnte die Vorfreude so lang wie möglich sein. Aber in diesem Falle ist das Warten eine Qual, für Dich genauso wie für uns hier draußen.*
> *Ich weiß nicht, ob Du außer diesem Brief, der morgen früh im U.G. abgegeben wird, noch einen Brief*

empfangen wirst vor der Verhandlung. Ich werde am Dienstagmorgen noch einen abgeben. Ich habe mir eben Dein Bild geholt, weißt Du, die große Kohlezeichnung, zu der Du einmal in der Schule Modell gesessen hast. Mit diesem Bild habe ich schon manches Mal Zwiesprache gehalten.

Aber dann mußt Du auch wissen, daß ich in Gedanken ununterbrochen bei Dir bin, Dich bei jedem Schritt begleiten werde. Ich wünsche nichts sehnlicher, als daß Du milde Richter findest. Für alle, die auf das Urteil warten, wird der Donnerstag ein schwerer Tag sein. Besonders auch für Deine Mutter, weil sie so empfindsam und so pessimistisch ist. Sie wird auch so schwer mit diesen Erschütterungen fertig. Dein Vater hat es leichter, soweit man das rein äußerlich beurteilen kann, er sucht sich aus allem noch das Beste heraus. Du solltest einmal erleben, wie rücksichtsvoll und zart er mit der Mutter umgehen kann. Der Vater hat sich in manchem verändert. Er hilft sogar manchmal im Hause mit. So polterig wie er manchmal ist, so rührend wirken dann Augenblicke, wo er einem Gutes tun will. Als ich neulich nur auf einen Sprung oben war, war er allein zu Hause, da hat er mir Keks angeboten. Er kam extra mit der Keksdose auf den Korridor. Früher hätte er so etwas doch nicht getan, dafür hätte Mutter sorgen müssen.

Ich glaube, Du hast viel von Deinem Vater geerbt und wirst Deinen Kindern auch später einmal ein guter Vater sein.

Am 16. Januar 1936 beginnt der Prozess. Einige Hundert Menschen sind angeklagt in der »Strafsache OJs 419/35 Heldt u.a.«. Die Angeklagten werden in Zehnergruppen in den Gerichtssaal geführt. Walter, Brand, Beerbaum, Spier und sechs andere bilden die achte Gruppe. Sie sind wegen »Vorbereitung zum Hochverrat« angeklagt – ein Verbrechen, für das normalerweise der Volksgerichtshof zuständig ist und das im schlimmsten Fall mit dem Tod geahndet wird. Der Mann mit den Klavierspielerhänden hat Walter jedoch erklärt, die Feststellung des Straftatbestandes sei reine Formsache. Der Prozess werde auf eine ein- bis zweijährige Freiheitsstrafe hinauslaufen.

Einer der zehn Angeklagten in Walters Gruppe heißt Emil Heitmann. Einundachtzig Jahre nach dem Prozess werde ich seine Tochter Heide-Marie Wittmann kennenlernen, die in Florida lebt, aber im April 2017 nach Hamburg kommt, um an einer von Herrn Diercks arrangierten Gedenkfeier teilzunehmen, bei der zwei Widerstandskämpfer, ihr Vater Emil und mein Vater Walter, geehrt werden. Bei einer Podiumsdiskussion erzählt Heide-Marie, dass auch ihr Vater Aufzeichnungen hinterlassen und nie über seine Erlebnisse in der Nazizeit gesprochen habe. Aber trotz seines Schweigens habe sie das Gefühl, alles zu wissen, oder anders gesagt: alles zu wissen, was sie zu wissen bereit ist.

Die zehn Regimegegner sind angeklagt, gegen das Deutsche Reich konspiriert zu haben. Im Grunde geht es um Lappalien: Sie haben illegale Drucksachen in Umlauf gebracht und Geld für den politischen Widerstand gesammelt. Mehr nicht. Die Taten sind gründlich dokumentiert, die Vernehmungsprotokolle unterzeichnet, und die Verhandlung ist schnell erledigt.

Heinz Beerbaum wird zu fünf Jahren Zuchthaus und Aberkennung der bürgerlichen Ehrenrechte für fünf Jahre verurteilt. Kurt Spier bekommt vier Jahre, Hans Brand drei Jahre. Als die Richter die Urteile verlesen, sitzt Liesbeth in Walters Rücken auf der Empore. Walter kann sie nicht sehen, hört aber ihre Seufzer. Er ist der Jüngste und der Einzige, der das Abitur hat, doch das kommt ihm hier nicht zugute, schließlich ist er auch der einzige Jude der Gruppe. Er erhält die gleiche Strafe wie Emil Heitmann und Hans Brand: drei Jahre Zuchthaus sowie Aberkennung der bürgerlichen Ehrenrechte für drei Jahre. Fredy Mußbach und Paul Lammers kommen glimpflicher davon: zwei Jahre Gefängnis ohne Aberkennung der bürgerlichen Ehrenrechte. Eine Gefängnisstrafe ist harmloser als das Zuchthaus, außerdem wird Mußbach in die Jugendhaftanstalt überstellt, was erträglicher ist als normales Gefängnis. Und das obwohl er ein Jahr älter als Walter ist.

Liesbeth weint, Walters Mutter weint, und Walter weint ebenfalls, auch wenn er sich geschworen hat, das nicht zu tun. Als er aus dem Saal geführt wird, fängt er Liesbeths Blick auf. Sie steht zwischen den anderen Zuhörern, und als Walter die Empore passiert, berührt sie ihn leicht am Arm, ohne dass es jemand merkt. Diese Berührung wird Walter seine gesamte Gefangenschaft hindurch begleiten.

Am Abend des 16. Januar 1936 bastelt Walter zwei Kalender, um den Überblick über seine Tage im Zuchthaus zu bewahren. Einen für sich selbst – das Exemplar, das später auf dem Dachboden in Björknäs liegen wird – und einen, den er im letzten Brief aus dem Untersuchungsgefängnis an Liesbeth schickt. Darin äußert er sich zu einem schwierigen Thema.

Dein Körper wird nach Erfüllung seiner Bedürfnisse verlangen. Ich kann nicht verlangen, daß Du sie unterdrückst für eine doch immerhin so lange Zeit, obgleich ich es recht wünschen möchte. Wenn es nicht geht, Geliebtes, handle, wie Du mußt, ich behalte Dich immer in jedem Fall lieb. Aber wenn es Dir gelingt, Deinen Körper zu zwingen, so würde mich dies unsagbar beglücken. Ich gebe Dir mein heiliges, bei unserer Liebe

heiliges Versprechen, nie werde ich aus eventuellen se-
xuellen Nöten einen Ausweg suchen, der vielleicht nahe
läge, der aber unter den gegebenen Verhältnissen zur
Selbstzerstörung führen müßte, ich halte durch, der
Körper schafft sich schon seine Ventile, aber gesund und
unverbraucht will ich wieder zu Dir kommen. Dieses
Versprechen ist unantastbar und gewiß, keine schlaflose
Nacht wird mich darin wankend machen können. In
jeder Beziehung werde ich Sorge tragen, meine Gesund-
heit zu erhalten, ich werde morgens und abends kal-
te Ganzkörperwaschungen vornehmen, ich werde jeden
Tag Gymnastik treiben, ich werde gründlich kuren, ich
werde tief atmen. Ich bitte Dich um die gleiche Sorg-
falt. Meide Ausscheidungen und Gifte wie Nikotin u.
Alkohol, treibe Sport, Schwimmen, Gymnastik, Wan-
dern, überlaste Dich nicht, das ist alles für uns. Wir
wollen glücklich sein und wir werden es. – Du hast
mich gestreichelt, ganz leise, das wird mich begleiten,
die ganze Zeit.

Zuchthaus Oslebshausen
Bremen, Deutsches Reich

Walter hat seine Zivilkleidung bei der Entlassung aus der Untersuchungshaft zurückerhalten und nun erneut abgegeben.
Jetzt trägt er schwarz-gelb gestreifte Zuchthauskleidung, staatliche Unterwäsche, grobe Stiefel und, tatsächlich, gute Socken.
Er befindet sich in einer Isolierzelle im Zuchthaus Oslebshausen, das von den Insassen kurz »Oslebs« genannt wird.
    Am 28. Januar 1936 schreibt er in seinem ersten Brief:

Nun bin ich hier und erst mal in Einzelhaft. Wie lange, kann ich nicht sagen. Aber sicher erst mal eine ganze Zeit. Nun, das werde ich auch durchhalten.

Um 6 Uhr stehen wir auf, dann Gymnastik, Waschen, Kaffeetrinken, Zelle reinigen. Um 1/2 8 Uhr beginnt die Arbeit. Ich sortiere augenblicklich Silberpapier. Das ist zwar nicht sehr anregend. Aber die Hauptsache ist doch, daß die Zeit vergeht. Von 10 – 1/2 11 ist Freistunde. Von 12 – 1 Uhr Mittag. Dann wieder bis 1/2 6 Uhr Arbeit. Zelle reinigen. Abendbrotessen. Um 1/2 7 Uhr Einschluß. Und dann Freizeit bis 8 Uhr. Erst treibe ich Gymnastik, wasche mich, und dann kann ich lesen. So ist der Tag ausgefüllt, und man kommt gut darüber hinweg. Jeder Tag ist ja ein Gewinn. Heute sind es nur noch 771 Tage oder 110 Wochen.

Vielleicht besucht Ihr mich ja mal hier. Das würde mich natürlich sehr freuen. Vielleicht als Geburtstagsgeschenk? Ihr dürft dann aber nicht erschrecken, weil ich keine Haare auf dem Kopf habe. Das ist hier Sitte und ist ja auch viel hygienischer.

Die ersten Tage in einer neuen Anstalt sind die schwersten. Man weiß noch nicht, wie alles läuft, und so stößt man unfreiwillig doch öfter an. Aber darüber kommen wir auch noch hinweg.

Es ist sonderbar, so gern ich Euch schreibe, ist es doch eine Qual. Es ist doch nur ein Seitenfüllen. Das, was mich im Innersten bewegt, mag ich dem Papier nicht anvertrauen, das durch so viele Augen geht.

Walter ist in die unterste Häftlingskategorie eingestuft worden, was bedeutet, dass er nur jeden zweiten Monat einen Brief schreiben und nur jeden dritten Monat zwei Besucher empfangen darf. Er bittet seine Eltern, »Cousine Liesbeth und ihren Verlobten« zu grüßen. Aber er ist nicht konsequent, denn noch im selben Brief spricht er sie direkt als seine »kleine Prinzessin« an. Er ermuntert sie, Kontakt zu Lona und Gretel zu halten, den Freundinnen von Emil Heitmann und Hans Brand. Er schreibt die Briefe auf DIN-A5-Bögen, beidseitig. Vier vollbeschriebene Seiten, zwei Zeilen auf jede Linie gequetscht. Und trotzdem reicht der Platz nie aus.

Es tut weh, Walters und Liesbeths Briefwechsel zu lesen. Zwei junge Menschen, die ihr Leben miteinander verbringen wollen und zu dieser absurden Korrespondenz gezwungen werden. Sie reden aneinander vorbei und müssen sich in Codes verständigen.

Der Abstand zwischen ihnen wird zusehends größer.

Zwei Jahre hat Otto Schönfeldt die Schauspielschule am Staatlichen Schauspielhaus an der Kirchenallee besucht und anschließend eine Rolle in »Das Käthchen von Heilbronn« erhalten. Doch im September 1936 – am Tag der Generalprobe – wird er verhaftet.

Als Otto in der Justizvollzugsanstalt Lübeck-Lauerhof inhaftiert wird, schreibt Liesbeth:

Von Schönfeldt konnten die Eltern nichts hören, weil er verhindert war; denn er war in den Winterkurort gefahren, wo John 1935 war. Wie es ihm gefallen hat, weiß ich noch nicht, da ich ihn noch nicht gesprochen habe. Aber ich hoffe, daß er jetzt doch bald etwas von sich hören läßt.

Emil Heitmann und Hans Brand teilen sich eine Zelle. Da beide arischer Abstammung sind, dürfen sie mit ihren Freundinnen offen kommunizieren. Sie dürfen jeden Monat einen Brief schreiben und müssen ihre Liebe nicht vor dem Zensor verbergen. Mithilfe eines wohlgesinnten Aufsehers wird Heitmann der Wäscherei zugeteilt. Als ausgebildeter Elektriker kann er sich von dort aus um einen Platz in der Elektrikergruppe bewerben.

In seinen Aufzeichnungen schreibt Emil Heitmann:

> *Mit den Genossen waren wir uns einig, daß es gut wäre, wenn ein Genosse in die Elektriker-Kolonne käme, um den leidenden Einzelhäftlingen, insbesondere unseren jüdischen Genossen, solidarische Hilfe zu leisten. Da dachte ich an meinen Mitangeklagten, den jüdischen Freund Walter, der die Jahre auf Einzelhaft liegt ohne jegliche Vergünstigung.*

Am Abend kontrollieren die Aufseher nämlich, ob die Zellenbeleuchtung funktioniert, und schicken einen Elektriker in die Zellen mit defekten Lampen. Auf diese Weise kann Emil Heitmann seinem jüdischen Freund etwas zu essen in die Zelle schmuggeln.

Vor dem Schlafengehen muss Walter sich bis auf die Unterwäsche ausziehen, sich in strammer Haltung aufstellen und dann Hose, Jacke, Schal und Stiefel säuberlich auf einen Hocker legen, der vor die Zelle auf den Korridor platziert wird. Daraufhin wird die Zelle durchsucht. Abschließend schlägt der Aufseher den großen Zellenschlüssel gegen das Fenstergitter, um sicherzustellen, dass nichts angesägt wurde, denn das würde man am Klang hören. Aber womit hätte Walter gehärteten Stahl ansägen sollen?

Walter darf sich erst hinlegen, wenn die Nachtglocke geschlagen und das Nachtpersonal den Dienst angetreten hat. Dann wird die Deckenbeleuchtung gelöscht. Doch im Laufe der Nacht wird sie mehrmals eingeschaltet, wenn der diensthabende Aufseher durch den Spion linst, um zu prüfen, ob Walter im Bett liegt.

Jede zweite Woche marschieren die Häftlinge in den Duschraum. Alles geschieht auf Kommando. »Ausziehen!« Die Häftlinge ziehen sich schnellstmöglich aus. »Unter die Dusche!« Der Wärter dreht das Wasser auf. Ein paar Sekunden unter der Dusche, dann wird das Wasser wieder abgedreht. »Einseifen!« – mit Seife aus Kriegszeiten, die kaum schäumt. »Abspülen!« Das Wasser wird aufgedreht. »Abtrocknen! Anziehen! Aufstellung! Abmarsch! Nächste Gruppe!«

Ihr fragt, wie ich lebe, schreibt Walter. Ich könnte Euch nun den äußeren Verlauf meines Lebens hier schildern. Aber würde das ein wirkliches Bild geben? Ich kann nur andeuten. Ich lebe ganz glücklich. Das klingt sonderbar, aber es ist so. Es ist ein anderes Glück, als man gemeinhin meint. Aber es ist eine große Ruhe in mir, eine Sicherheit aus meinem Wissen, daß meine Zukunft in mir liegt. Ich träume viel, und viel Musik ist in mir. Die kleinen Dinge haben viel Gewicht. Heute früh habe ich das Morgenrot gesehen. Davon kann man lange träumen.

Manchmal bin ich traurig. Wenn ich das Läuten der Straßenbahn herüberklingen höre, das gibt mir einen Stich in Herz. Aber das versinkt bald wieder.

Abends im Bett liege ich lange wach. Es ist eine große Ruhe. Dann sehe ich meine Vergangenheit und meine Zukunft. Die Gegenwart ist wesenlos. Eine Fülle von Bildern stürmt auf mich ein. Ich möchte sie niederschreiben dürfen. Oft singe ich ganz leise nur in mich hinein, denn Lärm machen ist ja verboten. Mozart u. Beethoven, Haydn, ich habe ein großes Repertoire und gebe mir ganze Konzerte.

Die Werte wandeln sich hier. Ihr draußen wißt
nicht, was Ihr alles besitzt und gering achtet.

Walter muss aus dünnem Papier Tütchen basteln, die später mit Kaffeebohnen der Bremer Rösterei Eduscho gefüllt werden sollen. Der Klebstoff ist so schwach und trocknet so langsam, dass er sich auf die fertig gefalteten Tüten setzt, damit das Papier ordentlich zusammenpappt. Er faltet und klebt fünf Tüten, legt sie auf seinen Hocker, setzt sich darauf und faltet die nächsten fünf. An anderen Tagen stellt er Zwiebacktüten für die Firma Brandt her. Drei Papierschichten werden übereinandergelegt, das widerspenstige Silberpapier kommt in die Mitte. Zweihundert Tüten gilt es am Tag herzustellen. Schafft er das, bekommt er acht Pfennig, will heißen, acht Pfennig werden ihm gutgeschrieben. Jeder Häftling muss erst einmal 15 Reichsmark verdienen, die Kosten für Sarg und Begräbnis, für den Fall, dass er während der Gefangenschaft stirbt. Ja, auch hier sterben Häftlinge.

Wer seine 15 Reichsmark beisammen hat, kann über die Hälfte des restlichen Geldes frei verfügen. Ein halbes Jahr dauert es, bis Walter diese magische Summe erreicht.

So sehen seine Tage aus: immer fünf Tüten pro Schwung, Tag für Tag, Woche für Woche. Jeden zweiten Monat darf er einen Brief schreiben und jeden dritten Monat Besuch erhalten. Die Olympischen Winterspiele finden in Garmisch-Partenkirchen statt, und die Sommerspiele in Berlin.

Der Spanische Bürgerkrieg bricht aus. Hitler schickt seine Truppen nach Spanien, als Vorbereitung auf den nächsten Krieg. Dass ein Krieg kommt, spüren die Zuchthaushäftlinge. Sie müssen Verdunklungsgardinen für die öffentlichen Gebäude in Bremen herstellen. Keiner der politischen Häftlinge glaubt daran, aus dem Zuchthaus entlassen zu werden, wenn Hitlers großer Krieg erst einmal begonnen hat.

Drei Monate vor Ablauf seiner Freiheitsstrafe lässt Walter sich das Haar wieder wachsen. Jetzt geht es in seinen Briefen vor allem darum, was er nach seiner Entlassung tun will – gesetzt den Fall, er wird entlassen. Es kursieren Gerüchte, dass nur »die Kriminellen« freigelassen werden, wenn sie ihre Strafe abgesessen haben. Die politischen Häftlinge, vor allem die Kommunisten sowie jüngere Häftlinge, sollen in die zahlreichen neu errichteten Konzentrationslager gebracht werden. In Emil Heitmanns Aufzeichnungen heißt es:

Als Außenarbeiter kann ich feststellen, daß nur Kriminelle direkt von Oslebshausen entlassen werden. Hier und da auch Politische. Das sind dann Sozialdemokraten, Bürgerliche oder Christen. Niemals Kommunisten!

Über den Abend vor seiner Entlassung schreibt er:

Abends in der Zelle malte ich mir aus, daß meine Freunde Hans Brandt und Walter mit mir am 9. März 1938 in Zivil vor dem Zuchthaustor stehen. Nein, verwarf ich den Gedanken, der Jude Walter hat sicher keine Chancen.

Emil Heitmann sollte sich irren, auch Walter wird entlassen. Es wird aber mehr als zwei Jahre dauern, ehe er die Kraft findet, sich an seinen letzten Tag in Oslebshausen zu erinnern und darüber zu schreiben. Erst im September 1940 erwähnt er den Tag in einer Prosaskizze und spricht von sich in der dritten Person. Auch den Namen des Gefängnisses nennt er nicht:

Am 9. März 1938 wurde der Zuchthausgefangene Wiesner mittags um 14 Uhr aus der Strafanstalt O entlassen. Er hatte 3 Jahre und 5 Tage oder 36 Mo-

nate und 5 Tage oder 157 Wochen und 3 Tage oder 1101 Tage (diese Rechnung war Wiesner in jedem Moment seiner Haft gegenwärtig gewesen) wegen Vorbereitung zum Hochverrat verbüßt.

Seine Entlassung war so vor sich gegangen: Morgens um 1/2 8 Uhr wurde Wiesner aus der Abgangszelle geholt, in der er zwei fiebrig erregte Tage und Nächte verbracht hatte. Diese zwei letzten Tage waren die schlimmsten während seiner ganzen Haft gewesen. Nicht weil es die letzten Tage waren und weil die Sehnsucht nach der Freiheit in ihm unerträglich stark gewachsen war, sondern weil er nicht wusste, ob es seine letzten Tage in Gefangenschaft sein würden, ob er nicht in eines der zahlreichen Konzentrationslager des neuen Deutschlands überführt würde. Er war Jude, und er war wegen eines politischen Vergehens hier, jedes für sich Grund genug, um ihn weiterhin hinter Stacheldraht zu halten, wie so viele vor ihm in ähnlicher Situation.

Deshalb war Wiesner 2 Tage lang in seiner Zelle ruhelos auf- und abgegangen. 5 Schritte hin, 5 Schritte zurück, hin- und hergeworfen zwischen glühender Freude und lähmender Niedergeschlagenheit. Deshalb hatte Wiesner 2 Nächte lang sich ruhelos auf seiner Matratze hin- und hergewälzt, der dumpfe Schlummer vergiftet von quälenden Angstvorstellungen.

III

Reisen mit meinem Vater

Gestapo-Hauptquartier, Stadthaus
Hamburg, Deutsches Reich

»Warum wollen Sie nach Italien?«

Walter hat die Frage eigentlich längst beantwortet. Trotzdem beschleicht ihn das Gefühl, dass er etwas sagen sollte, aus Höflichkeit und um Respekt zu zeigen. Er steht kerzengerade da, die Füße dicht beieinander, den Blick auf die Wand hinter dem Mann gerichtet, der ihn befragt. Jetzt betrachtet er die Dokumente, die zwischen ihm und dem Vernehmungsleiter liegen. Dort, auf dem Schreibtisch, befinden sich die Antworten auf sämtliche Fragen, die der Mann in der schwarzen Uniform mit den SS-Runen auf dem rechten Kragenspiegel stellen könnte.

»Sie wollen also nach Italien«, sagt der SS-Mann.

»Ja, Herr Kommissar. Nach Italien.« Bei »Kommissar« lispelt Walter unabsichtlich, aber wenigstens kommt seine Antwort etwas schneller. Flüchtig begegnet er dem Blick des Mannes und fährt sich mit der Zunge über den zahnlosen Gaumen.

»Wie der Führer?«, fragt der SS-Mann.

»Nein, Herr Kommissar, nicht so ganz.«

»Nicht ganz wie der Führer«, wiederholt der SS-Mann amüsiert.

Zwischen den Dokumenten auf dem Schreibtisch liegen Zeitschriften und Zeitungen. Auf der obersten Titelseite wird von Hitlers bevorstehendem Staatsbesuch in Italien berichtet. Der SS-Mann greift nach einer Mappe, auf deren Etikett feinsäuberlich geschrieben steht: »Strafsache OJs 419/35«. Zerstreut blättert er in den Akten. Es fällt ihm schwer nachzuvollziehen, warum ein deutscher Jude Hitlerdeutschland verlassen will, um in Mussolinis Italien Zuflucht zu suchen. Da gäbe es doch bessere Orte, vor allem jetzt, da die beiden faschistischen Führer immer engere Bande knüpfen. Ja, es gibt bessere Orte, viel bessere, doch warum Walter nach Italien will, liegt auf der Hand: Dank der freundschaftlichen Verbindungen zwischen den beiden Ländern benötigt ein deutscher Staatsangehöriger kein Visum, um nach Italien einzureisen. Und ein deutsch-jüdischer Mann, der in Haft war, hätte keine Chance auf ein Visum, nicht einmal für Island oder Südamerika, das hat Walters Bruder John bereits in Erfahrung gebracht. Italien ist der einzige Ausweg.

»Mit wem in Italien haben Sie Kontakt?«, fragt der SS-Mann.

Walter nennt die Namen und Adressen, die in dem Brief vom Palästinaamt aufgeführt sind, der zwischen den anderen Dokumenten auf dem Tisch liegt.

»Mailand, Turin, Vercelli, Livorno Ferraris ...«, wiederholt der SS-Mann. »So ein Aufstand, nur weil der lispelnde kleine Jude Bauer spielen will ...«

Er lehnt sich zurück, verschränkt die Arme vor der Brust und mustert Walter.

»Ein Stadtjude ...« Seine Stimme klingt verächtlich, er hebt die rechte Hand, kratzt sich mit dem Zeigefinger die Nase und schaut zur Decke. »... ein Stadtjude, der Bauernknecht werden will.« Jetzt sieht er Walter direkt in die Augen.

»Sie sind Marxist.«

»Nein, Herr Kommissar.«

»Sie wurden natürlich unschuldig verurteilt.«

»Nein, Herr Kommissar, das auch nicht.«

»Was haben Sie verbrochen?«

Die Frage ist überflüssig. Alles befindet sich in der Mappe mit dem Etikett »OJs 419/35«: Walters unterzeichnetes Geständnis, die beschlagnahmten Drucksachen, Berichte von den heimlichen Treffen, die Namen seiner Kameraden. Sämtliche Namen sind aufgeführt: Spier, Beerbaum, Lammers, Mußbach, Heitmann, Brand, Alex, Rose, Gulinski und natürlich Walter selbst. Nur Liesbeths Name taucht nicht auf.

Der SS-Mann wiegt einen roten Papierzettel – den Entlassungsschein – in den Händen und nestelt daran, als wollte er ihn zerreißen.

Walter überfällt eine bleierne Müdigkeit. Ihm wird übel, er muss schlucken. Seine Entlassung aus Oslebshausen ist erst neunzehn Stunden her. Neunzehn Stunden außerhalb der Zuchthausmauern. War das schon alles?

»Mein Verbrechen wurde als Vorbereitung zum Hochverrat eingestuft, Herr Kommissar.«

»Sind Sie Ihrer Meinung nach rechtmäßig verurteilt worden?«

»Mein Fall ist vom Oberlandesgericht geprüft worden«, erwidert Walter schulterzuckend.

»Denken Sie, Sie wurden rechtmäßig verurteilt?«, wiederholt der SS-Mann.

»Ja, Herr Kommissar.«

»Das heißt, Sie waren Marxist, aber jetzt sind Sie es nicht mehr?«

»Nein, Herr Kommissar. Ich war jung. Mir war nicht klar, dass –«

»Und jetzt, drei Jahre später, sehen Sie die Dinge klarer?«

»Ja, Herr Kommissar.«

»Es heißt, jawohl.«

»Jawohl, Herr Kommissar.«

»Was jawohl?«

»Jawohl, Herr Kommissar. Ich habe meine Lektion gelernt, ich sehe die Dinge jetzt klarer.« Walter spürt die Gereiztheit des SS-Manns. Widerworte werden hier nicht geduldet. Also setzt er schnell hinzu: »Wenn Sie so wollen: Ja, ich war Marxist, aber jetzt bin ich es nicht mehr.«

»Gut. Wer war Lenin?«

»Ein Lügner, Herr Kommissar.« Die Antwort kommt wie aus der Pistole geschossen.

»Wer war Lenin?«

»Ein Mörder, Herr Kommissar.« Walter hebt die Stimme.

»Wer war Lenin?«

Walter kennt das Spiel. Jetzt geht es darum, Beschimpfungen zu finden, die dem Fragenden zusagen. Welche Verunglimpfungen gewünscht sind, variiert von Fall zu Fall, alle Nazifunktionäre haben ihre Lieblingsausdrücke. Manchmal spielt die Antwort auch gar keine Rolle, die Ohrfeige oder der Hieb mit dem Schlagstock folgen so oder so.

Walter kann Situationen und Stimmungen mittlerweile gut einschätzen. Der uniformierte Mann und er sind allein. Zwischen ihnen steht der Schreibtisch. Wenn der SS-Mann zuschlagen will, muss er aufstehen und den Tisch umrunden. Solange der Mann sitzen bleibt, ist Walter in Sicherheit. Aber jetzt geht es nicht um Schläge. Es geht um viel mehr, um den roten Entlassungsschein.

»Wer war Lenin?«

»Ein dummes Schwein, Herr Kommissar.«

»Wer war Lenin?«

»Ein beschissener Jude, Herr Kommissar.« Walter schreit seine Antworten heraus. Was hat er schon zu verlieren?

»Sind Sie Marxist?«

»Nein, Herr Kommissar.«

»Waren Sie Marxist.«

»Jawohl, Herr Kommissar.«

»Aber das ist jetzt vorbei?«

»Jawohl, Herr Kommissar.«

»Sind Sie Jude?«

»Jawohl, Herr Kommissar.«

»Sind Sie immer Jude gewesen?«

»Jawohl, Herr Kommissar.«

»Wird das vorbeigehen?«

»Nein, Herr Kommissar.«

»Sind Sie der ewige Jude?«

»Wenn Sie so wollen, Herr Kommissar.«

»Sind Sie der ewige Jude?«

»Jawohl, Herr Kommissar.«

»Jawohl was?«

»Jawohl, Herr Kommissar, ich bin der ewige Jude.«

»Gut. Wo ist Ihre Heimat?«

»In Deutschland, Herr Kommissar.« Die Antwort kommt automatisch. Schließlich ist er Deutscher.

»Falsch!«, sagt der SS-Mann mit strenger Stimme.

»Natürlich, Herr Kommissar«, antwortet Walter schnell. Was ist nur in ihn gefahren? Wie konnte er Deutschland antworten? Er hätte es besser wissen sollen.

»Es gibt keine Juden, die Deutsche sind«, sagt der SS-Mann langsam. »Es gibt nur Juden, die sich in Deutschland aufhalten« – er zögert einen Augenblick – »... noch.«

»Verzeihung, Herr Kommissar.«

»Wofür?«

»Ich weiß nicht, Herr Kommissar.«

»Sie wissen es nicht. Wissen Sie wenigstens, wo Ihre Heimat ist?«

»Ich habe kein Heimatland, Herr Kommissar. Ich bin der wandernde Jude.«

»Wieder falsch. Sie sind der ewige Jude, nicht der wandernde. E – W – I – G«, buchstabiert der SS-Mann. »Lernen Sie das denn nie?«

Walter ist verunsichert. Was soll er erwidern? Wenn er sagt, er habe nichts dazugelernt, hat die Gestapo keinen Grund, ihn freizulassen. Andererseits darf er nicht widersprechen. Also wiederholt er einfach die Worte des SS-Manns.

»Ich bin der ewige Jude, Herr Kommissar. E – W – I – G.«

»Geht doch, da haben wir's.«

»Herr Kommissar?«

»Als Jude gehören Sie nach Palästina, will ich doch meinen.«

»Jawohl, Herr Kommissar. Palästina, natürlich …«

Zum ersten Mal hat Walter das Gefühl, es könnte klappen. Dass er das Stadthaus mit einem von dem SS-Mann unterschriebenen Entlassungsschein verlassen könnte.

Zwischen den Dokumenten auf dem Tisch liegt ein Brief von Fanny David, die bestätigt, dass Walter einen Ausbildungsplatz auf einem Hof in Italien sicher hat. Er ist noch nie im Ausland gewesen und hat sich nie für Zionismus interessiert. Und trotzdem ist er jetzt Zionist, seit etwa einem halben Jahr, um auf diese Weise sein Leben zu retten.

Vor Walters Freilassung hat John eine Möglichkeit gesucht, wie Walter emigrieren könnte. Dass Walter aus Deutschland fortmuss, steht außer Frage, wenn er nicht wieder im Lager landen will. Er ist wegen Vorbereitung zum Hochverrat verurteilt, er ist Jude – und dann ist da noch Liesbeth.

Dank seiner Kontakte ist es John gelungen, seinen kleinen Bruder in die zionistische Jugendorganisation Hechaluz, hebräisch für »Pionier«, einzuschleusen. Eigentlich ist Walter zu alt, aber John und Fanny David sind befreundet, und außer dem Hechaluz ist niemand bereit, einem verurteilten Juden zu helfen.

Aber auch die Zionisten stellen Bedingungen, und Walter hat sich ordentlich ins Zeug legen müssen, um Hebräisch zu lernen. In den letzten Monaten seiner Haft hat er ein deutsch-hebräisches Wörterbuch erhalten. Allein in seiner Zelle, ohne Zugang zu Stift und Papier, hat er die hebräischen Buchstaben mit Kreide auf eine Schiefertafel geschrieben, das

Geschriebene ausgewischt, erneut geschrieben, alef, bet, gimel, dalet ...

Aber das reicht noch nicht, um ins Heilige Land zu kommen. Ein Jude, der nach Palästina will, braucht eine spezielle Genehmigung, das Palästina-Zertifikat, das aber nicht vom Hechaluz oder von den Deutschen ausgestellt wird, sondern von der britischen Mandatsverwaltung. Und solange er auf das Zertifikat wartet, soll Walter lernen, wie man sich die Erde zunutze macht. In Italien. Er soll ein anderer Jude werden, ein moderner Jude. Ein »Muskeljude«, intellektuell und proletarisch zugleich. Ein neuer Jude für eine neue Zeit. Das ist seine einzige Chance.

»Werden Sie in Italien schlecht über den Führer reden?«

»Nein, Herr Kommissar.«

»Werden Sie Lügen über Deutschland verbreiten?«

»Nein, Herr Kommissar. Ich werde die Wahrheit sagen.«

»Die Wahrheit?«

»Jawohl, Herr Kommissar.«

»Werden Sie sagen, dass wir Sie gut behandelt haben?«

Fast würde Walter wiederholen, was er gerade gesagt hat – dass er die Wahrheit sagen wird. Aber ihm ist klar, dass er sich damit zu weit aus dem Fenster lehnen würde.

»Ich werde sagen, dass ich keinen Grund zur Klage hatte.«

Kam seine Antwort zu zögerlich?

»Wir behalten Sie im Auge«, sagt der SS-Mann.

»Ich werde sagen, dass ich gut behandelt wurde, Herr Kommissar«, fügt Walter hastig hinzu.

»Sie sind ein Intellektueller«, sagt der SS-Mann verächtlich.

»Ich habe das Abitur«, gibt Walter zögerlich zu. »Und ich habe einen Studienplatz bekommen, aber –«

»Dann wissen Sie es ja.«

»Ja, ich weiß es«, sagt Walter, auch wenn ihm nicht ganz klar ist, worauf der SS-Mann anspielt.

»Haben Sie Rilke gelesen?«

»Ja, Herr Kommissar.«

»Es heißt jawohl!«

»Jawohl, Herr Kommissar.«

»Wenn Sie Rilke gelesen haben, wissen Sie ja, dass es keinen Ort gibt, der Sie nicht sieht.«

»Jawohl, Herr Kommissar, ich habe Rilke gelesen.«

»Ich versichere Ihnen, dass wir Sie finden, ganz egal, wo Sie stecken, sogar in Palästina.«

»Ich verstehe, Herr Kommissar.«

»Tun Sie das?«

»Ja, ich verstehe. ›Denn da ist keine Stelle, die dich nicht sieht. Du musst dein Leben ändern‹ «, zitiert er das Rilke-Gedicht korrekt.

»Sie haben es verstanden.«

In der Stimme des SS-Manns schwingen Anerkennung und eine Drohung mit. Er greift nach dem Stempel und drückt ihn auf das Stempelkissen.

Walter fällt ein Stein vom Herzen, als der Stempel auf den roten Freilassungsschein und dann auf den Pass gesetzt wird. Anschließend greift der SS-Mann nach einem Stift, um zu unterschreiben. Doch plötzlich legt er den Stift wieder beiseite, fischt stattdessen eine Münze aus der Tasche und hält sie ins Licht, das durchs Fenster ins Zimmer fällt.

»Sollen wir eine Münze werfen?«

»Ich habe der Politik abgeschworen«, sagt Walter. Er weiß nicht, ob der SS-Mann sich einen Scherz erlaubt oder ob er es ernst meint.

»Es geht jetzt nicht um Politik«, sagt der SS-Mann. »Es geht um ein Spiel. Ihre Chancen stehen fünfzig zu fünfzig. Denken Sie daran, was Sie gewinnen können …«

Der SS-Mann wirft die Münze hoch. Sie wirbelt durch die Luft, bis sie den höchsten Punkt ihrer Bahn erreicht. Einen

Augenblick lang scheint sie dort oben zu schweben, als wäre sie in der Zeit eingefroren, dann beginnt sie zu fallen, erst langsam, dann schneller, bis sie auf der rechten Handfläche des SS-Manns landet. Er schlägt mit der Handfläche auf sein linkes Handgelenk, sodass die Münze nach wie vor verdeckt ist.

»... und was für Sie auf dem Spiel steht.« Noch hat er die Münze nicht angeschaut. »Kopf oder Zahl?«

»Ich will nach Palästina« – Walters Stimme überschlägt sich – »das ist alles. Ich habe ein Verbrechen begangen. Und ich habe dafür gesühnt. Ich habe meine Schuld an die Gesellschaft zurückgezahlt und keine Konflikte mehr mit Deutschland. Lassen Sie mich gehen, dann müssen Sie mich nie mehr wiedersehen.«

»Kopf oder Zahl«, wiederholt der SS-Mann.

»Lassen Sie mich gehen. Ich bin unwichtig. Ich bitte Sie. Ich versichere es Ihnen, ich habe meine Lektion gelernt. Lassen Sie mich gehen.« Walter fühlt sich matt, ihm ist schwindelig. Erneut steigt Übelkeit in ihm auf. Er muss sich vorbeugen und sich mit den Händen auf den Knien abstützen, als hätte er gerade einen Sprint zurückgelegt und wolle seinen Atem unter Kontrolle bringen.

»Kopf also«, sagt der SS-Mann und blickt Walter verächtlich an. »Bei Kopf dürfen Sie nach Italien, bei Zahl verrotten Sie in Kola-Fu.«

Walter schweigt.

Der SS-Mann hebt die rechte Hand und betrachtet die Münze auf seinem linken Handgelenk. Dann fixiert er Walter, ein schiefes Lächeln auf dem Gesicht, und nimmt die Münze zwischen Daumen und Zeigefinger der rechten Hand, als wäre sie kontaminiert. Er legt sie auf den Tisch und lehnt sich zurück.

»Sind Sie nicht neugierig?«

Walter wagt nicht zu antworten.

»Wollen Sie mich nicht fragen? Wer nicht fragt, der nicht –«

»Es ist Kopf«, schneidet Walter ihm Wort ab.

»Sind Sie sicher?« Der SS-Mann lächelt, nicht höhnisch oder herablassend, sondern beinahe kameradschaftlich.

Ist das Ganze nur ein Spiel?

»Ganz sicher«, sagt Walter.

»Na, wenn das so ist, dürfen Sie wohl fahren«, sagt der SS-Mann so vergnügt, als spräche er mit einem Kind. Dann sieht er Walter in die Augen und sagt streng: »Aber wenn Sie Deutschland in vierzehn Tagen nicht verlassen haben, werden wir Sie holen. Wir bringen Sie zurück nach Kola-Fu, und ich garantiere ihnen, dass Sie nie wieder rauskommen. Vierzehn Tage nach Ihrer Entlassung aus dem Zuchthaus, keine Minute länger.« Um seinen Worten Nachdruck zu verleihen, tippt er mit dem Zeigefinger auf seine Armbanduhr. »Haben Sie mich verstanden?«

»Jawohl, Herr Kommissar, vierzehn Tage ab gestern halb drei. Danke!«

»Bedanken Sie sich nicht, vielleicht überlege ich es mir noch anders.«

Der SS-Mann trägt neben dem Stempel mit dem Reichsadler und dem Hakenkreuz oben links das Datum ein: »10.3.38«. Daneben setzt er seine Unterschrift. »Thomssen«. Dann schleudert er den roten Entlassungsschein und Walters Pass wie Müll auf den Boden.

Walter beugt sich hinab und sammelt die wertvollen Dokumente auf.

»Und jetzt raus mit Ihnen«, sagt SS-Mann Thomssen, schlägt mit der geballten Faust auf den Tisch und steht ruckartig auf. »Verschwinden Sie!«

Studio in der Jungfrugatan
Stockholm, Königreich Schweden

Aus den letzten vierzehn Tagen, die Walter in Hamburg verbrachte, existieren weder Briefe noch Tagebucheinträge. Der letzte Brief, den er im Zuchthaus schrieb, ist auf achtzehn Tage vor der Vernehmung durch Thomssen datiert. Wenn ich den Brief lese, steigt Unbehagen in mir auf. Walter malt sich das Willkommensabendessen bei seiner Familie aus: Kalbssteak, Blumenkohl, grüne Erbsen, roter Bordeaux, Pilzsauce, Zitronenpudding, Nusstorte, Cognac und eine kubanische Zigarre, um den Beginn seiner Freiheit zu markieren. Vor der kulinarischen Zeremonie hat er nur einen Wunsch:

Um ca. 17 Uhr 30 hoffe ich in eine volle Badewanne zu steigen, um die 3 Jahre abzuspülen.

So weit, so gut, mich aber irritiert, dass Walter Liesbeth in diesem Brief niemals direkt anspricht, sondern in der dritten Person über sie schreibt, obwohl es viel um sie geht. Über seinen Bruder John gibt Walter ihr Ratschläge und Anweisungen und erinnert sie daran, dass sie ihm noch die Antwort auf eine Frage schuldet.

Ich schreibe dieses Mal nicht an L. direkt, darüber soll sie sich aber keine Gedanken machen, es ist nur, weil der Raum nicht ausreicht, das zu sagen, was ich möchte, und Gleichgültiges mag ich nicht schreiben. Ihr Verhalten ist mir doch immer sehr undurchsichtig, und es schmerzt mich, daß sie sich auch in den letzten Briefen wieder wie eine Unbeteiligte äußert. Na, wir werden sehen müssen.

Wie die Frage lautet, geht aus dem Brief nicht hervor, nur dass er sie über seinen großen Bruder bereits mehrfach gestellt und Liesbeth ihm offenbar noch keine Antwort gegeben hat.

»Hat Walter sie dazu gedrängt zu konvertieren?«, fragte ich. »Scheint so«, antwortete Schontje. »Er hat den Bezug zur Wirklichkeit verloren. John und der Rest der Familie haben begriffen, dass er Liesbeth aufgeben muss, wenn er seine Haut retten will ... Liesbeth will nicht ... und dort, wo Walter hinmöchte, wäre sie nicht willkommen. Der Rest der Familie weiß das, Liesbeth auch ... nur er nicht.«

In einer Zigarrenschachtel mit Schwarz-Weiß-Fotos hatte ich ein Bild von Walter in grauem Blazer und schwarzem Hemd gefunden. Es stammte aus einer Serie von Bildern, die in seinen ersten Tagen nach der Entlassung aufgenommen wurden. Sie gehörten zu seinen Bewerbungs- und Ausweisunterlagen für die Auswanderung. Auf der Rückseite steht eine Widmung:

Über allem aber, was wir erlitten, leuchtet der Stern einer unzerstörbaren Liebe. Kein Enttäuschtsein, kein Entsagen, ein unbeugsames »ich will«, und aus der Tiefe eines großen und reinen Gefühls erwächst uns die Kraft zum Warten und die Kraft, unsere gemeinsame Zukunft zu erzwingen. Ich liebe Dich, und ich glaube an die Zukunft, solange ich hoffen darf, daß Deine Empfindungen mir gehören.

Meiner geliebten Eli zum Anschauen, wenn ich fern bin.

Dein Walter.

Ob Walter und Liesbeth sich in den vierzehn Tagen in Hamburg getroffen haben, geht aus den Briefen und Tagebüchern nicht hervor. Doch das Foto lässt vermuten, dass sie sich nicht gesehen haben. Sonst hätte es wohl nicht in der Zigarren-schachtel gelegen.

Walters Italien-Tagebuch
Livorno Ferraris, Königreich Italien

Liesbeth hat Walter ein Abschiedsgeschenk gemacht – das ver-mutlich von seinem Bruder John überbracht wurde. Walter er-wähnt es in seinem italienischen Tagebuch, das er sechzehn Tage nach der Vernehmung durch Thomssen zu schreiben be-ginnt.

Tenuta Murone, 26. III. 38.
Mein Liebes, heute will ich beginnen, ein Tagebuch zu führen. Es soll unsere Verbindung befestigen, auch wenn wir räumlich getrennt sind. Und mir ist es eine Beruhigung und große Stärke, mich auf dieser Art mit Dir unterhalten zu können. Geliebte, das Leben ist nicht leicht. Und wenn man nicht das Gefühl hätte, geliebt zu sein und wiederzulieben, dann wäre es oft nicht weiterzuführen. Vieles ist auch hier so, wie ich es nicht wünsche, aber wenn es mir zu schwer wird, dann denke ich an Dich, mein Liebes, an Dein ruhiges liebes Gesichtchen, und alles wird wesenlos gegenüber mei-nem Gefühl für Dich.
Wie glücklich könnten die Menschen sein, wenn sie erkennen würden, wie leicht es ist, es zu sein, wenn man sich innerlich frei gemacht hat von all den Klein-lichkeiten, die unser tägliches Leben belasten. Welcher Geringfügigkeiten wegen ärgert man sich und haßt sich? Es ist eine schwere Aufgabe, in einer Gemeinschaft

zu leben, und es gehört schon eine große charakterli-
che Stärke dazu, sich immer zu behaupten. Ich überse-
he noch zu wenig unseren Weg, aber ich ahne schon die
vielen Schwierigkeiten, die wir überwinden müssen.
Wohin unser Weg geht, mein Mädel, ob nach Eretz
Israel oder wohin, das kann man noch nicht wissen,
aber daß wir unseren Weg immer zusammengehen wol-
len, das sei uns Gelöbnis und Gewißheit. Jeder Tag ohne
Dich ist für mich ein verlorener.

Mein Liebes, heute bin ich sehr unglücklich, das
Messer, das Du mir zum Abschied geschenkt hast, kann
ich nicht finden, es kann nicht verloren sein, es darf
nicht. Es ist mir, als ob zwischen uns etwas nicht in
Ordnung sei. Es macht mich ganz unruhig. Mein Lie-
bes, hoffentlich werde ich es wiederfinden. Du darfst
mir nicht zürnen, Gute. Oh, wärst Du bei mir. Es gibt
keine Zufriedenheit für mich ohne Dich. Ich mag fast
nicht weiterschreiben, ich bin so unausgeglichen, o Mä-
deli, komm bald, ich brauche Dich.
Walter

Ein Messer. Beim Lesen des Tagebuchs habe ich den Eindruck,
dass Walter die Symbolik von Liesbeths Geschenk nicht be-
greift. Zumindest hofft er weiterhin, dass ein gemeinsamer
Weg vor ihnen liegt, mag dieser nun nach »Eretz Israel« oder
wohin auch immer führen. Aber glaubt er das wirklich? Oder
ist das Tagebuch nur eine Beschwörung, eine Art Selbstthera-
pie? Liesbeth weiß ja nicht, was er schreibt.

Tenuta Murone, 27. III. 38
Mein liebes Mädeli, heute habe ich einen schönen le-
bendigen Tag hinter mir, und ich bin froh und vol-
ler Hoffnung. Morgens war ich mit Hans [nicht Hans

Brand] spazieren und habe über uns und viele andere menschliche Dinge gesprochen. Wir sind durch die Straße gewandert, und die Alpen haben herübergegrüßt.

Nach Mittag bin ich mit Naphtali durch die Reisfelder gewandert. Die Sonne war warm, und alles war schön und gut, und wieder habe ich von Dir gesprochen, von Dir, von der mein Herz voll ist. Sie sind alle gut und freundlich zu mir. Mit den anderen werde ich nun auch noch sprechen müssen. Hans sagte nachher zu mir, Du müßtest ein sehr tapferes Mädel sein, und das hat mich sehr gefreut.

Danach war Besuch aus San Giacomo hier, Lea, Fee und Mirjam und eine tschechische Chawa. Es war sehr lustig. Es ist so schön, mit jungen Menschen frei und ungebunden sprechen zu können. Hans und ich wollen am Schabat hinübergehen nach San Giacomo. Als ich durch die Felder ging, habe ich immer gedacht, wenn ich erst mit meiner Eli durch die Felder gehen werde.

Vor dem Abendbrot war ich mit Herbert in Colombara einkaufen. Die italienischen Arbeiter und Mädchen kamen uns entgegen, es sind so schöne Menschen, auch das machte mich froh. Im Laden war es auch nett. Ich verstehe eigentlich gar nichts, und doch merke ich manches, was man sagt. Dann waren wir in der Meierei und haben uns unseren Hund angesehen, den wir bekommen werden. Da lag eine Hundemutter mit 4 drei Tage alten Hündchen, werdende Kreatur, es rührt Dich irgendwie. Dann sprachen wir mit anderen Menschen. Zu Abend waren wieder 2 Chaverim aus San G. hier, feine Jungen.

Und dann las ich. Morgen werde ich mit der Arbeit anfangen, ich freue mich darauf. Ich bin sehr zuversichtlich. Es wird alles gut werden, und ich bin voller

guter Vorsätze, und Du wirst mir helfen, sie zu halten.
Mein Lieb, das Leben kann doch so schön sein. Gute
Nacht, Du Gute, ich habe Sehnsucht nach Dir, und ich
denke an Dich, immer. Wenn ich doch das Messer wie-
derfände. Wirst Du mir sehr böse sein?
Walter

Walter plant eine gemeinsame Zukunft mit Liesbeth. Er hat ihr bereits einen neuen, in seinen Augen passenderen Kosenamen gegeben. Früher hat er sie »Lies« genannt, jetzt nennt er sie »Eli« ein hebräischer, eigentlich für Jungen bestimmter Name.

Tags darauf steht Walter barfuß auf dem Feld. Der feuchte, gelblich-graue Lehmboden ist frisch gepflügt und zu Wellen aufgeworfen, die aussehen wie aus dem Erdreich gerissene Eingeweide. Giuseppe, einer der italienischen Landarbeiter, zeigt, wie man den Lehm zu Dämmen aufschaufelt, die das Wasser zurückhalten sollen, wenn die Schleusen geöffnet und die Felder überschwemmt werden. Die Arbeit ist hart und schmutzig.

Am ersten Arbeitstag ist Giuseppe noch dabei, danach ist Walter allein auf dem Feld. Jeden Morgen kontrolliert il Capo die Arbeit vom Vortag. Ist er nicht zufrieden, muss Walter von vorn beginnen. Manchmal kommt er sich vor wie damals, als er Löcher in Kola-Fu graben musste. Graben, schippen, planieren, wieder graben, Löcher auffüllen. Gleichzeitig verspürt er eine tiefe Zufriedenheit und ist stolz auf seine Arbeit. Sie fühlt sich echt an. Jeder Spatenstich bringt ihn der »Aliya« näher, dem Aufstieg nach »Eretz Israel«.

Morgens rasiert er sich und wäscht sich mit kaltem Wasser aus einem Eimer, wie er es aus der Gefangenschaft gewohnt ist. Am Abend widmet er sich ein paar gymnastischen Übungen, ehe er sich neben dem Toilettenhaus ein zweites Mal wäscht.

Das Toilettenhaus. Allen Arbeitern und Pionieren steht nur ein gemeinsames Toilettenhaus zur Verfügung. Eine gemauerte Plattform mit stinkenden Löchern. Dort sitzen sie dann in der Hocke und verrichten ihre Notdurft im Beisein anderer – wie das Vieh im Stall. Nicht einmal im Konzentrationslager hat Walter so etwas erlebt. Sicher, manchmal war er dort gezwungen worden, durch den mit Glasscherben vermischten Inhalt von ausgekippten Latrinentonnen zu robben. Aber zumindest war die Tür zu seiner Zelle im Keller von Block C geschlossen, wenn er seine Notdurft verrichtete, und es gab ein Klosett. Zwar hatte es keinen Sitz, und er musste mit einem Eimer nachspülen, aber es war ein Klosett, und er wurde von niemandem gestört.

Drei Wochen nach der Vernehmung durch Thomssen neigt sich die erste Arbeitswoche in Italien dem Ende zu, und Walter schreibt:

Tenuta Murone, 31. III. 38
Mein Liebes, jetzt habe ich bald eine Woche Arbeit hinter mir. Ich habe mich im Großen und Ganzen sehr gut eingelebt, und doch befallen mich von Zeit zu Zeit Beklemmungen und Ängste, und letzten Endes hängt es alles doch nur von dem einen Problem ab.

Ich bin so lange allein gewesen, und es ist so schwer, allein zu sein. Und keinem Menschen kann ich so nahe kommen wie Dir, und ich glaube, ich werde es nie mehr können. Die Vergangenheit hängt mit Zentnerlasten an mir, wenn ich auch noch so fröhlich scheine. Alles wäre leichter, wenn Du bei mir bist.

Auch dieses Vierteljahr wird vergehen. Wir sind noch nicht am Ende. Noch viele Schwierigkeiten werden unser warten. Wir müssen durch. – Ein gesundes Leben ist es, das ich führe, und überall wartet Neues und Unge-

kanntes auf mich. Aber meine Fähigkeit, es aufzuneh-
men und zu verarbeiten, ist sehr herabgemindert. Ich
bin sehr viel ärmer geworden. Daran merke ich erst,
wie viel man mir angetan hat.
Vielleicht werde ich mit Deiner Hilfe wieder der Alte
werden können. Oh, Mädeli, ich spüre manchmal eine
solche Sehnsucht nach Dir, daß ich nicht glaube, es aus-
halten zu können. Du kannst nicht ahnen, wie sehr es
mich bedrückt, daß Dein Messer weg ist; es ist mir, als
ob damit etwas zerstört ist, obgleich das doch eigentlich
unsinnig ist.
Oh, Mädeli, wenn Du mich verlassen würdest, wür-
de ich sehr einsam werden. Ich suche nach meinem
Weg. Werde ich ihn finden können? Komm, Mädeli,
oh, komm, ich brauche Dich.
Walter

Einfamilienhaus in Vällingby
Stockholm, Königreich Schweden

Durch Schontje kam ich in Kontakt mit Ulrich Kohlberg, der
ebenfalls die Hachschara, die vom Hechaluz organisierte landwirtschaftliche Ausbildung, in Italien absolviert hatte. Er erzählte mir, dass viele Mitglieder kurz vor der Abreise nach Italien noch schnell geheiratet hätten. In seinem Fall hatten das
seine Schwiegereltern in spe verlangt. Ulrich und seine Freundin waren einverstanden gewesen.

Ich fragte ihn, ob Liesbeth die Möglichkeit gehabt hätte,
Walter nach Palästina zu begleiten oder später nachzukommen.

»Nein«, erwiderte er kopfschüttelnd.

»Nicht mal, wenn sie verheiratet gewesen wären?«

»Undenkbar«, sagte Kohlberg. »Ich bin selbst ›Mampe‹. So nannten sich die Halbjuden in Berlin, nach dem Likör – Mampe Halb und Halb. Mein Vater war Jude, aber meine Mutter nicht. Deshalb bin ich konvertiert. Ein ›arisches‹ Mädchen, hätte dem Hechaluz niemals beitreten dürfen. Nicht einmal alle Juden, die das wollten, wurden aufgenommen. Und wir Mitglieder mussten lange, oft sogar vergebens, auf die Zertifikate warten.«

»Und wenn Liesbeth konvertiert hätte?«

Kohlberg sah mich eindringlich an. Seine Miene schien auszudrücken, dass ich es besser wissen sollte. Und vielleicht hatte er damit recht, schließlich befasste ich mich seit mittlerweile vier Jahren mit dem Inhalt der Umzugskisten. Da musste ich doch eigentlich begreifen, dass es für die Tochter eines Parteigenossen in Nazideutschland kaum möglich gewesen wäre, zum Judentum überzutreten.

Wir saßen in Kohlbergs Haus in Vällingby, einem Vorort von Stockholm. Ein gemütliches Zuhause, in dem der pensionierte Ingenieur mit seiner zweiten Frau gelebt hatte, doch seit einigen Jahren war er wieder Witwer. Draußen lag Schnee. Kohlberg entschuldigte sich, dass er in der Küche so ungeschickt war und mir nur Kaffee anbieten konnte. Ich sagte, das mache nichts, und bat ihn, von der Zeit in der Pianura Padana, der Po-Ebene, zu erzählen.

»Ich kann mich noch genau an einen Morgen erinnern, als sich der Nebel lichtete«, sagte Kohlberg mit einem glücklichen Lächeln auf dem Gesicht. »Man hat die Alpen gesehen, also, so richtig gesehen. Nicht nur die grau-grünen Voralpen wie sonst, sondern das schneebedeckte Bergmassiv. Ich habe ein Foto gemacht, aber darauf kommt die Schönheit nicht richtig zur Geltung.« Er wies auf ein Schwarz-Weiß-Bild in einem Fotoalbum, das vor ihm auf dem Tisch lag.

»Schön«, sagte ich.

»Nach Norden hin ließen sich durch den Sonnendunst die mächtigen Berge erahnen«, fuhr Kohlberg fort. »Und im Süden war die Erde flach. Ein Mosaik aus Teichen und Feldern erstreckte sich dort, soweit das Auge reichte. Das Flutwasser wurde von einem Acker zum nächsten geleitet. Alle Güter hatten eigene Wasserleitungen, und die verbrauchte Wassermenge wurde streng von der zuständigen Behörde kontrolliert. Jeder Gutsbesitzer war selbst dafür verantwortlich, das ihm zugeteilte Wasser möglichst effektiv zu nutzen. Das restliche Wasser wurde in den Po zurückgeleitet, damit es anderweitig verwendet werden konnte.

Als wir ankamen, waren die Schleusen noch nicht geöffnet worden. Die Felder waren frisch gepflügt, und die Zugvögel suchten nach Würmern. Die Menschen standen barfuß im Lehm, mit gebeugtem Rücken, errichteten Wälle und besserten das Kanalsystem aus, das sich durch die gesamte Landschaft zog. Man benutzte Spaten mit extralangem Schaft und kleinem Blatt.« Kohlberg zeichnete den Spaten in die Luft und griff nach dem imaginären Schaft, vollkommen absorbiert von seinem Bericht. »Es war harte Arbeit, das kannst du mir glauben, und wir lebten auf engem Raum. Die Landarbeiter waren in zweigeschossigen länglichen Häusern untergebracht, die rings um das Hauptgebäude verstreut lagen. Und in so einem Haus wohnten wir. Der kombinierte Schlaf- und Speisesaal lag im oberen Stockwerk. Ein großer Raum mit unverputzter Decke. Man konnte die Dachziegel sehen, die auf von ungeschliffenen Balken gestützten Holzplanken lagen. Schon im Mai wurde es darunter so heiß wie in einem Backofen. An manchen Stellen kam die Sonne durch, und wenn es regnete, leckte das Dach.

An einer Wand gab es einen gemauerten Schornstein und einen ovalen Eisenofen mit Kochplatten. Neben dem großen Saal standen uns ein paar Verschläge und eine kleine Vorratskammer zur Verfügung.

Die Schlafplätze reichten kaum aus und waren hart umkämpft, es gab ein- und zweistöckige Betten. Um sich ein bisschen Privatsphäre zu schaffen, hängte man eine Decke mit einer Schnur an einem Dachbalken auf oder direkt an den metallenen Bettpfosten.

Ich kann mich tatsächlich nicht erinnern, ob ich deinem Vater in Italien begegnet bin. Es ist so lange her, aber ich glaube, ich habe ihn erst später kennengelernt. Wahrscheinlich war er woanders untergebracht. Weißt du, wie das Gut hieß und wann er dort ankam?«

»Tenuta Murone«, antwortete ich. »Kurz nach der Annektierung Österreichs und zwei Monate vor Hitlers Staatsbesuch in Italien. So steht es in seinen Aufzeichnungen.«

»Aha, im Frühjahr 1938 also. Österreich wurde Mitte März annektiert, und der Führer machte seinen Staatsbesuch irgendwann im Mai, nicht?«

»Ja, Hitler war in der ersten Maiwoche in Italien.«

»Na, siehst du. Aber wir hatten den Kopf voll mit anderen Dingen. Wir sollten hier lernen, wie man Landwirtschaft betreibt, und waren an einem Ort mit so fruchtbarer Erde und so günstigem Klima, dass bei guter Bewässerung mindestens drei Heuernten und eine Reisernte im Jahr eingefahren werden konnten.

Anschließend wurden die quadratischen Äcker wieder gepflügt, einer nach dem anderen, man errichtete dezimeterhohe Wälle und leitete Wasser auf die Äcker, gerade so viel, dass die Unebenheiten sichtbar wurden und plattiert werden konnten. Gleichzeitig wurde Reis in kleine, etwa einen Quadratmeter große Ackerstücke gesät.

Der Reis keimte, und wenn die Pflanzen die richtige Größe erreicht hatten, wurden sie aus der Erde gezogen und auf die inzwischen bewässerten Felder gepflanzt. Der Abstand zwischen jeder Reispflanze betrug etwa einen Dezimeter. Und das erledigten die Reismädchen, le Mondine, die mit dem Zug aus dem armen Süden des Landes kamen.

Vielleicht hast du »Riso amaro« gesehen, den Film aus den Fünfzigern? Nein? Solltest du aber! Genau so ging es damals zu. Die Reismädchen fuhren mit dem Zug in die kleinen Orte zwischen Mailand und Turin. Sie wurden mit dem Pferdewagen, dem Traktor oder mit dem Lastwagen abgeholt und zu den Höfen gebracht. Dort quartierte man sie in den Schlafsälen oder in leeren Reislagern ein, mit Strohsäcken statt Matratzen.

Wir hatten kaum Kontakt mit den Reismädchen, trafen sie nur auf den Feldern und am Toilettenhaus, das für die armen Mädchen aus Süditalien etwas völlig Neues war. Sie gingen rein und erledigten ihre Notdurft einfach irgendwo, überall lagen ihre Haufen. Abends hörten wir ihre wehmütigen Lieder, und tagsüber sahen wir sie auf den Feldern, im Lehm, wo ihnen das Wasser fast bis zu den Knien reichte.

Zum Schutz gegen die Sonne trugen sie breitkrempige Hüte, und aus der Ferne sahen sie wie Vietnamesinnen aus. Ihre Gesichter waren kaum zu erkennen, wenn sie sich vorbeugten, um die Reispflanzen zu setzen, und sich dann in Reih und Glied rückwärts das Feld hinabarbeiteten. Sie trugen kurze Röcke, die ihnen kaum bis zu den Knien gingen, oder Shorts – andere Kleidung wäre auf den bewässerten Feldern nicht möglich gewesen.

Du kannst mir glauben, dass die Landarbeiter große Augen machten, aber die Reismädchen standen unter strenger Beobachtung von il Capo, – ein waschechter Macho, der den Tag dazu nutzte, die Mädchen anzugaffen und sich die hübscheste auszusuchen, um mit ihr die Nacht zu verbringen. Niemand protestierte, weil alle wussten, dass er mit dem Gutsbesitzer verwandt war. Für die monatelange Arbeit bekamen die Reismädchen nur ein paar Säcke Reis und Bohnen.«

»Zur gleichen Zeit, als die Reismädchen kamen, schloss sich eine Frau aus Danzig dem Kollektiv in Tenuta Murone an«, sagte ich.

Kohlberg blickte mich fragend an.

»Ernestyna«, fuhr ich fort. »Auch Erna genannt.«

»Stimmt, aber da musst du jemand anders fragen. Ich war nicht dabei, kann dir dazu also nichts sagen. Ich bin mir nicht mal sicher, ob es wirklich so war.«

»Inwiefern?«

»Ich glaube nicht, dass alles stimmt, was man sich erzählt.«

»Und was erzählt man sich?«

»Ach, das alles ist so … unwürdig, ich weiß es wirklich nicht. Du musst jemanden fragen, der dabei war, also, der sich am selben Ort befand. Alice und ich waren auf einem anderen Gut. Wir waren frisch verheiratet. Wir hatten uns in Deutschland auf Gut Winkel in der Nähe von Frankfurt an der Oder kennengelernt, das vom Hechaluz betrieben wurde. Viele haben sich dort getroffen, kamen zusammen und heirateten … Du solltest dich mit Herbert Gollop unterhalten. Damals nannten ihn alle ›den Stier‹. Er lebt heute in Israel, unter anderem Namen.«

Bungalow in einer Seniorenwohnanlage
Be'er Scheva, Staat Israel

»Okay, what do you want to know?«

Der Mann, der mir gegenübersaß, machte trotz seines Alters einen vitalen Eindruck und hatte noch immer den Stiernacken, der ihm in seiner Jugend den Spitznamen »der Stier« eingebracht hatte. Wir saßen in einem Bungalow in einer ummauerten, kameraüberwachten Seniorenwohnanlage vor der israelischen Stadt Be'er Scheva, fast ein ganzes Menschenleben nach jenem Sommer, den er und Walter gemeinsam auf dem Gut Tenuta Murone bei Livorno Ferraris verbracht hatten.

Herbert Gollop, »der Stier«, stammte aus Deutschland, hatte sein Abitur in Großbritannien gemacht und war dann nach Italien zum Hechaluz gegangen. In den 1940er-Jahren studierte er Agrarwissenschaften in Schweden. Daher sprach er hervorragend Englisch und auch Schwedisch. Jetzt war er 85 und damit sechs Jahre jünger, als mein Vater es gewesen wäre. Sein neuer hebräischer Name, Zeev, bedeutete nicht Stier, sondern Wolf. Er hatte sich den Namen ausgesucht, als er im März 1948 als Freiwilliger nach Palästina kam und in die Armee einberufen wurde, um in der Wüste Negev zu kämpfen. Da er sofort eine schwere Verletzung erlitt, verbrachte er sechs Monate im Krankenhaus, mit Granatsplittern im ganzen Körper.

Zeev war mit seiner Frau aus einer Wohnung im siebten Stock mit nur einem Aufzug in diese Seniorenwohnanlage gezogen. Sie hatte noch drei Bypass-Operationen gehabt, war aber vor wenigen Monaten nach einundsechzig Jahren Ehe gestorben.

Jetzt saßen wir in seiner Küche und unterhielten uns in einer Mischung aus Englisch, Deutsch, Schwedisch und einzelnen Wörtern auf Hebräisch. Vor uns auf dem Tisch standen zwei Gläser Bier und eine Schale mit schwarzen Oliven.

»Erzähl mir von eurer ersten Begegnung«, sagte ich.

»Dein Vater hat vor dem Bahnhof in Livorno Ferraris gewartet«, sagte Zeev. »Er hatte zwei große Reisetaschen dabei, auf eine hatte er einen dicken Wintermantel gelegt. Da stand er in seiner Stadtkleidung, fünf, sechs Jahre älter als wir anderen. Er hatte keine Vorderzähne, und bei Wörtern wie ›Zionismus‹ oder ›Sozialismus‹ lispelte er.«

»Hat sich bestimmt komisch angehört.«

»Schon, aber niemand hat ihn ausgelacht. Wir waren alle Deutsche auf der Flucht vor den Nazis, doch er war der Einzige unter uns, der im Lager gewesen war, und er sorgte dafür, dass ihm das zugutegehalten wurde.

Anfangs las er viel. Die ersten zwei, drei Wochen tat er nichts anders, saß einfach nur mit Büchern und Heften da. Er wollte herausfinden, auf welchen Ideen die neue Organisation fußte, in die er hineingeraten war. Wie er leben ... was er tun und lassen sollte. Ja, ungefähr so.« Zeev lachte und räusperte sich. Er hatte seit vielen Jahren kein Schwedisch mehr gesprochen und suchte nach den richtigen Worten. »Er war ... na ja ... überzeugend könnte man sagen ... energisch. Hätten wir ihm gesagt, er müsse Chinesisch lernen, hätte er das getan.«

Wir mussten beide lachen.

»Es war so fremd für ihn«, fuhr Zeev fort. »Was wir taten, meine ich.«

»Aber er hat es mit der Zeit verstanden?«

»Was?«, fragte Zeev, der schlecht hörte.

»Aber er hat es mit der Zeit verstanden«, wiederholte ich so laut und deutlich, wie ich konnte.

»Betach! Oh yes! Das hat er ... er hat sich mit Haut und Haar in den Zionismus gestürzt. Es war typisch für ihn, deinen Vater ... wenn er etwas wollte ...« – ein Lächeln umspielte Zeevs Lippen – »du musst eins bedenken ... ein Mann aus Hamburg, aus einer jüdischen Familie ... ein vorbestrafter Häftling und so weiter ... er wurde ... na ja ...«

Zeev suchte erneut nach den richtigen Worten.

»Überzeugter Zionist?«

»Lo, lo«, protestierte Zeev. »Nein, nein ... was hat er noch mal beruflich gemacht? Ähm ... er war ...«

»Psychologe?«

»Ken, ja! Er wurde Psychologe in der schwedischen Armee. Er war kein gebürtiger Schwede, hatte eine Vergangenheit als

Kommunist ... und trotzdem wurde er Chefpsychologe der schwedischen Armee. Eine beachtliche Leistung. Nachon?«

Ich nickte. Dass mein Vater die Forschungsabteilung des MPI, des Militärpsychologischen Instituts, geleitet hatte, war zweifellos beachtlich. Denn es handelte sich um eine sicherheitsempfindliche Tätigkeit. Als er die Stelle bekam, waren viele skeptisch, da er kein gebürtiger Schwede war. Es war von Loyalität die Rede, natürlich hinter verschlossenen Türen. Trotzdem wusste mein Vater genau, was da passierte, schließlich war es nicht das erste Mal, dass er so etwas erlebte. Er stellte die Zweifler in Gegenwart des Verteidigungsministers zur Rede und fragte, ob man ihn als Störfaktor betrachte, weil er Jude war. Von da an kritisierte keiner mehr seine Anstellung.

»Das war typisch für deinen Vater!«, fuhr Zeev fort. »Hatte er sich einmal etwas in den Kopf gesetzt, tat er alles, um es zu erreichen. In den Jahren beim Hechaluz war er Zionist mit Leib und Seele. Und genauso war er, wenn es um Frauen ging. In der ersten Zeit hat er ständig von einem Mädchen gesprochen ... in Hamburg.«

»Liesbeth?«

»Ja, könnte stimmen. Er war richtig vernarrt in sie. Ich habe mit ihr telefoniert.«

»Wirklich?«

»Ja, dein Vater bat mich, sie anzurufen.«

»Warum das?«

»Er wollte etwas aus Hamburg haben. Oder sie sollte irgendwas vernichten. Ich weiß es nicht mehr genau.«

»Ging es um ein Messer?«

»Keine Ahnung.« Zeev schüttelte den Kopf.

»Warum hat er Liesbeth nicht selbst angerufen?«

»Er wollte sie nicht in Gefahr bringen«, erwiderte Zeev. Nach einer Pause fügte er hinzu: »Er war besessen von dieser Frau, aber das ging vorbei.«

»Als er Erna traf?«

»Oh yes, mit Erna war alles vorbei …«

»Und ihr beide wart eng befreundet?«

»Wir waren Chawerim … comrades, you know?«

»Aber er hat dich doch gebeten, Liesbeth anzurufen?«

»Ja …«

»Dann wart ihr Freunde.«

»Freunde? Was meinst du? Wir wollten dieselbe Frau.«

»Erna?«

»Ken, ja! Erna. Wir haben sie beide geliebt.« Zeev fixierte mich. »Aber ja, sicher, wir waren Freunde. Wir waren Chawerim, Rivalen und Freunde. Das letzte Mal trafen Erna und ich Michaël, also deinen Vater 1981 in Stockholm. Wir haben zusammen im Brända Tomten zu Mittag gegessen, und er hat uns eines seiner Bücher gegeben. Wir waren wohl immer Freunde.«

»Und sie waren verheiratet?«

»Erna war sechzehn Monate mit deinem Vater verheiratet.«

»Warum haben sie sich scheiden lassen?«

»Als wir schon in Schweden waren, hatte er eine kurze Affäre mit Eva Warburg. Danach hatte Erna genug.«

Zeev holte ein Album hervor, das Fotos von Ernas und Walters Hochzeit und einige Bilder aus ihrer gemeinsamen Zeit enthielt. Ein schönes Paar, dachte ich, sie sahen glücklich aus.

Ein anderes Foto zeigte Walter im Anzug, und auf der Rückseite stand eine auf Februar 1943 datierte Widmung. Zu dieser Zeit war er bereits von Erna getrennt und mit Eva Warburg zusammen. Außerdem hatte er seinen Namen geändert.

Für Erna,
zur Erinnerung und zum Dank für vier Jahre gute Kameradschaft und große Hilfe, mit der Bitte, ohne Groll an ihren Freund zu denken.
Michaël

»Du kannst das Foto haben«, sagte Zeev. »Ich glaube, du hast größere Freude daran als ich.«

»Danke«, sagte ich und nahm das Bild entgegen.

»Eva Warburg lebt in Rehovot«, erklärte Zeev. »Mein ältester Sohn wohnt dort mit seiner Familie. Soll ich dir Evas Adresse geben?«

Ich sagte ihm, dass ich ihr bereits geschrieben und um ein Treffen gebeten hätte. Sie hatte mir jedoch in einem sehr freundlichen Brief erklärt, dass das, worüber ich mit ihr sprechen wolle, vor »so langer Zeit« passiert sei. Sie sei nun eine alte Frau und müsse mir »ein Treffen aus mehrerlei Gründen ausschlagen«.

Zeev erklärte, Evas Schwester Noni lebe zufällig in derselben Wohnanlage wie er, und fragte, ob ich sie treffen wolle.

Ich sagte, die Zeit würde nicht reichen. Ich müsse noch am selben Abend weiter nach Jerusalem, was zugebenermaßen eine Ausrede war. Eva Warburgs Antwort war unmissverständlich gewesen. Sie wollte nicht an die gemeinsame Zeit mit dem Mann, der mein Vater wurde, erinnert werden. Ihren Wunsch musste ich respektieren, und das bedeutete, dass ich auch ihre Schwester in Ruhe lassen sollte.

Stattdessen fragte ich Zeev, ob Erna und er nie in Erwägung gezogen hätten, nach seinem Agrarstudium in Schweden zu bleiben.

»In Europa zu bleiben, hat sich nicht sicher angefühlt«, erwiderte Zeev. »Der gesamte Kontinent lag in Schutt und Asche. Niemand hätte gedacht, dass alles so schnell wiederaufgebaut werden würde.«

»Schweden lag aber nicht in Schutt und Asche«, sagte ich.

»Schweden?«, fragte Zeev aufrichtig verwundert. »Hätten wir in Schweden bleiben und schwedische Kinder bekommen sollen?«

Seinem Gesichtsausdruck war abzulesen, wie abwegig der Gedanke ihm erschien.

»Wir haben zwei Jungen«, fuhr er fort. »Vier Enkel. Hier in Israel.«

Er erzählte mir gerade von seinen Söhnen und ihren Familien, als das Telefon klingelte. Ich konnte heraushören, dass Zeevs ältester Sohn am Apparat war, der in Rehovot lebte und als Professor für Agrarwissenschaften arbeitete. Zeev erzählte ihm auf Hebräisch, er habe Besuch vom Sohn des Mannes, mit dem Imma, seine Mutter, vor ihrer Aliya verheiratet gewesen war, und in den Moment wurde mir eins klar: Ich hätte auch in Israel geboren werden können, als sogenannter Sabra, und man hätte mich als echten Israeli betrachtet, der ohne Akzent Hebräisch spricht und mit dem Boden verwurzelt ist. Ja, solche Dinge sind in Israel ebenso wichtig wie in Deutschland und Schweden.

Aber wenn ich tatsächlich als Sabra zur Welt gekommen wäre, wäre ich ein anderer, dachte ich damals, oder es wäre ein anderer an meiner Stelle geboren worden, und es gäbe auch nicht den Professor für Landwirtschaft an der Hebrew University, ja, er und ich wären ein und dieselbe Person geworden. Ein Glück für uns beide, dass Walter, alias Michaël, das Techtelmechtel mit Eva Warburg gehabt hatte.

Operation Gomorrha
Hamburg, Großdeutsches Reich

Michaël war der Name, den Walter annahm, als er einen Schlussstrich unter seine Vergangenheit zog. Warum gerade dieser Name? Wegen Hamburgs Wahrzeichen, dem Michel, in dessen Schatten Walters Realschule lag? Wegen des gutmütigen, ein wenig dümmlichen »deutschen Michel«? Wohl eher nicht.

Michael ist der Name des Engels, der Gott am nächsten ist. Ja, ich glaube, Walter hat sich den Namen zu Ehren des Erzengels Michael ausgesucht, der gegen den Teufel kämpft und als Schutzpatron Deutschlands gilt. Das erscheint mir passend. Außerdem stand Michael auf der Liste mit hebräischen Namen, die der Hechaluz seinen Mitgliedern vorschlug. Aber wozu das Trema, die beiden Pünktchen über dem e? Um zu markieren, dass das e nicht wie bei einem Diphthong verschluckt, sondern betont wird – Micha-ël, so, wie man den Namen auf Hebräisch ausspricht. Walter verwendet seinen neuen Namen erstmals am 25. März 1942. Er schreibt ein Gedicht, teils in Sütterlinschrift, teils mit lateinischen Buchstaben, und unterzeichnet mit Michaël.

Einmal hatt' ich ein Vaterland
hab' es nie anders gewusst
dann haben ihr Unglück sie mich genannt
hab' einfach fortgemusst.
Dein Haar ist schwarz und das ist nicht gut
das ist's was das Land uns verdirbt
Du bist halt' nur ein dreckiger Jud'
Und wer von Dir frisst, der stirbt

Nun schrei ich irgendwo herum
Und manchmal wird mir so schwer
Und manchmal werd ich plötzlich so stumm
– hab' keine Heimat mehr.

Heute, viele Jahre später, weiß ich, dass er sich mit diesen Zeilen etwas von der Seele geschrieben hat. Dass es um mehr geht als den Verlust eines physischen Ortes. Es geht nicht um den parkähnlichen Hain südlich des Innocentiaparks, wo damals das Haus am Eppendorfer Weg stand und jetzt dezimeterhohes Gras wächst. Es geht um die Menschen, die er geliebt hat, die er liebt, um das Dasein im Exil und die schmerzhafte Sehnsucht des Flüchtlings nach seiner verschwundenen Heimat, seinem geliebten Geburtsort, dem verlorenen Ort seiner Kindheit, dem Ort einer glücklichen Jugend. Es geht um einen Ort, den er nicht zurückfordern kann und wo zugleich sein Unglück begann.

Als Walter alias Michaël diese Zeilen schrieb, fristete er seit vier Jahren ein Dasein als Flüchtling und hatte seit mehr als drei Monaten nichts von seinen Eltern gehört. In ihrer letzten Nachricht hatten sie ihm von einer Zugreise Richtung Osten erzählt. Was das bedeutete, ahnte er vermutlich.

Weitere sechzehn Monate später, im Sommer 1943, versank Hamburg im Flammenmeer der Operation Gomorrha, und die herrschaftliche Wohnung am Eppendorfer Weg 40, in der Walter aufgewachsen war, wurde zu einem Steinhaufen zwischen anderen Steinhaufen, als ein Feuersturm durch die Straßen fegte und alles mit sich riss.

Holzstücke, Kleiderfetzen, Papier und Blätter wurden durch die Luft gewirbelt und zu Asche. Zwischendurch erreichte der Wind Orkanstärke. Die Bäume bogen sich, und die Baumkronen berührten fast den Boden. Am Berliner Tor riss der Sturm Bäume mit Stämmen von bis zu einen halben Meter Durchmesser samt den Wurzeln aus der Erde. Der Wirbelwind jagte durch Eimsbüttel. Wer ihm zu nahe kam, wurde verschluckt und binnen eines Augenblicks in eine lebendige Fackel verwandelt.

Mehr als 30 000 Menschen kamen bei der Operation Gomorrha ums Leben, viele erstickten in den Bunkern und Kellern, als der Feuersturm jeglichen Sauerstoff raubte. Hinterher war kaum mehr übrig als ein entstellter Leichnam, eine schwarze Mumie, ein kleines Aschehäufchen oder auch nur ein heller Fleck auf dem Steinboden. Im Auge des Orkans erreichte die Temperatur bis zu achthundert Grad Celsius, und die schwarze Pilzwolke, die acht Kilometer in die Höhe stieg, sollte die Sonne noch tagelang verdecken.

Das Viertel, in dem Walter als Kind gespielt hatte, gab es nicht mehr. Die schönen Gründerzeitgebäude südlich vom Innocentiapark waren nun gespenstische Steinskelette, Säulen wie die Überreste von Lots Weib oder Krater in einer Mondlandschaft. Die Menschen, die Walters Kindheit bevölkerten, waren fort. Er hatte kein Zuhause mehr und war sämtlicher Illusionen beraubt worden. Walter war jetzt Michaël.

Penthouse in Manhattan
New York, USA

Mein Vater war viermal verheiratet. Vielleicht auch fünfmal, je nachdem wie man die zweite Ehe, die mit Schontje, wertet. Sie hatten nach Kriegsende geheiratet, einige Jahre zusammengelebt und sich schließlich voneinander getrennt, sich dann aber nicht um die Scheidungspapiere gekümmert, die gegen eine Stempelgebühr zur Abholung bereitlagen. Deshalb konnten sie ohne Umschweife wieder zusammenziehen und ihre Ehe fortsetzen, als sie sich ein paar Jahre später zufällig über den Weg liefen und nicht mehr wussten, warum sie sich damals getrennt hatten.

Abgesehen von den vier – oder fünf – Ehen war er zwei Mal verlobt, und zwar mit Liesbeth und mit Eva Warburg. Die Hälfte der sechs Frauen, die mein Vater heiratete oder mit denen er sich verlobte, waren säkulare Jüdinnen, die übrigen drei säkulare Lutheranerinnen. Falls das eine Rolle spielt.

Seine erste Frau war Erna, eine deutsche Jüdin aus Danzig. Die Ehe verlief turbulent. Viele meinten, sie seien sich zu ähnlich gewesen. Als ich die männlichen Hechaluz-Kameraden fragte, warum die Ehe in die Brüche gegangen sei, nannten sie Walters Seitensprünge als Grund. Erna sei ein »anständiges Frauenzimmer« gewesen, mit »Sex Appeal«. Die Frauen beschrieben sie als »Walküre« und »Zarah-Leander-Typ«. Obwohl sie ein »falscher Fuffziger« gewesen sei, habe man gern Zeit mit ihr verbracht. Die Frauen waren der Meinung, die Schuld an der Scheidung habe Erna getragen. Sie sei amoralisch gewesen. Nicht un-moralisch, sondern a-moralisch, sie habe sich außerhalb moralischer Konventionen bewegt. Sie tat, was sie wollte. Wenn die Frauen das sagten, schwang Bewunderung in ihren Stimmen mit.

Die spitzeste Zunge von allen hatte eine kleine zierliche Dame, die ich in New York traf. Auch für Ernas Mann Herbert, »den Stier«, hatte sie kaum freundliche Worte übrig: »Er hat mit allen geschlafen … außer mit mir.« Darüber hinaus machte sie ein paar kryptische Andeutungen, die Erna als erotisch extravagant erscheinen ließen.

Ich hörte überrascht zu, ohne etwas zu sagen.

Konnte es einen anderen Grund als Eifersucht geben, dass sie so etwas sagte? Erna war tot, und dass sie gemeinsam auf den Reisfeldern in Italien gearbeitet hatten, war mehr als sechsundsechzig Jahre her. Trotzdem konnte die spitzzüngige Dame sich diesen Tratsch nicht verkneifen. Offensichtlich hatte Erna in jenem Sommer in Italien einen bleibenden Eindruck hinterlassen.

»Mein Lieber …«, sagte die spitzzüngige Dame, als wir, umgeben von kostbarer Kunst, in ihrem Penthouse mit Blick auf den Central Park in einem Fotoalbum blätterten, »… mein Lieber …«, sie klang schüchtern und kokett zugleich, »… ich war das schönste Mädchen der Gruppe.«

»Das sehe ich. Sie haben sehr schöne Gesichtszüge.«

»Vielen Dank«, sagte sie. »Das habe ich schon öfter gehört. Wissen Sie, ich telefoniere jeden Tag mit Eva Warburg, wir sind beste Freundinnen. Soll ich sie fragen, ob sie sich mit Ihnen treffen will?«

»Ich glaube, sie möchte lieber in Ruhe gelassen werden«, sagte ich.

»Soll ich sie überreden?«

»Ihr Brief war sehr deutlich. Aber danke für das Angebot.«

»Gern geschehen. Sie müssen wissen, dass Eva sehr verliebt in Ihren Vater war.«

»Ja, ich habe verstanden, dass sie damals sehr verletzt war.«

»Sie ist sehr behütet aufgewachsen und hatte keine Erfahrung mit Männern. Eva brauchte einen Mann, der Verständnis für ihr Wesen hatte.«

»Und Walter hatte das nicht?«

»Walter?

»Entschuldigung, ich meine Michaël.«

»Eva war anders als Erna und Schontje.«

»Inwiefern?«

»Eva ist ein sehr ernsthafter Mensch.«

»Sie haben gesagt, dass die beiden verlobt waren?«

»Ja, Eva und Michaël verlobten sich im Frühling 1943. Sie war fürchterlich verliebt in ihn. Aber sie war schon einem anderen Mann versprochen, den sie dann auch später geheiratet hat.«

»Das gab einen ziemlichen Aufstand, nehme ich an?«

»O ja. Aber dann haben sie sich relativ bald getrennt, Eva und Michaël.«

»War er auch in sie verliebt?«

»Das weiß ich nicht.«

»Sie kommt aus einer sehr bekannten Familie …«

»Ja, das stimmt.«

»Einer sehr reichen Familie …«

»Ja, einige meinten tatsächlich, Michaël sei vor allem an ihrem Geld interessiert gewesen. Aber ich weiß nicht, was das über ihn oder über Eva aussagt. So ein Verdacht verrät vielleicht am meisten über den, der ihn ausspricht.«

Das stimmt. Ein Verdacht sagt am meisten über den aus, der ihn in sich trägt.

Ich glaube, Walter – oder Michaël, wie er hieß, als er Eva Warburg kennenlernte – war wohl nicht zuletzt deshalb so interessiert an ihr, weil sie ihn an Liesbeth erinnerte. Beide Frauen waren 1912 geboren, und vergleicht man Fotos, ist die Ähnlichkeit deutlich sichtbar. Beide sprachen Deutsch mit distinguiertem Hamburger Dialekt. Walter war Jahrgang 1913, in der Realschule hatte er jedoch ein Jahr übersprungen und das Abitur zusammen mit dem 1912er-Jahrgang abgelegt.

Erna wurde 1918 geboren, Schontje 1921, womit sie fünf beziehungsweise acht Jahre jünger waren als Walter alias Michaël. Mit anderen Worten: Sie waren Kinder, als die Nazis an die Macht kamen. Sie hatten keinerlei Erinnerungen an den Ersten Weltkrieg oder die Hyperinflation 1923, den Mord an Rathenau oder die »Goldenen Zwanziger«. Eva Warburg und Michaël hingegen hatten gemeinsame Erinnerungen. Sie kamen aus derselben Stadt, hatten im selben Jahr das Abitur abgelegt und waren danach beide nicht zum Studium zugelassen worden.

Ich glaube, Michaël war auch beeindruckt von Evas Bemühungen, jüdische Kinder aus Hamburg zu retten, und ihre Ernsthaftigkeit, als er sie Weihnachten 1942 bei einem zionistischen Seminar im Hälsinggården traf. So klingt es jedenfalls in seinem Notizbuch. Neben Michaëls Einträgen gibt es auch ein paar kurze Anmerkungen in Schontjes Handschrift, die genau zwei Jahre später notiert wurden.

25. Dezember 1944
Seit gestern weiß ich, wie M. Eva geliebt hat und daß er
mich nicht so liebt. Das ist bitter. Sehr. Dabei habe ich
es schon oft gedacht, und einmal gesagt, aber ich habe

*es nicht gewußt. Es ist, als ob wir uns dadurch plötz-
lich wieder fremder geworden seien. Ich will nicht nur
glücklich sein, das wäre das Dümmste.*

Daraus schließe ich, dass Michaël tatsächlich in Eva Warburg
verliebt war. Und doch trennten sie sich bereits im Frühjahr
1943 – wenige Monate vor der Operation Gomorrha, als Feuer und Schwefel auf Hamburg niederregneten.
Feuer und Schwefel? Nein, kein Schwefel. Phosphorbomben.

Centralstationen
Hässleholm, Königreich Schweden

Anfang Oktober 1943, drei Monate nach der Operation Gomorrha, stand Michaël eines frühen Morgens auf einem Bahnsteig des Bahnhofs von Hässleholm. Er war hier, um eine
Gruppe jüdischer Flüchtlinge aus Dänemark mit Willkom-
menspaketen zu empfangen.

Eigentlich warteten seine Kameraden und er auf den Schnell-
zug, aber sie waren extra früher gekommen, um auch die willkommen zu heißen, die mit dem Lokalzug aus Malmö eintreffen sollten. In diesen Tagen fand eine wahre Massenflucht über
den Öresund statt. Mit jedem Zug gelangten weitere Flüchtlinge nach Schweden.

Plötzlich erblickte er sie zwischen den anderen Neuan-
kömmlingen. Sie trug einen Pelz, der seine besten Tage schon
hinter sich hatte, aber an einem Ort wie diesem auffallend elegant wirkte. Außerdem eine kecke Pelzmütze, unter der ihre
Locken hervorlugten. Sie lächelte, und ihr Blick war neugierig. Er hörte ihre Stimme, ein voller warmer Alt. Er hatte eine

Schwäche für Frauen mit dunklem Timbre und versuchte, etwas Kluges zu sagen. Zu seiner großen Freude hatte sie es nicht eilig. Sie schien sich in seiner Gesellschaft wohlzufühlen.

Die Frau im Pelzmantel mit der kecken Pelzmütze war Schontje. Auf das Treffen am Bahnhof von Hässleholm folgten »Tage mit vielen gestohlenen Augenblicken«. Michaël fuhr dienstlich nach Värnamo und schaffte es, dort immer Zeit mit den Däninnen zu verbringen. Die Däninnen – Schontje und ihre Freundin Margot – waren beide verheiratet. Nicht nur in der Leitungsgruppe des Hechaluz, dem Maskirut, wurde über ihn getratscht, sondern auch in der Flüchtlingsanlage. Die anderen Vorstandsmitglieder meinten, Michaël sei »auf der Balz«, doch sie waren sich nicht sicher, auf welche der beiden Frauen er ein Auge geworfen hatte. Sie schlossen Wetten ab, aber keiner gewann oder verlor, denn bald wurde klar, dass Michaël mit beiden angebandelt hatte – eine »Freundschaft zu dritt«.

Dabei glaubte er noch, er wäre diskret. Aber spielte es eine Rolle, dass über ihn getratscht wurde? Nein, eigentlich nicht: Er war von Erna geschieden, die Beziehung mit Eva Warburg war beendet, und er war weit weg von seinen Eltern, von denen er seit langem nichts mehr gehört hatte.

Einsamkeit bedeutete auch Freiheit. Er war allein, und das hieß, dass er niemandem gegenüber Rechenschaft abzulegen brauchte. Er konnte tun und lassen, was er wollte.

Sie redeten ganz offen miteinander, Schontje, Margot und Michaël. Mal zu dritt, mal unter vier Augen. Es waren gute Gespräche. Sie tauschten sich sachlich über ihre Ehen und ihre Vergangenheit aus. Sie waren moderne Menschen, die sich bereits am Feuer verbrannt hatten. Die Liebe konnte sie nicht mehr so leicht gefährden. Glaubten sie jedenfalls. »Wir sind sehr dumm«, schrieb Michaël in einem Brief an Schontje, »aber es ist sehr schön. Der Tag hat wieder einen Inhalt, das ewige graue Einerlei einen pikanten Reiz«.

Eines späten Abends saßen Schontje und Michaël auf einer Bank mit Blick auf einen småländischen See. Sie sprachen über Hamburg, die Stadt, die es nicht mehr gab. Schontje hatte einige Jahre dort gelebt und die Israelitische Töchterschule in der Karolinenstraße besucht, auf die auch Michaëls Mutter gegangen war.

Sie schwiegen eine Weile, genossen die Stille. Dann küssten sie sich.

Es war wie im Film, sehr sentimental, sehr routinemäßig und doch war es schicksalhaft schön. Wir waren glücklicherweise weder so alt noch so abgeklärt und zynisch, wie wir taten. Wir waren nur beide verwundet, und wir hatten Angst, uns etwas »unter die Haut gehen zu lassen«.

Das war der Wendepunkt, schreibt Michaël. Das Schönste aber war, Du warst viele Jahre in Hamburg gewesen. Ich hatte sie zu unterdrücken gelernt, die Sehnsucht nach der Vergangenheit, darf ich schreiben, nach der Heimat? Aber da war sie wieder. Die Menschen von zu Hause. Klug, unsentimental, praktisch, nüchtern, aber mit so viel warmem Humor. Du wurdest für mich wie ein Stück zu Hause. Das bist Du mir geblieben. Der schwer ertragbare Friedländer sagte neulich etwas sehr Kluges: »Nicht die Sprache schafft Gemeinschaft, sondern ihr Klang.« Aus Dir klang Hamburg und die ganze echte warme Kühle unserer alten Stadt. Ich bin ein Narr, und man darf so etwas nicht sagen, aber Du sollst es wissen. Ich weiß, das, was einmal war, kommt nie wieder, aber ich habe immer Sehnsucht danach und werde sie immer haben. Du aber bist ein Teil dessen, was nicht mehr ist, Du bist ein Stück Heimat in der Fremde.

Michaël packte die Eifersucht. Ja, so war es. Denn es gab noch einen anderen Mann in Schontjes Leben: Fred Forchheimer, mit dem sie verheiratet war. Über ihn und seine Eigenheiten wurde viel geredet. Man erzählte sich Geschichten über die Widerstandsgruppe »Neuer Weg« und Forchheimers Verbindungen zur dänischen Widerstandsbewegung. Michaël schreibt:

Ich wußte, daß er nicht gut zu Dir war, rücksichtslos, daß Du viel gelitten hast. Du wolltest es nie eingestehen, auch nicht Dir selbst. Man sagte, Du würdest wieder zu ihm gehen, wenn er nur wollte. Ich glaubte das auch, wollte Dich aber nicht lassen.

Dann lernte ich ihn kennen. Ich war froh. Ich fand, er könne mir nicht gefährlich sein. Aber die Glorie des Helden lag über ihm. Ich spürte, daß Du ihn nicht mehr liebtest, aber Du fühltest Verantwortung für ihn. Keine echte Frau kann sich eingestehen, daß der Gegenstand ihrer Liebe unwürdig sei. Aber er hatte Dich tief verletzt.

Forchheimer hatte Dänemark verlassen, ohne ihre Sachen mitzunehmen, die letzten Erinnerungen aus ihrem Elternhaus. Es war nicht der materielle Verlust, der schmerzte, und im Grunde ging es auch nicht um den emotionalen Wert, sondern um die Enttäuschung an sich, das achtlose, egoistische Handeln ihres Mannes.

Er war unglücklich, das war das Einzige, was Dich noch an ihn band. Ich versuchte fair zu sein, und ich glaubte es gelang mir. Er war kein Rivale mehr, aber ich durfte nicht einen Augenblick nachlassen. Es war wie ein Kampf um Dich, aber es ging um mich.

Schließlich verließ Schontje ihren Mann und zog in eine eigene Wohnung in Helsingborg. Sie und Michaël wurden offiziell ein Paar und wohnten bald zusammen in Hässleholm. Im Friedensfrühling 1945 zogen sie nach Stockholm. Ein Jahr später heirateten sie. Die Ehe ließ sich gut an. Am Hochzeitstag schrieb Michaël seiner Frau einen zwölfseitigen Liebesbrief, der wie folgt schließt:

Heute heiraten wir. Dieser Tag ist wie ein Symbol. Es ist die Krönung von zweieinhalb gemeinsamen Jahren, die für mich eine grundlegende Veränderung bedeuteten. Heute gibt es wieder eine Zukunft für mich, ein Ziel, auf das ich mich einstellen kann. Ich weiß nicht, wie viel Anteil Du an dieser Entwicklung hast, aber ich weiß, daß ich ohne Dich nicht so weit gekommen wäre. Wir haben noch manches zu bezwingen. Vielleicht werden unsere äußeren Verhältnisse wieder sehr eng werden, doch wir haben keine Angst davor. Daß wir das unbedingte Gefühl unserer Gemeinschaft in uns tragen, gibt uns innere Sicherheit. Ich liebe Dich sehr. Du bist meine Heimat, meine Geliebte und meine Kameradin. Deshalb beglückwünsche ich mich zu diesem Tage.

Kneipe in der Kirchenallee
Hamburg, Bundesrepublik Deutschland

»Warum habt ihr euch scheiden lassen?«

»Weißt du …« – Schontje holte tief Luft –, »mit fortschreitendem Alter stelle ich mir diese Frage immer öfter …« Ihr Blick fiel auf den Stapel mit Transkriptionen, die ich am Vortag von Biedermann bekommen hatte. »Dieser Brief wurde nie abgeschickt«, fuhr sie fort, ». Ich habe ihn nie zu Gesicht bekommen. Daran würde ich mich erinnern.«

»Konntest du heute Nacht ein bisschen schlafen?«

Sie zuckte resigniert mit den Schultern. Wir saßen in unserer Hamburger Lieblingskneipe, am Sonntag nach der Gedenkfeier zur Befreiung von Auschwitz. Wir waren beide noch etwas erschöpft von der Veranstaltung in der Gedenkstätte Kola-Fu und hätten am liebsten den Heimweg angetreten. Doch ein Programmpunkt stand uns noch bevor: der von Biedermann arrangierte Gottesdienst.

Biedermann hatte vor einigen Monaten in einer E-Mail vorgeschlagen, während unseres Aufenthalts in Hamburg ein paar Zeilen von meinem Vater im Rahmen eines Gottesdienstes vorzulesen. Was ich von der Idee halten würde? Nicht viel. Um ehrlich zu sein, hielt ich es für eine ziemliche Schnapsidee und fühlte mich überrumpelt.

Doch ich wollte es mir unter keinen Umständen mit Biedermann verscherzen, schließlich war ich von seiner Hilfe gewissermaßen abhängig. Also hatte ich nicht auf den Vorschlag reagiert, in der vagen Hoffnung, die Sache würde sich so von selbst erledigen.

Biedermann hatte immer wieder betont, dass die Arbeitsgemeinschaft streng vertraulich mit den transkribierten Dokumenten umgehe. Niemand, der nicht mit den jeweiligen Schriftstücken befasst war, dürfe sie sehen, und die Dateien würden unverzüglich von der Festplatte gelöscht, sobald die redigierten Versionen von mir akzeptiert worden waren.

Jetzt aber kam heraus, dass er die Texte meines Vaters dem Pfarrer anvertraut hatte, ohne mich vorher zu fragen. Er stellte mich vor vollendete Tatsachen, denn plötzlich meldete sich der Pfarrer bei mir, bedankte sich für die Tagebucheinträge, lud mich zu dem Gottesdienst ein und bat mich, das Programm abzusegnen.

Ich hätte natürlich antworten können, es handele sich um ein Missverständnis, auch wenn das nicht zutraf. Biedermann hatte kein Recht gehabt, die Texte einfach so weiterzugeben. Punkt. Ich hätte dem Pfarrer erklären können, dass mein Vater Atheist gewesen war oder dass er an einen anderen Gott geglaubt hatte und nicht gewollt hätte, dass in der Kirche aus seinem Tagebuch vorgelesen wurde. Er hätte ja noch nicht einmal einen Fuß in eine Kirche gesetzt.

Wenn wir Ferien in Europa machten, blieb mein Vater immer draußen, wenn meine Mutter, die Geschichtslehrerin, uns Kinder in eine Kathedrale oder Dorfkirche schleppte, damit wir uns eine Malerei von Albertus Pictor, El Greco oder Henri Matisse anschauten. Mein Vater murmelte etwas von »alten Gemäuern« und setzte sich mit einem Buch oder einer Zeitung in ein Straßencafé, während wir ins kühle Innere der Kirche verschwanden. Damals glaubten wir, er habe einfach kein Interesse, doch heute weiß ich, dass es ein Tabu für ihn war, eine Kirche zu betreten.

Vielleicht hätte der Pfarrer Verständnis gehabt und die Gottesdienstpläne über den Haufen geworfen, wenn ich ihm erklärt hätte, was Sache war. Aber so funktioniert Second Generation Stress Disorder nicht – wer an dieser Krankheit leidet, kann nicht rational über Gefühle sprechen, die er nicht selbst versteht. Und den Pfarrer davon zu überzeugen, wie unpassend es war, Texte meines Vaters in einer Kirche lesen zu lassen, hätte bedeutet, dass er das bereits gedruckte Programmblatt makulieren und andere Texte hätte heraussuchen müssen. Das wiederum hätte zu zusätzlicher Arbeit und Extrakosten geführt und wäre eine unbefriedigende Lösung für die gesamte Gemeinde gewesen. Und wie hätte Biedermann reagiert? Hätte er sich auf den Schlips getreten gefühlt?

Ich fürchtete, Biedermann könnte die Zusammenarbeit beenden. Dann wäre ich wieder ganz am Anfang gewesen, als mir niemand helfen konnte, die Sütterlinschrift zu transkribieren. Ich hatte keine andere Wahl, dachte ich jedenfalls. Also teilte ich dem Pfarrer mit, ich sei mit dem Programm einverstanden und werde gern als Ehrengast an der Gedenkfeier teilnehmen. Ich brachte es einfach nicht über mich, nein zu sagen.

Und jetzt saßen Schontje und ich in unserer Lieblingsknei-pe gegenüber dem Hauptbahnhof und warteten darauf, dass es Zeit wurde, uns auf den Weg zu der evangelisch-lutherischen Kirche machen, in der Biedermann Gemeindemitglied war.

»Warum haben wir uns scheiden lassen?«, fragte Schontje seufzend. Dann schwieg sie einen Moment. Als sie fortfuhr, sprach sie klar und gefasst, als hätte sie auf die Frage gewartet und die Antwort gründlich durchdacht:»Wir sind Freunde ge-blieben. Micha war ziemlich dominant, aber ich habe mich an-gepasst – zumindest anfangs. Ich hatte einen großen Freiheits-drang. Aber er war nicht nur dominant, er konnte einem auch das Gefühl geben, etwas wert zu sein. ›Wenn ich so intelligent wäre wie du, würde ich es weit bringen‹, hat er mir einmal ge-sagt. So was kriegt man von einem Mann eher selten zu hö-ren. Er war sieben, fast acht Jahre älter als ich. Ich konnte mich nicht gegen ihn behaupten. Ich war zu jung. Vielleicht wäre es heute anders. Margot meinte, ich würde die Sache falsch ange-hen. Micha sei jemand, der einem dabei hilft, über sich hinaus-zuwachsen. Er wolle, dass man sich weiterentwickelt, und ver-suche, mich dabei zu unterstützen. Und ja, ganz unrecht hatte sie damit nicht.«

»Margot spricht tatsächlich sehr gut von ihm.«

»Aber er hatte auch etwas Hartes an sich. Etwas Absolutes, eine Dominanz, und deshalb konnte ich unmöglich einfach so weitermachen. Vielleicht war das ja eine Folge des Konzentra-tionslagers.«

»Ich verstehe«, sagte ich und musste an die Gedenkfeier in Kola-Fu denken, an die Reden und Geschichten der mittlerweile in die Jahre gekommenen Frauen und Männer, die im KZ gewesen waren. An ihre unterschwellige Wut.

Einer der Redner war dem sympathischen Herrn Diercks über den Mund gefahren, als der die Nazis als »Nazis« statt als »Nazi-Verbrecher« bezeichnet hatte. Ich kannte diese Wut von meinem Vater. Und nicht nur von ihm. Ich trage sie selbst in mir und habe oft gedacht, dass sie zu meinem Erbe gehört, meiner Krankheit, SGSD.

In Kola-Fu verschwand der liebevolle, verschmitzte Walter, der in den frühen Tagebucheinträgen, Aufsätzen und Briefen zum Vorschein kommt. Der Schelm auf den Schwarz-Weiß-Bildern, der verhätschelte Nachzügler, das vielversprechende Fußballtalent, der Sprinter, der Kabarettkünstler. Der Walter, den ich nie hatte kennenlernen dürfen.

In den Briefen aus der Gefangenschaft schreibt er über seine Überlebensstrategie in der Isolierzelle: Morgen- und Abendgymnastik, gefolgt von einer Ganzkörperwäsche mit kaltem Wasser. Er isst alles, was ihm aufgetischt wird, und nimmt gerne einen Nachschlag, egal was. Er befolgt sämtliche Regeln und Befehle, ohne Widerworte zu geben und lässt keine Gelegenheit ungenutzt, durch Briefe den Kontakt zur Welt außerhalb der Mauern aufrechtzuerhalten. So hat er das Konzentrationslager überlebt, aber ein Teil von sich ließ er im Keller von Block C zurück.

»Ich musste Micha verlassen«, sagte Schontje. »Es war eine Nacht-und-Nebel-Aktion. Ich verließ Mann und Kind ohne eine Nachricht. Elegant war das natürlich nicht, aber ich sah keinen anderen Ausweg. Nicht in diesem Moment. Ich musste frei sein.

Als ich im Oktober 1943 nach Schweden kam, landete ich durch Zufall bei Ramlösa Brunn, und dort wurde ich gefragt, ob ich dem Hechaluz angehöre. Eigentlich hatte ich mit dem Zionismus bereits abgeschlossen, aber ich sagte, dass ich Mitglied im Hechaluz Dänemark sei. Damit war ich wieder in der Organisation drin und wurde in ein Hechaluz-Lager in Värnamo in Småland geschickt. Micha war Vorsitzender im Hechaluz Schweden und häufig auf Reisen. Er war eine Kämpfernatur, furchtlos. Ein beeindruckender Mensch. Damals war er noch immer überzeugter Zionist und hatte sich bis an die Spitze hochgearbeitet.

Der schwedische Hechaluz war anders als der dänische. In Schweden wusste man viel mehr. Thomas Mann sprach regelmäßig in der BBC, auf Deutsch, zu den Deutschen. Auch in Schweden hörte man sich die Übertragungen an, aber im besetzten Dänemark wäre das natürlich lebensgefährlich gewesen. Thomas Mann berichtete von den Deportationen und so weiter ... dabei klang durch, dass unsere Eltern deportiert worden waren ... alle wussten es, aber keiner sprach darüber. Man sprach nur über unerwartete Dinge und Ereignisse, aber nicht über die Züge Richtung Osten. Wir hatten alle Verwandte in den Zügen. Erst nach dem Krieg erfuhren wir, mit welchem Transport unsere Eltern, Geschwister und Verwandten deportiert worden waren. Datum und Ziel ...«

Schontje wandte sich ab und beobachtete durchs Fenster die Passanten auf der Kirchenallee. »Im Melderegister im friesischen Varel bin ich als ›Ausgewanderte‹ geführt«, fuhr sie fort. »Ich sei ›ausgewandert, um in Dänemark zu heiraten‹ steht da. Kein Wort darüber, dass ich geflohen bin, um zu überleben! Ich habe oft darüber nachgedacht, dem Bürgermeister einen Brief zu schreiben, um das Ganze richtigzustellen. Aber was hätte das schon gebracht? Die Toten werden dadurch auch nicht lebendig.

Meine Eltern wollten, dass ich erst Fred Forchheimer heirate, bevor sie mich gehen ließen. Als ich Micha traf, war es zwischen Fred und mir eigentlich längst aus. Das Einzige, was noch zwischen uns bestand, war eine erotische Anziehung. Fred drohte mit Selbstmord, wenn ich ihn verließ.

Am Anfang war die Sache mit Micha nur ein Spiel. Er war ja auch mit Margot zusammen. Wir haben miteinander gesprochen, Margot und ich, von Frau zu Frau. Dass er sich für mich entschied, hat sich natürlich gut angefühlt. Er war aufmerksam und großzügig. Anfang der Fünfziger lag ich nach einem Autounfall in Hamburg im Krankenhaus. Ich hatte Micha schon zum zweiten Mal verlassen, aber er kam mich trotzdem besuchen. So war er. Dass wir beide gleichzeitig in Hamburg waren, sei reiner Zufall, meinte er. Ich bin mir nicht sicher, ob er die Wahrheit sagte oder ob er extra für mich hergekommen war. Micha traf sich auch mit Liesbeth, eine Enttäuschung, meinte er. Er erzählte kurz, wie verschlossen sie gewesen sei, sie weigere sich, sich zu erinnern. Es sei ihm vorgekommen, als würden sie einander gar nicht kennen.

Als er zu mir ins Krankenhaus kam, hatte er einen riesigen Strauß Rosen dabei, während auf dem Nachttisch ein mickriger Blumenstrauß von dem Mann stand, mit dem ich unterwegs gewesen war. Er hatte das Auto gesteuert. Ich schätze, das hat mich ins Grübeln gebracht …«

Dieses Schwanken zwischen asketischer Strenge und überschwänglicher Großzügigkeit war typisch für meinen Vater gewesen. Mit großzügigen Gesten versuchte er, die Tage wettzumachen, an denen er sich und seine Umwelt mit Schweigen quälte. Dann kamen seine weiche Seite und seine Freigiebigkeit zum Vorschein. Er war niemand, der Menschen gerne umarmte, und wenn er mir etwas Gutes tun wollte, fragte er mich, ob ich Geld brauche.

Geld war nie ein Problem gewesen, mal war es da, mal nicht. Wenn er Geld hatte, nahm er das zum Anlass, sich ums Finanzielle keine Sorgen zu machen; war das Konto leer, nahm er kurzerhand einen Auftrag an und bat um einen Vorschuss. Manchmal schickte er eine Rechnung, die er vergessen hatte, oder brachte seine Schreibmaschine ins Pfandhaus.

»Wir kamen im Mai 1945 aus Schonen nach Stockholm«, fuhr Schontje fort. »Kurz vor der deutschen Kapitulation. Konfetti und Papierschnipsel regneten auf die Kungsgatan herab, und wir feierten die ganze Nacht bei den Riwkins. Fast die gesamte intellektuelle Szene hielt sich dort auf. Micha pflegte seine Kontakte. Er war ein geselliger Mensch. In der ersten Zeit in Stockholm arbeitete ich in einer Fabrik, wie vorher in Hässleholm. In der Schneiderei Slitmans in der Hornsgatan. Erst nähte ich Uniformhosen, dann Abendkleider und später Strampler. Wir distanzierten uns von der Vergangenheit. Die Welt war vom Faschismus befreit. Micha befreite sich vom Hechaluz. Schwedisch lernten wir nebenbei, während der Arbeit. Wie von allein.

Als wir nach Stockholm kamen, durften wir nicht in die Mosaische Gemeinde eintreten. Ja, so hieß es damals. Sie wagten es nicht, sich Juden zu benennen. Wir waren Ausländer und Zionisten, und beides war problematisch. Heute nennt sich die Gemeinde »Jüdisch«, sie sind alle Zionisten, und viele Gemeindemitglieder sind auch keine gebürtigen Schweden. Doch damals waren andere Zeiten. Erst später konnten wir Mitglieder werden. Aber Micha wurde schon im Mai 1945 als Sekretär von der Gemeinde angestellt, um das Betreuernetzwerk aufzubauen.

Die Weißen Busse des Schwedischen Roten Kreuzes brachten die Geretteten aus den Konzentrationslagern. Ich reiste als Betreuerin durch Småland. Rückblickend betrachteten wir unser eigenes Leid als nicht so wichtig. Einen Tag lang kein Essen ... na und? Sich vier Jahre lang als Sklavin abrackern ... na und? Wir hatten Kost und Logis gehabt – das zum Leben Nötige.

Wir fühlten uns privilegiert. In anderen Ländern hatten die jungen Leute in den Krieg ziehen müssen und waren für uns gestorben. Meine Schwester war keine Zionistin geworden und wurde deshalb zusammen mit meinen Eltern deportiert. Ich hatte das Gefühl, dass ich durchgerutscht war. Erst hatte der Zionismus mir das Leben gerettet, dann hatte mich Schweden gerettet.

Außerdem hatte der Zionismus mir geholfen, mein Selbstwertgefühl zu bewahren. Wir distanzierten uns von Deutschland. Wir waren auf dem Weg nach Palästina. Anstatt Hebräisch lernte ich Arabisch, schließlich wurde in Palästina Arabisch gesprochen. Und dort wollten wir hin, glaubten wir zumindest damals.

Nach Kriegsende sah es anders aus. Aber was nun? In Schweden bleiben? In ein anderes europäisches Land gehen? In die USA? Nach Eretz Israel? Plötzlich hatten wir die freie Wahl. Dass wir Schwedisch gelernt hatten, war ja nur ein Zufall gewesen. Wir waren staatenlos und versuchten, die Staatsbürgerschaft zu erlangen, um zu sehen, was passiert. Nach Palästina wollten wir jedenfalls nicht mehr. Dort herrschten Aufruhr und kriegsähnliche Zustände. Und wir wollten nicht in der Landwirtschaft arbeiten. Wir glaubten, in Palästina könne man nichts anderes tun. Wir wollten studieren.

Micha schrieb sich dann direkt an der Universität ein. Im Gegensatz zu mir hatte er ja das Abitur. Gleichzeitig arbeitete er als Schließer im Gefängnis auf Långholmen. Tagsüber studierte er, nachts war er Schließer und versuchte sich mit Amphetamin auf den Beinen zu halten. Er schlief so gut wie nie. Eines Nachts vergaß er den Schlüsselbund in einer Zelle. Am nächsten Morgen gab der Häftling ihm die Schlüssel zurück. ›Sieh mal einer an‹, meinte Micha. ›Bist du nett zu ihnen, sind sie nett zu dir.‹ Er hat immer an das Gute im Menschen geglaubt. Trotz allem. Er war der festen Überzeugung, dass in jedem Menschen etwas Gutes steckt.«

Ja, das war seine Überzeugung gewesen. Er hatte sich lieber einmal mehr betrügen lassen, als an jemandem vorbeizugehen, der seine Hilfe brauchte. Dazu gibt es unzählige Geschichten. Ein ›echter‹ Perserteppich, den er einem bedürftigen Fremden auf der Straße abgekauft hatte. Geld für ein Zugticket oder einen Schlafplatz, das er jemandem gab, der ihn darum gebeten hatte. All die bettelnden Obdachlosen. Die seltsamen Menschen, die auf dem Sofa in unserem Partykeller übernachten durften. Aus eigener Erfahrung wusste mein Vater, dass man einem Bedürftigen die Hilfe nicht verwehren darf.

»Er hatte immer Flausen im Kopf«, sagte Schontje und lachte, als wäre ihr gerade etwas Lustiges eingefallen. »Wenn man mit ihm im Park spazieren ging, durfte man ihn keinen Moment loslassen, sonst kletterte er auf irgendein Geländer und balancierte dort oben herum. Und dann wollte er an einem Morgen den Müll rausbringen – im Morgenmantel. ›So kannst du doch nicht vor die Tür‹, hab ich gesagt. – ›Warum denn nicht?‹ – ›Na, ohne Kleidung!‹. Er sei doch nicht unbekleidet, meinte er. ›Natürlich bist du das!‹, hab ich erwidert, und dass uns ohnehin schon alle für komisch hielten. Ob er sich nicht was Richtiges anziehen könne?

›Schlips?‹, fragte er, ›oder ist das auch komisch?‹ Er hielt mir eine seiner Krawatten vor die Nase. ›Warum nicht?‹, sagte ich. Und da band er sich die Krawatte um, zog Socken, Sockenhalter und schwarze Lackschuhe an und ging dann mit dem Müll runter. Bis auf Schlips, Socken und Schuhe splitterfasernackt.«

Schontje und ich lachten, und ich dachte daran, wie mein Vater in Björknäs immer nackt durchs Haus gelaufen war, als ich noch klein war. Andere Väter hatten das nicht getan, und bestimmt war es eine Angewohnheit aus seiner Jugend als Wandervogel gewesen, als er mit Liesbeth, Simba, Otto und seinen anderen Schulfreunden die gemeinsamen Wanderausflüge mit Nacktbaden ausklingen ließ. Für uns Schweden ist es immer eine Überraschung, wenn wir in Deutschland eine Badeanstalt besuchen, wo Frauen und Männer, die einander siezen, gemeinsam in die Sauna gehen, ohne sich zu verhüllen und ohne dass eine erotische Spannung in der Luft liegt. Ein Erbe der Wandervogel-Generation, zu der auch mein Vater und seine Freunde gehört hatten.

»In der ersten Zeit musste ich arbeiten und mein Abitur nachholen«, sagte Schontje. »Ich war über dreißig, als ich mit dem Studium anfing. In gewisser Weise hatten wir zehn Jahre unseres Lebens verloren. Ich musste meine Jugend nachholen und mit Zwanzigjährigen studieren. Ich lebte ziemlich verantwortungslos, ließ mich gehen und versuchte, so schnell wie möglich die zehn Jahre meines ungelebten Lebens nachzuholen. Aber das geht natürlich nicht.«

»Nein«, sagte ich. »Natürlich nicht.«

»Meine alten Freunde, die anderen Flüchtlinge, nannten mich ›die Schwedin‹, aber in Schweden war ich immer ein fremder Vogel.«

»Glaubst du?«

»Ja, einer meiner ehemaligen Kollegen hat mir erst neulich erzählt, er hätte immer gedacht: ›Sieh an, da kommen die Mitteleuropäer‹, wenn er Micha und mich sah. ›Ihr wart so schön‹, hat er gesagt. Und sicher, wir waren anders. Micha sagte immer, er sei ein Mitteleuropäer mit mediterranem Temperament.«

»Viele meinen, ihr habt gut zueinandergepasst.«

»Ja ...«, sagte Schontje zögernd und blickte mich nachdenklich an. »Du hast mich einmal gefragt, ob er der Mann meines Lebens war ...«

»Nein ...«

»... und ich habe geantwortet, ein anderer sei meine große Liebe gewesen.« Schontje holte tief Luft, wie um Kraft für das zu sammeln, was sie jetzt sagen wollte. »Es gab tatsächlich einen Mann ... einen anderen Mann ... nach Micha ... er war verheiratet ... ein blonder Schwede. Weil er schon eine Frau hatte, ließ er mir genügend Freiraum, und weil er Schwede war, verstand er nicht, was ich durchgemacht hatte. Er war ein guter Mensch. Er stellte meine Welt nicht auf den Kopf ...« Schontje schwieg einen Moment, und ich hatte fast den Eindruck, sie schäme sich ein bisschen. Schließlich fuhr sie fort:»Blonde Männer habe ich immer am liebsten gemocht. Ich weiß, das klingt falsch. Ich bin wohl doch von meiner Jugend in Nazideutschland geprägt und den Schönheitsidealen, die uns eingeprügelt wurden.«

»Ich habe dich nie nach dem Mann deines Lebens gefragt«, sagte ich,»das war meine Schwester.«

»Na ja, ich würde meine Antwort jedenfalls gern revidieren. Gerade jetzt, nachdem ich die Briefe und Tagebücher gelesen habe. Micha war der Mann meines Lebens, und wir hätten mehr miteinander reden müssen.«

»Man kommt nicht immer dazu, alles zu sagen.«

»Ja«, sagte Schontje mit einem Blick auf die Uhr. Sie stützte sich auf die Armlehne, um sich vom Stuhl zu erheben.»Und, junger Mann? Zeit weiterzuziehen, nicht wahr?«

»Neuer Tag, neue Abenteuer«, sagte ich mit einem Zwinkern. Wir fuhren mit dem Taxi zu Biedermanns Kirche. Dort sangen wir Psalmen. Der Pfarrer ratterte glücklicherweise keine peinlichen Floskeln herunter, sondern hielt eine Predigt darüber,»den anderen zu sehen«, womit er eher auf eine allgemein menschliche als eine religiöse Dimension anspielte. Er machte seine Sache gut. Sogar mein Vater hätte in vielen Punkten zugestimmt, auch wenn er andere Worte verwendet hätte.

Biedermann liefen Tränen über die Wangen, als er vorn stand und aus dem Tagebuch meines Vaters aus der Zeit im Untersuchungsgefängnis vorlas. Er sah mich an, las und weinte. Warum mich das unangenehm berührte, wusste ich nicht.

Anschließend gab es im Gemeindehaus Kaffee und Kuchen. In der Luft lagen ein Wunsch nach Versöhnung und eine unausgesprochene Bitte um Vergebung. Eine Vergebung, die weder ich noch sonst ein Anwesender erteilen konnte. Die, die es gekonnt hätten, waren nicht mehr unter uns. Die Rolle des Stellvertreters hat mir noch nie gut gestanden, ich habe genug Probleme damit, mich selbst zu repräsentieren.

Auch Schontje schien so etwas gewittert zu haben, denn sie flüsterte mir ins Ohr: »Der gute Biedermann betreibt hier wohl eine Art private Wiedergutmachung.«

Einfamilienhaus in Vällingby
Stockholm, Königreich Schweden

»Im Sommer 1938 fand eine Konferenz in Évian in Südfrankreich statt«, erklärte Kohlberg, während er mir Kaffee nachschenkte. »Es ging um ›die Flüchtlingsfrage‹, will heißen die Judenfrage. Mit der Annektierung Österreichs hatte Hitler Tausende neue Flüchtlinge geschaffen. Was die Nazis in Deutschland im Laufe von fünf Jahren schrittweise gemacht hatten, wurde jetzt innerhalb von fünf Tagen in Österreich wiederholt. Unzählige deutschsprachige Juden waren bereits auf der Flucht oder planten zu fliehen, und in den italienischen Zeitungen tauchte plötzlich in fettgedruckten Überschriften der Begriff ›la Razza‹ auf. Die italienische Regierung plante antisemitische Rassengesetze.

Die Frage war, wo wir jetzt hinsollten. Unser Kontaktmann beim Flüchtlingskomitee, Josef K., war bereits gewarnt worden, dass alle Flüchtlinge in der Po-Ebene Italien verlassen müssten. Er arbeitete fieberhaft an einer Lösung.

Zur selben Zeit bekundeten die Teilnehmerstaaten in Évian ihr Mitgefühl mit den jüdischen Flüchtlingen. Trotzdem könnten sie nichts für uns tun. Die Grenzen blieben geschlossen. Deutschland nahm an der Konferenz nicht teil. Hitler war zwar nicht abgeneigt, das ›Judenproblem‹ im Dritten Reich zu lösen, indem er die Juden auswandern ließ, aber kein Land war bereit, uns aufzunehmen. Das war mitten in der ›tschechoslowakischen Krise‹. Die an der Konferenz in Évian teilnehmenden Länder hatten ein größeres Interesse daran, ihre eigenen Juden zum Auswandern zu bringen, als uns zu helfen. Das galt auch für Italien. Mitte Juli publizierte die faschistische Partei ihr ›Manifesto della Razza‹ – die Italiener waren nämlich plötzlich der Meinung, sie seien ebenfalls Arier.«

»Die Schlinge zog sich zusammen.«

»Genau. Wie gesagt, die Frage war, wo wir hinsollten. In Italien konnten wir jedenfalls nicht mehr bleiben. Josef K. konnte eine Interimslösung aushandeln, sodass wir bis zum Ende der Reisernte auf dem Gut bleiben durften. Eine typisch italienische Lösung. Josef K. … er hatte natürlich auch einen Nachnamen, aber wir nannten ihn immer nur Josef K., wie in Kafkas ›Schloss‹, und ehrlich gesagt kann ich mich an seinen vollen Namen gar nicht mehr erinnern. Er hatte jedenfalls einen guten Draht zu jemandem in der Questura, der Polizeibehörde.

Josef K.'s Kontaktmann meinte, wir hätten doch sicher bereits in anderen Ländern eine Aufenthaltsgenehmigung beantragt, was Josef K. bezeugen konnte. ›Dann setz einen Brief auf‹, hat der Beamte gesagt, ›und bitte um Erlaubnis, hier in Italien auf Antwort warten zu dürfen‹. Als Josef K. wissen wollte, inwiefern uns das helfen würde, meinte der Beamte, sobald er den Brief bekäme, würde er einen Vermerk machen, aber vergessen zu antworten. Und solange wir keine Antwort auf unsere Anträge hatten, mussten wir zwangsläufig in Italien bleiben und warten. Nicht wahr? Eine typisch italienische Lösung eben. Dort nahm man alles nicht so genau.«

»Ihr konntet also in Italien bleiben?«

»Ja, wir schufteten im Reislager und schleppten die Reisernte auf den Trockenboden. Die Säcke wogen sicher siebzig,
achtzig Kilo. Ein hervorragendes Training für einen untrai-
nierten Rücken, sag ich dir – eine großartige Abhärtung. Wir
mussten barfuß gehen, denn mit Schuhen wären wir auf den
kleinen Steinchen und Reiskörnern ausgerutscht, die auf den
heißen Steintreppen lagen.

Im obersten Stockwerk wurden die Säcke ausgekippt und
der Reis wurde gleichmäßig verteilt, damit er trocknen konnte. Anschließend musste er aus praktischen Gründen durch
Löcher im Boden ein Stockwerk tiefer befördert werden. Eine
höllische Arbeit, aber in der unteren Etage wurde es noch
schlimmer, denn dort galt es, den Reis wieder auf dem Boden
zu verteilen. Es war brütend heiß da drinnen, und man konnte kaum atmen, weil die Reiskörner massenhaft Staub aufwir-
belten, wenn sie durch die Löcher in der Decke auf den Betonboden runterrieselten. Die Luft wurde stickig und irgendwie
ölig. Ich bekam einen allergischen Schock und lag einige Tage
mit hohem Fieber im Bett.«

»Du hast gesagt, in den Zeitungen wurde von den neuen
Rassegesetzen berichtet.«

»Ja, auch, aber dazu kommen wir noch. Erst mal müssen
wir über Fußball reden. In dem Sommer fand die WM statt,
und Italien gewann. Deutschland schied schon in der ersten
Runde aus, was uns natürlich freute, und Österreich hatte
sich zwar qualifiziert, konnte aber nicht antreten, weil es das
Land ja nicht mehr gab. Fußballtechnisch war der Anschluss
für die Germanen ein ziemlicher Reinfall.« Er schmunzelte zufrieden. »Ansonsten waren die erfreulichsten Sportnachrich-
ten im Sommer 1938, dass Max Schmeling seinen Titelkampf
gegen den Weltmeister Joe Louis verloren hatte. Nicht, dass
wir Schmeling nicht mochten, im Gegenteil. Er war ein pri-
ma Kerl, aber die Nazis präsentierten ihn als Prachtexemplar

der ›arischen Rasse‹ und missbrauchten ihn für Propaganda-
zwecke, so wie die Amerikaner anhand Joe Louis' Boxerkarri-
ere beweisen wollten, dass der amerikanische Traum auch für
Farbige in Erfüllung gehen konnte. Deshalb ging es bei dem
Kampf zwischen Schmeling und Louis um viel mehr als um
den Weltmeistertitel im Schwergewicht. Es war ein Kampf
zwischen verschiedenen Systemen und Weltanschauungen, ein
Kampf der Zivilisationen. Aber du musst wissen, die Schwarzen hatten es in den USA fast genauso schwer wie wir Juden
in Deutschland. Sie durften auch nicht auf Parkbänken sitzen,
Bus fahren, in Geschäfte gehen und so weiter, aber sie durften
zumindest für ihr Land boxen. Natürlich waren wir für Louis.
Es war nicht die erste Begegnung zwischen ihm und Schmeling. Damals hatte Schmeling gewonnen. Aber diesmal ging
der ›arische‹ Boxer schon in der ersten Runde k.o. Gegen einen
Schwarzen. Danach war Schmeling für die Deutschen als Pro-
pagandanummer uninteressant, und das war wohl sein Glück.«
»Und die italienischen Rassengesetze?«
»Tja, mit dem Ende der Reisernte war das Arrangement, das
Josef K. mit seinem Kontaktmann in der Questura getroffen hatte, ausgelaufen. Vielleicht hatten il Capo und die Gutsbesitzer-
familie ihre Finger im Spiel, wer weiß das schon? Jedenfalls wurden
wir nicht mehr gebraucht, und die Frist ließ sich nicht verlängern.
Anfang September 1938 mussten wir die Po-Ebene verlassen. Um
keine Aufmerksamkeit zu erregen, reisten wir in Zweiergruppen,
in verschiedenen Zügen und nur mit Handgepäck.«
»Wie illegale Flüchtlinge.«
»Wir waren illegale Flüchtlinge«, sagte Kohlberg und betrachtete durchs Fenster die dicken Schneeflocken, die draußen herabfielen.
»Hast du dich im Piemont wohlgefühlt?«
»Ja, ich habe die Landschaft als sehr idyllisch in Erinnerung. Das Essen war gut, die Arbeit anstrengend, und ich wur-

de stark. Alice und ich waren zusammen, und auf den anderen Höfen in der Gegend hatten wir Bekannte, die wir noch vom Gut Winkel kannten. Sonntags radelten wir oft viele Kilometer, um einander zu besuchen. Hin und zurück, uns hat das nichts ausgemacht. Du solltest mal hinfahren, die Po-Ebene ist wirklich schön.«

Café gegenüber dem Bahnhof
Livorno Ferraris, Republik Italien

Ich folgte Kohlbergs Vorschlag, fuhr nach Italien und verbrachte ein paar Tage im Piemont. Ich saß an einem der Aluminiumtische im Außenbereich eines Cafés zwischen italienischen Rentnern, die den ganzen Vormittag hindurch langsam und genüsslich ihren Kaffee tranken und dann zum Nachmittagskaffee übergingen, während die Züge durch den Bahnhof rauschten, ohne haltzumachen. Ich aß hausgemachtes Eis und musste daran denken, wie mein Vater»echtes italienisches Gelato« stets in höchsten Tönen gelobt hatte. Als ich klein war, gingen wir immer in die italienische Eisdiele an der Götgatan, dem einzigen Ort in Stockholm, wo es echtes neapolitanisches Cassata-Eis mit kandierten Früchten und Nüssen gab. Damals war es mir immer ein Rätsel gewesen, woher die kindliche Begeisterung meines Vaters für italienisches Speiseeis rührte. Jetzt verstand ich es.

Auf einem Fahrrad mit schlecht aufgepumpten Reifen fuhr ich durch die Reisplantagen rund um Tenuta Murone und bekam einen tauben Hintern, während kleine Steinchen aufspritzten und gegen die Felgen des Hinterreifens prasselten.

Die Höfe, die Walter in seinem Tagebuch erwähnt und von denen Kohlberg und die anderen Kameraden mir erzählt haben, sind noch da, aber Pioniere und Reismädchen findet man dort nicht mehr. Heute werden die Felder von Maschinen bestellt. Die Kanäle hingegen gibt es nach wie vor, ebenso wie die Pumpanlagen, Schleusen und die majestätischen Steinhäuser, die zwischen modernen Silos aus rostfreiem Stahl und hangarartigen Industriegebäuden, in denen der Reis veredelt wird, langsam, aber sicher verfallen.

Die ehemaligen Schlafsäle stehen leer, aber Graffitis an den Wänden erinnern an die Menschen, die früher auf den Feldern arbeiteten, und an ihre Träume. In einem der Höfe, in dem die Pioniere und Reismädchen damals lebten, beherbergen die Schlafsäle heute die Flüchtlinge unserer Zeit – Menschen, die in die entgegengesetzte Richtung fliehen, von der Levante nach Europa. Sie glauben an denselben Gott wie die Pioniere damals, den Gott der Levante, den einzigen Gott. Ihr Traum gleicht dem Traum, der den Pionieren damals Kraft spendete. Der Traum, einen Ort zu finden, an dem man sich geborgen fühlen darf. Damals wie heute fliehen sie, um ihr Leben zu retten, und sind nirgendwo willkommen.

Wenn wir früher durch Europa reisten, hatte mein Vater immer zu viel Geld dabei – Bargeld in diversen Währungen und Reiseschecks von Thomas Cook oder American Express über US-Dollar- und DM-Beträge. Geld, Reiseschecks, Fährentickets und Pässe verwahrte er in einer schwarzen Tasche mit vielen Fächern. Abends im Hotelzimmer zählte er beinahe zeremoniell die Summe in der Reisekasse und kontrollierte, ob die Reisedokumente in Ordnung waren. Mir kam das Ganze immer ein bisschen sonderbar vor, ich verstand nicht, warum er das tat. Er zerbrach sich doch sonst nie den Kopf über Finanzfragen und zeigte kein besonderes Interesse an Geld.

Inzwischen ist mir klar, dass die Besessenheit meines Vaters, was Reisekasse, Pässe und Tickets anging, die Folge einer Gewohnheit aus seiner Flüchtlingszeit war. Die Organisation hatte den Pionieren eine größere Geldsumme gegeben, die nur im äußersten Notfall verwendet werden durfte. In einigen Fällen entschied die »eiserne Reserve« darüber, ob man die Grenze überqueren konnte oder nicht.

Ein Erlebnis an der Grenze, das sich mir fest ins Gedächtnis eingebrannt hat: Wir fahren in Limhamn von der Fähre. Es ist dunkel und regnerisch. Mein Vater erklärt einem uniformierten Mann geradezu unheimlich fügsam, um nicht zu sagen devot, er habe zwei Flaschen Wein zu verzollen. Dann fügt er mit Nachdruck, fast flehentlich hinzu, er wolle unbedingt »alles richtig machen«.

»Haben Sie sonst noch was zu verzollen?«, fragt der Zollbeamte schulterzuckend. Seine Körpersprache verrät, dass er bereit ist, die Flaschen durchgehen zu lassen, wenn mein Vater sonst keine zollpflichtigen Waren dabeihat. Es ist spät und ungemütlich, und der Zollbeamte ist ein gesetzter Typ aus Schonen, der sich aufs Wesentliche konzentriert.

»Zwei Flaschen Wein«, beharrt mein Vater.

»Sonst nichts?«

»Nein«, sagt mein Vater und betont erneut, er wolle »alles richtig machen«.

»Schon in Ordnung«, sagt der Zollbeamte und lächelt ihm zu. »Zwei Flaschen sind okay.«

»Nein ... es sind insgesamt vier Flaschen, zwei Flaschen zu viel ...«

»Sie können weiterfahren«, sagt der Zollbeamte, die Stimme vertraulich gesenkt. Beinahe flehend nickt er in Richtung des grünen Schilds, auf dem steht: Nothing To Declare. »Sie können jetzt nach Stockholm fahren. Dieses Mal.«

Trotzdem fährt mein Vater als Einziger unter dem roten Schild mit der Aufschrift Goods To Declare durch und parkt vor der Zollstation. Wir sitzen schweigend im Wagen, der Regen prasselt aufs Dach, und wir warten darauf, dass die Autoschlange, die aus der Fähre strömt, endlich ein Ende nimmt. Schließlich kommt der freundliche Mann aus Schonen, verzollt die beiden Weinflaschen und wünscht uns eine gute Reise in die Hauptstadt.

Viele Jahre später, als ich als Pilot in Kopenhagen stationiert war, geriet ich häufig mit der Grenzpolizei und den Zollbeamten am Flughafen Kastrup aneinander. Aber immer nur in Kastrup. Ich musste dann daran denken, dass Shakespeare nicht ganz falsch gelegen hatte, als er Marcellus die Worte »Etwas ist faul im Staate Dänemark« in den Mund gelegt hatte. Natürlich sagte ich das nicht laut, aber womöglich sahen die Vertreter der dänischen Behörden mir an, was ich dachte.

Dänische Fäulnis hin oder her, heute ist mir klar, dass die Pass- und Zollprobleme größtenteils auf das Konto meiner Krankheit gingen. Es war wie eine allergische Reaktion auf Personen in Uniform, die ihre Macht übermäßig zu genießen schienen. Und die dänischen Beamten sahen in mir den jungen arroganten Piloten, der ich in diesen Situationen war – dass ich Schwedisch sprach, machte die Sache auch nicht besser.

In Wahrheit war es meine Krankheit, Second Generation Stress Disorder, die sich damals in einem tückischen Frühstadium manifestierte, bevor mir die Diagnose viele Jahre später klar wurde. Die Symptome waren diffus, ich wollte nicht wahrhaben, dass ich krank war.

Und obwohl ich alle Hebel in Bewegung setzte, die dänische Grenzpolizei über meine Rechte aufzuklären, war ich selbst Teil des »banalen Bösen«, wenn ich im Cockpit saß und mich mit meinen Kollegen über den bevorstehenden Flug austauschte. Ich war ein Rädchen in der Maschinerie, die sogenannte illegale Flüchtlinge auswies.

Rein technisch lief es so ab, dass der begleitende Polizist uns eine gut verschlossene transparente Plastiktüte mit dem Pass und den Reisedokumenten des »illegalen« Flüchtlings überreichte, die im Cockpit aufbewahrt werden sollten. Wir Piloten nahmen die Tüte entgegen, quittierten die Übergabe per Unterschrift und trugen damit die Verantwortung, dass sie nicht verschwand. Nach der Landung übergaben wir die Tüte mit den Dokumenten an den begleitenden Polizisten.

IV
Fluchtwege

Hotel in der Nähe des Hauptbahnhofs
Mailand, Königreich Italien

Im Sommer 1938 erhält Walter Post aus Hamburg. Sein Vater berichtet, Walters älterer Bruder John sei in »den Urlaubsort bei Berlin« gefahren, wo auch Walters »Freund S. seinen letzten Urlaub verbracht« habe. Wie lange John bleiben werde, stehe noch nicht fest, und Max, der Mittlere, plane »eine längere Reise nach Südamerika, genauso wie auch Buxbaum auf Urlaub gegangen ist«.

Manchen mögen diese Urlaubsreisen kryptisch erscheinen, aber Walter versteht sofort, was gemeint ist. Er hat jahrelange Erfahrung damit, kodierte Nachrichten zu schreiben und zu empfangen, und aus der Zeitung weiß er von den Razzien und Massenfestnahmen durch die Gestapo.

Alle vorbestraften Juden sind verhaftet und in Konzentrationslager gebracht worden. John ist unter den Verhafteten und befindet sich nun im Konzentrationslager Sachsenhausen nördlich von Berlin, wo zuvor schon Simba eingesessen hat. Aber das kann Walters Vater nicht offen schreiben. Auch nicht, dass Hans Buxbaum, der Leiter des Jüdischen Theaters, nach Dänemark geflohen ist oder dass Max einen SS-Mann bestochen und sich ein gefälschtes Landarbeitervisum für Paraguay sowie ein Ticket für ein Schiff nach Buenos Aires besorgt hat.

Im September 1938 machen auch Walter und Erna »Ferien«. Sie verbringen ein paar Stunden in einem Hotel in Mailand. Zu zweit, allein in einem Zimmer mit Badewanne und warmem Wasser.

Trotzdem fällt es ihnen schwer, sich zu entspannen. Sie liegen einfach nebeneinander auf dem Bett und versuchen, ein wenig Ruhe zu finden.

Walter liest in einer Zeitung, die er am palastähnlichen Mailänder Hauptbahnhof aufgetrieben hat, von Hitlers Ultimatum an Prag: Wenn die Tschechoslowakei das von vielen Deutschen besiedelte Sudetenland nicht dem Reich überlasse, werde es Krieg geben. Der britische Premierminister Neville Chamberlain ist über München nach Berchtesgaden gereist, um Hitler zu treffen. Am Nachmittag des 15. September haben sie eine mehrstündige Diskussion über das Sudetenland geführt. Eine Lösung scheint in greifbarer Nähe.

Nach Palästina können die Pioniere nicht reisen, da die britische Mandatsregierung nach Beginn des Arabischen Aufstandes Einreisebeschränkungen für Juden verhängt hatte.

Wir fuhren also los und mußten aufgrund der Tatsache, daß die italienisch-jugoslawische Grenze vollständig gesperrt werden sollte, alles versuchen, um so schnell wie möglich diese Grenze zu überschreiten.

Denn der Hechaluz betreibt auch in Jugoslawien landwirtschaftliche Projekte, und dort sollen die Pioniere nun die Zertifikate abwarten.

Die nächste Station auf Walters und Ernas Reise ist Mestre. Auch hier verbringen sie nur wenige Stunden, und die Zeit reicht nicht, um Venedig zu besuchen.

So waren wir 7 Monate in Italien, fuhren an Venedig vorbei und waren nicht in der Lage, diese Stadt zu besichtigen. Das alte klassische Zitat »Venedig sehen und sterben« verwandelte ich für uns in »Venedig nicht sehen und leben«.

Der nächste Umstieg findet in Triest statt, noch vor zwanzig Jahren die wichtigste Hafenstadt der Doppelmonarchie Österreich-Ungarn, die jetzt zu Italien gehört. Walter und Erna setzen ihre Reise zweiter Klasse fort und passieren problemlos die Grenze nach Jugoslawien.

Sie verbringen die Nacht in einer Pension in Zagreb und fahren am frühen Morgen weiter Richtung Osijek, jetzt in der vierten Klasse in einem von einer Dampflok angetriebenen Regionalzug, der sich gemächlich vorwärtsbewegt und an jedem noch so kleinen Bahnhof haltmacht.

Die Waggons sind eng und dreckig. In den Gängen stehen Menschen dicht gedrängt, dazwischen immer wieder Vieh. Erna sitzt einer Frau gegenüber, die Hühner dabeihat. Sie sieht Erna unverwandt an, aber nicht missbilligend, sondern eher neugierig. Sie haben keine gemeinsame Sprache, doch die Frau bietet Erna großzügig etwas von ihrem Reiseproviant an und holt eine Flasche Hochprozentigen heraus. Sie bedeutet Erna und Walter, vor dem Trinken an der Flasche zu schnuppern. Der Schnaps riecht nach Pflaume.

»Šljivovica«, erklärt die Frau mit einem zahnlosen Lächeln, das Walter nicht weniger zahnlos erwidert.

Gegen Mittag steigen sie in Slatina aus, einer kleinen Stadt nahe der ungarischen Grenze, und stehen einen Moment lang orientierungslos auf dem Bahnsteig. Ein Güterzug wird mit Holz beladen.

Vom gegenüberliegenden Bahnsteig winkt ihnen ein Pionier des Hechaluz zu, der gekommen ist, um sie abzuholen. Sie treffen sich in der Mitte, und der Mann stellt sich als Iljitsch vor. Dann führt er Walter und Erna durch den Wartesaal nach draußen auf den Bahnhofsvorplatz. Dort steht ein Leiterwagen mit vier vorgespannten Ochsen, starke, schöne Tiere mit geschwungenen Hörnern.

Walter kann seine Verwunderung nicht verbergen.

»Wartet, bis es regnet«, sagt Iljitsch. »Dann kommen nur noch die Ochsen durch den Schlamm.«

Auf dem Weg aus der Stadt holen sie noch ein paar Kisten mit Lebensmitteln ab. Dann geht es an einem schmalen Fluss entlang, vorbei an Weinplantagen, bis sie einen Laubwald erreichen. Sie fahren über einen Bergkamm, einen Hang hinab und sofort wieder bergauf. Die Steigung wird zunehmend steiler und der Wald immer dichter, bis er sich schließlich lichtet und den Blick auf ein kleines Dorf freigibt.

»Willkommen in Golenić«, erklärt ihr neuer Kamerad. Walter fragt sich, ob Iljitsch schon immer so geheißen hat, oder ob es ein selbstgewählter, nicht-hebräischer Spitzname ist, hakt aber nicht weiter nach.

Die Häuser in Golenić sind aus weiß gekalktem Lehm. Die Straße ist unbefestigt, und sowohl im Dorf als auch auf den Feldern ringsum ist der Lehmboden gelb-grau und etwas dunkler als der in der Po-Ebene. Walter kommt es fast so vor, als sei der Lehm sein steter Begleiter auf seinem langen Weg nach Palästina.

Sie werden bei einem älteren Paar in der Nähe des Glockenturms einquartiert. Im Nachbarhaus sind Alice und Ulrich Kohlberg untergekommen. Weitere Freunde seien bereits auf dem Weg aus Italien, erzählt Iljitsch, während er ein paar Schalen mit Wasser füllt. Dann hilft er ihnen, das große Doppelbett anzuheben und die Schalen unter die Beine zu schieben, damit kein Ungeziefer ins Bett hochklettert. Ein Moskitonetz gibt es nicht, aber Iljitsch versichert Walter und Erna, sie bräuchten keine Angst vor Malaria zu haben.

Das eigentliche Gut – Pustara Golenić oder Ba Midbar, hebräisch für »In der Wildnis« – liegt außerhalb des Dorfs auf einem Hügel am Ende der Hauptstraße. Von dort oben überblickt man die Weinplantagen und die mit Laubbäumen bewachsenen Berge.

»Soweit das Auge reicht, gehören sämtliche Ländereien einem reichen Juden aus Zagreb, der sie noch nie mit eigenen Augen gesehen hat«, erklärt Iljitsch. »Er hat das Gut geerbt, kümmert sich aber kaum darum.« Für ihn ist es eine lukrative Bagatelle, die er von einigen Tagelöhnern bestellen lässt, die die Pioniere »die Schwaben« nennen. Einer von Walters Kameraden wird später »die Schwaben« als »billige Lohnarbeiter« bezeichnen, »die unter unerträglichen Bedingungen arbeiteten, schlechte Wohnungen hatten, barfuß gingen, wenig zu essen hatten, Analphabeten waren«. Und trotzdem bestellen die Schwaben das Gut, ohne sich zu beklagen.

Pustara Golenić
Slatina, Königreich Jugoslawien

»Verfluchte Juden!«, schreit ein kleiner, aber kräftig gebauter Mann, der über den Innenhof von Pustara Golenić taumelt. »Verfluchte Scheißjuden! Ich werde schon dafür sorgen, dass ihr noch vor Monatsende mit dem Hintern zuerst von hier verschwindet. Keinen Tropfen Petroleum kriegt ihr mehr, ihr faulen Schweine. Keine Tonne Schmutzwasser, mit dem ihr eure verdammte Kleidung wascht. Schreibt euch das hinter eure dreckigen Ohren, ihr hinterfotzigen Faulpelze. Und wenn ich mein Wort nicht halte, könnt ihr mir alle in mein linkes Nasenloch scheißen.«

Es ist Kurz, »der Aufseher«, ein ehemaliger Fahnenjunker der österreichischen Ingenieurtruppen. In seiner ersten Woche in Pustara Golenić hat Walter ihn kaum zu Gesicht bekommen. Zum Glück. Heute ist Aufseher Kurz offenbar mit dem falschen Fuß aufgestanden, und seine Laune wurde keineswegs besser, als er die Nachrichten im Radio hörte. Chamberlain und Hitler haben sich ein zweites Mal getroffen, diesmal in Bad Godesberg. Der Führer hat weitere Forderungen gestellt: Jetzt soll das gesamte Sudetenland Deutschland zufallen, sonst gibt es Krieg.

Kurz hat versucht, seine Laune mit einer Flasche selbstgemachtem Wein zu heben, aber vergebens. Er steckt in einer seiner typischen Tiefphasen – Rausch gepaart mit Weltschmerz. Im Moment kommen noch Trotz gegen die Mächtigen der Welt und Paranoia dazu, aber sobald er sich abgeregt hat und wieder nüchtern ist, wird er wie jedes Mal zu den Pionieren angekrochen kommen. Zerfressen von Zorn und Selbsthass wird er einen seiner halbwegs intellektuellen Vorträge zum Besten geben. Er wird Hitler verfluchen und Chamberlain einen Waschlappen schimpfen. »Appeasement«, wird er knurren. »Küsst mir doch den Arsch.« Er wird Handküsse in die Luft werfen, die Lippen schürzen, geräuschvoll schmatzen und den Pionieren zwanzig Liter illegales Petroleum für ihre Lampen sowie zwei Extratonnen Schmutzwasser versprechen.

Schmutzwasser. Ja, Schmutzwasser wird hier für die Wäsche und die Körperhygiene verwendet. Draschko, der Kutscher, holt mit seinem Pferdewagen täglich eine große Tonne vom Tümpel. Wenn man hineinblickt, sieht man kaum den Tonnenboden, so brackig ist das Wasser, vor allem an Regentagen.

Manchmal können die Pioniere Draschko mit Tabak oder Zeitungspapier bestechen, mehr als eine Tonne zu holen. Zeitungspapier ist eine Seltenheit in Pustara Golenić. Die Schwaben lesen keine Zeitung und haben kein Geld, um altes Papier zu kaufen, denn sie bekommen fast den gesamten Lohn in Naturalien ausbezahlt. Das wenige Zeitungspapier, das ihnen zur Verfügung steht, benutzen sie, um Zigaretten zu rollen. Genau darum geht es Draschko, wenn er fleht: »Bittschön, nur ein wenig Papier.« Die Pioniere antworten, wenn das so sei, solle er ihnen am nächsten Tag eine zusätzliche Tonne Schmutzwasser bringen. Worauf Draschko ihnen eine halbe Tonne verspricht, vorausgesetzt, Kurz kriegt nichts davon mit.

Die Pioniere verbrauchen das meiste Wasser. Was sie mit dem Wasser machen, ist den Schwaben ein Rätsel. Joschko, der Kuhhirte, meint, die Schwaben würden es schließlich auch so schaffen, sich sauber zu halten, bevor er sich den Mund mit Wasser füllt und auf seine Hände spuckt. Dann fährt er sich mit den feuchten Händen übers Gesicht und wischt sich den Schmutz ab.

Walter füllt das Schmutzwasser im Schatten eines Baums in einen großen Kanister, an dem unten ein Hahn angebracht ist. Wird dieser aufgedreht, fließt das Wasser in ein Waschbecken, das die Handwerkertruppe der Pioniere gebaut hat.

Als Walter das Schmutzwasser zum ersten Mal sieht, kann er sich nicht vorstellen, sich jemals damit zu waschen. Doch schon nach wenigen Tagen ist er in der Lage, »reines« von bereits gebrauchtem Schmutzwasser zu unterscheiden.

Das Trinkwasser wird aus einem Brunnen im Dorf geholt, zu Fuß, ohne Ochsen. Man muss den Berg hinunter und dann wieder zurück, in jeder Hand einen mit Wasser gefüllten Eimer. Wer Wasserdienst hat, legt die Strecke mindestens vier Mal am Tag zurück, und zwar in den Arbeitspausen. Doch an manchen Tagen reichen acht Eimer nicht, sodass man den Berg gleich noch einmal hinunter- und wieder hinaufsteigen muss.

Seit Walter und Erna Italien verlassen haben, sehen sie sich einer neuen Herausforderung gegenüber: dem Hunger. Er kommt in Schüben, am schlimmsten ist er abends. Wenn Walter im Bett liegt, zieht er den Bauch so weit wie möglich nach innen und hält die Luft an. Auf diese Weise wird der Hunger von einem anderen Schmerz überlagert, den Walter steuern kann.

Die Pioniere werden für ihre Arbeit nicht entlohnt. Die zionistische Organisation bezahlt den Gutsbesitzer dafür, dass er sie zu Landarbeitern ausbildet. Eigentlich haben Walter und seine Kameraden schon genug landwirtschaftliche Ausbildung in Italien erhalten, um nach Palästina zu fahren – doch dafür fehlen ihnen weiterhin die Zertifikate der britischen Mandatsregierung. Zwischen Kurz und den Pionieren herrscht daher ein ständiger Kampf um Naturalien. Das Kollektiv kämpft um jeden Quadratmeter Ackerland, um jeden Liter Petroleum, um jede Tonne Schmutzwasser und um die Erlaubnis, dass ein, zwei Personen das eigene Land bestellen oder sich um die Wäsche des gesamten Kollektivs kümmern dürfen, anstatt für Kurz auf dem Gut zu arbeiten. Die Pioniere wissen genau, wann sie Kurz schmeicheln und wann sie die süßesten Mädchen mit einer Zigarette oder einem Glas Sliwowitz vorschicken müssen. Und wann es Zeit ist, die Zähne zusammenzubeißen und sich abzurackern. Ständig sind sie der Gunst oder Missgunst des alkoholseligen Fahnenjunkers ausgeliefert. Es ist ein ungleicher Kampf, denn in einer gesetzlosen Welt ist der Stärkere derjenige, der die Macht hat. Und in Pustara Golenić sitzt Kurz am längeren Hebel – zumindest solange er nüchtern ist.

Aber Kurz ist selten nüchtern, und für sein Dafürhalten hat er zum Trinken auch allen Grund. In den Auslandsberichten der BBC heißt es, die britische Flotte werde mobilisiert. Der Krieg rücke unaufhaltsam näher. Genauso wie die Ratten, die nur darauf warten, dass Kurz sich umdreht, damit sie sich ohne Umschweife über die Getreidesäcke hermachen können.

Wenn die Forderungen Hitlers bis zum Nachmittag des 28. Septembers nicht befolgt werden, scheint der Krieg unabwendbar.

Auch an diesem Abend lauscht Kurz den Nachrichten aus London und trinkt seinen sauren Wein. Doch nach der Erkennungsmelodie schwingt in der Stimme des Reporters ein ungewohnt feierlicher Ton mit, der Kurz aufhorchen lässt. Im Radio ertönen überraschende, hoffnungsvolle Nachrichten. Mit

Mussolinis Unterstützung ist es Chamberlain gelungen, eine vierundzwanzigstündige Verlängerung der Frist zu erwirken. Außerdem hat Mussolini Hitler dazu gebracht, Chamberlain, Daladier und ihn selbst noch am selben Abend zu einer Konferenz in München einzuladen. Das Ergebnis ist das berüchtigte Münchner Abkommen.

Als die Regierungschefs München verlassen, hat Kurz aufgehört zu trinken. Der Alkohol ist ihm ohnehin keine große Hilfe. Er ist hin- und hergerissen zwischen einer beduselten Gleichgültigkeit, was die Zukunft des Guts anbelangt, und der schleichenden Einsicht, welche tristen Aufgaben er jetzt in Pustara Golenić zu erledigen hat.

Sein Trotz gegen die Mächtigen der Welt mischt sich mit Selbstverachtung. Mit zitternden Händen versammelt er seine »geliebten Juden« zu einem improvisierten Treffen, aber nicht, um sie um Verzeihung zu bitten, sondern weil er sich ein paar Bücher aus ihrer Bibliothek ausleihen möchte. Außerdem hält er eine kleine Ansprache über das letzte Buch, das er gelesen hat. Er murmelt etwas vom »katzbuckelnden Mussolini« und spricht etwas kryptisch von der Arbeit, die in den kommenden Wochen ansteht.

» ›Friede für unsere Zeit‹, hat Chamberlain gesagt«, murmelt er fassungslos, »so ein Trottel.«

Amerikanischer Traktor auf dem Acker hinter dem Getreideboden
Pustara Golenić, Königreich Jugoslawien

Der Arbeitstag beginnt schon um fünf Uhr morgens, wenn die mit Getreidegarben beladenen Wagen auf den Hof fahren. Die große Dreschmaschine wird an den Traktor, den Tyrann von Pustara Golenić, gekoppelt. Ein alter amerikanischer Traktor, der Unmengen bunt schimmernden Diesel schluckt. Sobald er aufheult, beginnt für die Pioniere die eigentliche Arbeit. Streikt der Traktor – was gottlob ab und zu vorkommt – können Walter und seine Kameraden sich eine Weile ausruhen. Traktorlärm bedeutet, dass Kurz in der Nähe ist, und zwar in nüchternem Zustand. Ein betrunkener Kurz ist ein Kurz mit mieser Laune, ein nüchterner Kurz ein Kurz mit noch mieserer Laune.

Heute verkündet das ohrenbetäubende Dröhnen des Traktors, dass Kurz nüchtern ist. Zeit zu arbeiten.

Schon um sieben Uhr scheint die Sonne so kräftig auf Pustara Golenić herab, dass mit der eigentlichen Drescharbeit begonnen werden kann. Der Morgentau ist verdunstet. Die Garben sind so gut wie trocken, und die Männer schleudern sie von den Wagen zur Dreschmaschine hinauf, auf der die Frauen stehen und mit großen Messern das Bindegarn auftrennen. Sie lockern das Getreide und füttern die Dreschmaschine damit.

Die Männer stehen ringsherum, wie Ameisen um ein riesiges Insekt. Alles, was das mechanische Insekt frisst, spuckt es durch eine Öffnung wieder aus. Die muskulösen Arbeiter fangen die Getreidekörner auf und füllen sie in große Jutesäcke, die sie zur Waage und dann nach oben auf den Getreideboden schleppen. Dort kippen sie die Säcke aus.

Eine andere Gruppe befördert die vom Rieseninsekt ausgespuckten Halme mit Heugabeln zu einem etwa fünfzig Meter entfernten Platz, wo die Schwaben Strohhaufen bauen, die von Weitem wie kleine Häuser aussehen. Walter ist beeindruckt, wie geschickt sie vorgehen. Erst wird aus dem Stroh ein rechteckiges Fundament gelegt, dann wird in die Höhe gebaut. Dabei entsteht ein drei bis vier Meter hoher Halmquader, der oben zusammengedrückt wird, damit er sich zu einem pyramidenförmigen Dach verjüngt.

Anfangs erscheint die Arbeit recht angenehm, aber irgendwann muss das Stroh immer höher in die Luft geschleudert werden. Fünf bis sechs Männer stehen auf dem wachsenden Fundament, um das Stroh aufzufangen, sie verteilen es und trampeln es fest. Irgendwann ist die Konstruktion so hoch, dass daneben ein Gerüst aufgebaut werden muss, auf das sich zwei Männer stellen, die das Stroh noch weiter nach oben befördern. Jetzt ist das Strohhaus fast fertig. Die beiden Männer auf dem Gerüst reichen das Stroh an einen Mittelsmann weiter, dem es gelungen ist, die Halme auf der Plattform so festzutreten, dass er gut darauf stehen kann. Der Mittelsmann wiederum schickt das Stroh weiter an den wahren Experten, Petschko, den Anführer der Schwaben. Petschko steht am höchsten Punkt und ist so etwas wie der Architekt, der die Verantwortung für die Ausformung für eine Art Dach trägt.

Während die Schwaben an der Strohpyramide arbeiten, spuckt die Dreschmaschine Unmengen an Halmen aus, die zu einem anderen Platz befördert werden, wo mit dem Bau des nächsten Strohhaufens begonnen wird, noch bevor der erste fertig ist.

Walter atmet tief durch. Denn wenn die Schwaben mit dem Bau eines neuen Strohhaufens beginnen, wird das Arbeitstempo kurz gedrosselt. Fürs Erste muss das Stroh nur herbeigeschafft und nicht so weit hinaufgereicht werden. Das ist der angenehmste Teil der Arbeit. Es bleibt Zeit, ein paar Witze zu machen und sich mit den anderen zu unterhalten.

Walter wechselt einige Worte mit Erna, die gerade mit frischem Quellwasser vom Brunnen kommt. Er trinkt davon in so großen Schlucken, dass von seinen Mundwinkeln Rinnsale über Brust und Bauch laufen. Obwohl es noch nicht einmal Mittag ist, herrscht schon jetzt eine unerträgliche Hitze. Das Stroh verströmt den intensiven, leicht betäubenden Geruch von Vergorenem. Fliegen surren in der Luft, die so staubig ist, dass Walters Kehle sofort wieder austrocknet. Vor Hunger verkrampft sich sein Magen. Ihm ist schwindelig, seine Augen sind gereizt vom Staub und von der grellen Sonne. Er muss sich kurz hinsetzen.

Wusch. Ein Halmbündel landet vor Walters Füßen. Wusch, wuusch. Er kann sich keinen Millimeter bewegen. Seine Augen sind verklebt. Er lässt das Stroh liegen und versucht zu Kräften zu kommen. Nur noch ein paar Sekunden. Wusch, wuusch. Der Strohberg vor ihm wächst zusehends in die Höhe. Walter mobilisiert sämtliche Kraftreserven, greift nach der Heugabel und macht sich wieder an die Arbeit.

Die Männer haben eine Kette gebildet, das Stroh wird von Mann zu Mann gereicht. In regelmäßigen Abständen ändern sie die Reihenfolge, um ein wenig Abwechslung zu bekommen. Walter muss seinen Rückstand aufholen und schaufelt nun mit voller Kraft. Der Hunger und die Müdigkeit sind vergessen, und der Schweiß, der über seinen kräftigen nackten Oberkörper läuft, verschafft ihm etwas Abkühlung. Er blickt zu Erna hinüber und empfindet ein Gefühl der Freude, dass er jung und gesund ist und eine Aufgabe hat. Eine sinnvolle Aufgabe, einfach und praktisch. Einen Augenblick lang vergisst er Hitler, Chamberlain und den Krieg, der fürs Erste abgewehrt worden zu sein scheint. Er ist dankbar für die Wärme und die kräftige Sonne, die seinem Körper Leben einflößt. Ist er nicht immer schon ein Sonnenanbeter gewesen?

Er beschleunigt das Tempo und schaufelt weiter. Der Traktor lärmt energisch vor sich hin und singt sein monotones Lied. Dann verstummt er.

Mittagspause. Eine Stunde Zeit, um zu essen und vielleicht ein kurzes Nickerchen zu machen.

Walter schlüpft aus seinen Holzpantoffeln und betritt das Gebäude, in dem der Speiseaal liegt. Er geht einen schmalen Flur entlang, der eigentlich eher eine Art überdachte Veranda ist. Die Außenwände bestehen aus Holzlatten, beim Blick durch die Ritzen lässt sich das Hauptgebäude erahnen. Am Ende des Flurs befindet sich die Tür zum Speisesaal. Da Walters Augen sich noch nicht an das Schummerlicht gewöhnt haben und überall Schuhe herumliegen, muss er vorsichtig sein. Alice und Ulrich Kohlberg stehen vor der Tür und blicken stumm in den Speisesaal. Es herrscht eine seltsame Stimmung. Mitten im Raum stehen Aufseher Kurz und ein Mann in dunklem Anzug. Der Mann hat eine beginnende Glatze, glattrasierte Wangen und eine Hornbrille. Sein Aussehen lässt Walter an einen Buchhalter oder einen Bankangestellten denken, aber das trifft wohl kaum zu, denn hinter ihm steht eine Gruppe Gendarmen. Schweigende, unrasierte junge Männer in schlecht sitzenden Uniformen mit Gewehren, die aussehen, als hätten sie bereits ihren Vätern gehört. Der Bankangestellte setzt eine ernste Miene auf und flüstert Kurz mit hoher Fistelstimme etwas ins Ohr, was genau, hört Walter jedoch nicht.

Schließlich wendet sich Kurz an seine »geliebten Juden« und erklärt mit betrübtem Gesicht, die elf Pioniere, die aus Italien nach Pustara Golenić gekommen seien, könnten nicht auf dem Hof bleiben, da sie keine gültige Arbeitserlaubnis für Jugoslawien besäßen. Zu den Elf gehören neben Walter, Erna und Herbert auch Kohlberg und seine Frau. Sie müssen den Gendarmen nach Zagreb folgen, um den Sachverhalt zu klären.

Gefängnis Savska Cesta
Zagreb, Königreich Jugoslawien

Die Pioniere werden in einen großen, leeren Raum mit Holzpaneelen an den Wänden bugsiert, in dem sich bereits fünfzig andere Männer und Frauen befinden. Manche stehen, andere liegen auf dem Boden. Wer zur Toilette will, muss eine Wache verständigen, die den Betreffenden zum Wasserklosett begleitet und wieder zurückbringt.

Ein kurzes Verhör. Ein noch kürzeres Telefonat mit Shimon Palistrant, dem Repräsentanten des deutschen Hechaluz in Zagreb. Dann werden die Frauen von den Männern getrennt. Erna, Alice und die beiden anderen Frauen landen in einer Zelle mit Prostituierten. Walter, Kohlberg, Herbert, »der Stier« und ihre vier Kameraden werden in eine kleine Kellerzelle mit Lehmboden geführt, in der sich schon vierzehn andere Häftlinge befinden, auch wenn es nur zehn Pritschen gibt – zehn schmale Pritschen für einundzwanzig Häftlinge.

Die Pioniere bekommen drei Pritschen zugewiesen, jeweils zwei Männer müssen sich einen Schlafplatz teilen. Der siebte hält Wache. Die Pioniere wechseln sich mit dem Schlafen ab. Sie trauen den anderen Häftlingen nicht, zu denen ein griechischer Schmuggler, ein paar jugoslawische Deserteure, ein rumänischer Dieb und ein Mann mit ungeklärter Nationalität gehören. Gerüchten zufolge ist er ein Mörder.

Toilettenbesuche sind hier nicht mehr möglich. In einer Ecke der Zelle steht ein Eimer, der morgens und abends geleert wird. Für diese Aufgabe sind jetzt die Pioniere zuständig, als Neuankömmlinge müssen sie sich einfügen. Die einzige Lichtquelle ist ein winziges vergittertes Fenster, so weit oben, dass man nichts von der Stadt sieht. Jedes Mal, wenn Walter zum Fenster blickt, scheint es die Wand noch weiter hochgeklettert zu sein, und ihm ist, als würde der Balkan-Lehm ihn verschlucken.

Schon in der ersten Nacht kommt es zu einer Schlägerei. David, der jüngste Pionier mit zarter, fast femininer Erscheinung, wird von einem der anderen Häftlinge gegen die Wand gepresst, ein zweiter zieht ihm die Hose herunter. Ein weißer Hintern in der Dunkelheit. Rhythmische Bewegungen.

David schreit. Den anderen Pionieren gelingt es, den Jungen zu befreien. Mit einem Mal sind alle in die Schlägerei verwickelt, einige aus Überzeugung, andere, um ihren Platz in der Hierarchie zu verteidigen, und wieder andere, um sich daran zu ergötzen, wie ein Schwächerer gedemütigt wird. Doch ganz gleich mit welcher Motivation, jeder muss sich für eine Seite entscheiden: für oder gegen Davids Vergewaltigung. Welche Seite gewinnt, hat nichts mit Moral oder Gerechtigkeit zu tun, sondern nur mit Arithmetik: Die Seite mit den stärksten Männern gewinnt, und David kann seine Hose wieder hochziehen.

Am Morgen müssen die Männer sich in Reih und Glied aufstellen. Die Aufseher wollen sie auf Ungeziefer kontrollieren. Sie erledigen ihre Aufgabe gleichgültig, werden weder laut noch gewalttätig. Einmal am Tag gibt es für jeden eine fade, dünne Suppe sowie ein Stück grobes Brot.

Ansonsten werden Walter und seine Kameraden in Ruhe gelassen – zumindest von den Aufsehern. Unter den Häftlingen herrscht dagegen eine strenge Hierarchie. Die Pioniere müssen stets bereit sein, sich zu verteidigen, denn immer wieder spitzt sich die ohnehin angespannte Stimmung zu, und es kommt zu Schlägereien.

Nach zwei Nächten dürfen Walter und seine Kameraden die Zelle verlassen. Sekretär Rosenfeld vom Berliner Hechaluz und Shimon Palistrant in Zagreb haben sich für sie eingesetzt. Die Pioniere werden aufgefordert, ein Dokument zu unterzeichnen, dessen Bedeutung sie nicht ganz verstehen. Sie werden vor die Wahl gestellt: Entweder sie verlassen Jugoslawien auf eigene Kosten, oder sie werden von einer Polizeieskorte bis zur deutschen Grenze begleitet und der Gestapo ausgeliefert. Sie entscheiden sich für die erste Option.

Shimon Palistrant telefoniert mit Belgrad, und es gelingt ihm, die Ausreisefrist für die Pioniere noch ein wenig zu verlängern.

Als mögliches Transitland auf dem Weg nach Palästina wird nun Schweden gehandelt. Auch dort wird seit einigen Jahren Hachschara durchgeführt. Im Kibbuz Svartingstorp bei Hässleholm bildet die Organisation zionistische Landarbeiter aus, einige Pioniere werden auch auf verschiedenen Bauernhöfen in Schonen einquartiert.

Im Laufe der letzten Jahre ist die sogenannte Chaluz-Quote in dem skandinavischen Land von einhundert auf einhundertzwanzig Personen angestiegen. Es ist eine Quote für Hechaluz-Mitglieder, die Transitvisa bekommen, um dann in Schweden auf Zertifikate für die Weiterreise nach Palästina zu warten. Jedes Mal, wenn ein Pionier Schweden verlässt und nach Palästina geht, erhält ein neuer Pionier eine Arbeitserlaubnis.

Jetzt sind Plätze für Walter und seine Kameraden frei geworden. Sie erhalten Vorrang, da sie nirgendwo eine Aufenthaltsgenehmigung besitzen, seit sie Italien verlassen haben.

Der Antrag auf Arbeitserlaubnis für Walter und die anderen wurde am 10. Oktober 1938 eingereicht. Das geht aus Dokumenten hervor, die im Riksarkivet im Stockholmer Stadtteil Marieberg aufbewahrt werden. Als ich dort im Lesesaal saß und mich mit dünnen weißen Baumwollhandschuhen durch negative und positive Bescheide arbeitete, konzentrierte ich mich auf letztere, die deutlich in der Unterzahl waren. Ja, dachte ich, in einer Bürokratie besteht auch diese Möglichkeit: Wenn *jemand* seine Unterschrift auf ein Dokument setzt, kann dies für einen anderen Menschen alles bedeuten.

Existiert so etwas wie die Banalität des Bösen, dann auch die Banalität des Guten.

In Belgrad unterschreibt *jemand* das Dokument, das den Pionieren gestattet, noch eine Woche in Jugoslawien zu bleiben, um in Zagreb auf die Arbeitserlaubnis aus Schweden zu warten. Einmal am Tag müssen sie sich bei der Polizei melden, und jedes Mal, wenn Walter das Polizeipräsidium betritt, hat er

Angst, *jemand* könnte seine Meinung geändert und beschlossen haben, ihn nach Deutschland und ins Konzentrationslager zurückzuschicken.

Die Tage vergehen – die Arbeitserlaubnis kommt nicht. Shimon Palistrant kann wieder *jemanden* in Belgrad überreden, die Frist um eine weitere Woche zu verlängern. Doch Ende Oktober müssen Walter und seine Kameraden Jugoslawien endgültig verlassen.

Woher sollen die Polizisten an der Grenze zwischen Jugoslawien und Ungarn wissen, dass Walter und Erna mittellose jüdische Flüchtlinge sind und keine betuchten deutschen Touristen? Ihre Vor- und Nachnamen klingen nicht jüdisch, sie sind in bürgerlichen Verhältnissen aufgewachsen und sprechen distinguiertes Deutsch. Als Walter die »eiserne Reserve« vorzeigt, müsste der ungarische Grenzpolizist eine gehörige Portion Entschlossenheit aufbringen, um Walter abzuweisen – denn Geld bedeutet Macht. Geld ist eine Waffe. Und die besten Waffen sind die, die man nicht anwenden, sondern nur vorzeigen muss, um sich Respekt zu verschaffen.

Und tatsächlich: Mit ihrer »eisernen Reserve« und den Zweite-Klasse-Fahrscheinen gelingt es Walter und Erna, ohne Probleme nach Ungarn einzureisen.

Am letzten Oktoberwochenende mieten sie sich in einem Hotel in Budapest ein, das eigentlich zu teuer für sie ist. Aber die Organisation hat sie absichtlich dort einquartiert, damit die Polizei sie für gewöhnliche Touristen hält.

Sekretär Rosenfeld vom Berliner Hechaluz geht fest davon aus, dass die Arbeitsgenehmigungen aus Schweden bereits auf dem Weg sind. Deshalb hat er für die Pioniere Flugtickets von Budapest über Warschau, Danzig und Kopenhagen nach Malmö besorgt.

Als deutsche Touristen dürfen sich die Pioniere zwei Wochen ohne Visum in Ungarn aufhalten. Sollten die Arbeitsgenehmigungen bis dahin nicht eintreffen, sollen sie erst einmal mit dem Zug weiter nach Warschau fahren, um Zeit zu gewinnen.

Im Herbst 1938 verlangt die schwedische Regierung von den deutschen Behörden, die Reisepässe deutscher Juden mit einem Kennzeichen zu versehen oder spezielle Pässe für sie auszustellen, damit jüdische Flüchtlinge bereits an der Grenze identifiziert und abgewiesen werden können. Ohne Absprache mit Schweden stellt die Schweiz dieselbe Forderung. Andernfalls drohen beide Länder mit Visumszwang für alle Deutschen.

Also werden neue Bestimmungen verabschiedet, und die Reisepässe deutscher Juden sollen fortan mit einem fetten roten »J« versehen werden. In den Pässen sämtlicher Männer wird nun der Zweitname Israel eingetragen, bei Frauen der Zweitname Sara. Die neuen Regelungen treten am 5. Oktober 1938 in Kraft und gelten sowohl für Juden mit deutschen Pässen als auch für staatenlose Juden, die sich derzeit in Deutschland aufhalten. Bis zum 19. Oktober müssen alle Pässe eingereicht und mit dem J-Stempel versehen werden.

Da Walter und seine Kameraden sich im Ausland befinden, sind sie nicht von der Regelung betroffen. Würden sie hingegen nach Deutschland zurückkehren, wären sie verpflichtet, sich den J-Stempel binnen vierzehn Tagen zu besorgen. Deshalb will Rosenfeld die Pioniere über Ungarn, Polen und Dänemark nach Schweden schleusen, auch wenn der kürzeste Weg von Budapest nach Hässleholm über Deutschland führen würde.

In Ernas Fall gibt es eine andere Schwierigkeit: Erna besitzt einen polnischen Pass. Doch am 6. Oktober, dem Tag nachdem die neue Regelung in Deutschland in Kraft getreten ist, beschließen die polnischen Behörden, dass die Pässe im Ausland lebender polnischer Staatsbürger in den polnischen Botschaften und Konsulaten verlängert und mit einer Kontrollmarke versehen werden müssen. Alle Pässe, die bis zum 29. Oktober nicht eingereicht werden und keine Kontrollmarke aufweisen, sind ungültig. Im Prinzip gilt das für alle Polen, erlassen wird das Gesetz jedoch vor allem, damit Zehntausende im Ausland lebende polnische Juden auch im Ausland bleiben.

Einfamilienhaus in Vällingby
Stockholm, Schweden

»In Budapest stiegen wir in einem kleinen Hotel ab, das uns der Hechaluz-Repräsentant vor Ort empfohlen hatte«, erzählte Kohlberg. »Unsere Pässe haben wir in dem kleinen Hotel hinterlegt, das war damals so üblich. Dann haben wir uns sofort auf den Weg zur schwedischen Botschaft in der Minerva-Straße gemacht.«

»In den Aufzeichnungen meines Vaters steht etwas von einem Botschaftsmitarbeiter, der euch geholfen hat«, sagte ich.

»Ja, er war wirklich sehr hilfsbereit, hat mehrere Telegramme nach Stockholm geschickt und uns gesagt, wenn wir Probleme mit den ungarischen Behörden bekommen, sollen wir sie an ihn und die schwedische Botschaft verweisen. Alles schien in bester Ordnung, und Budapest war wirklich eine wunderschöne Stadt.«

»Ihr wart erleichtert?«

»Hoffnungsvoll, würde ich sagen. Allerdings konnten wir das Hotel nur tagsüber verlassen, weil wir kaum Geld hatten, und wenn der Nachtportier uns öffnen musste, erwartete er Trinkgeld. Nicht mal das konnten wir uns leisten.« Kohlberg hielt kurz inne. »Dann, nach nicht mal einer Woche, teilte der Portier uns mit, wir müssten uns am nächsten Morgen umgehend bei der Polizei melden. Wegen unserer Pässe. Wir dachten, das wäre normal, aber das war es nicht.«

Er sah mich eindringlich an.

»Im Polizeipräsidium mussten wir mehrere Stunden warten, und erst am Nachmittag wurden wir hastig in einen Raum gerufen, vor dem zwei bewaffnete Polizisten standen. Dann wurde uns gesagt, dass wir keine Touristen, sondern unerwünschte Ausländer seien und uns illegal in Ungarn aufhalten würden. Wir versuchten zu erklären, dass unsere Kontaktperson in der Jüdischen Gemeinde uns versichert hatte, dass wir zwei Wochen ohne Visum in Ungarn bleiben dürften, und verwiesen auch auf die schwedische Botschaft, aber vergebens ... Dann zeigten wir unsere Flugtickets vor: Budapest – Warschau – Danzig – Kopenhagen – Malmö. Alles zwecklos ... was für Tickets wir hatten oder was wir taten, spiele keine Rolle, hieß es, wir müssten Ungarn umgehend verlassen. Wir fragten, ob wir jemanden anrufen dürften, und plötzlich verstand keiner der Polizisten mehr Deutsch.«

»Ihr konntet euch also nicht bei der Botschaft oder bei der Gemeinde melden?«

»Nein, wir sollten sofort in einen Zug Richtung Deutschland steigen, es konnte gar nicht schnell genug gehen ...« Kohlberg atmete tief durch. »Der Kommissar, der die ›Mission‹ leitete, war aber kein Nazi oder Pfeilkreuzler, wie die Anhänger der faschistischen Partei in Ungarn genannt wurden. Er schien sogar ein Auge zuzudrücken, als er uns auf dem Weg zum Bahnhof erlaubte, unsere Sachen aus dem Hotel zu holen und ein Telefonat zu tätigen. Aber es musste schnell gehen. Während wir packten, warteten die Autos bei laufendem Motor draußen vor dem Haus.«

»Und dann habt ihr die Flugscheine gegen Zugtickets ausgetauscht? Mein Vater schreibt etwas von einem kurzen Zwischenstopp in einem Thomas-Cook-Reisebüro auf dem Weg zum Bahnhof, und dass die Zugtickets nur bis Kopenhagen gültig waren.«

»Ja, das stimmt. Die Verbindung ging über Wien und Berlin nach Kopenhagen. Was ziemlich ungünstig war, aber dazu später. Außerdem mussten wir selbst den Fahrschein für den Polizisten bezahlen, der uns bis zur deutschen Grenze begleiten sollte. Für die Ungarn zählte nur, dass wir zurück nach Deutschland kamen. Was danach mit uns geschah, spielte keine Rolle.« Er räusperte sich. »Während wir unsere Sachen packten, warteten die Polizisten also bei laufendem Motor vorm Haus. Das Ganze dauerte höchstens drei Minuten. Es ist interessant, die eigenen und die Reaktionen anderer zu beobachten, wenn man so einem Schock, ja so einer lebensbedrohlichen Situation ausgesetzt ist. In diesem Fall der Gefahr, ins Konzentrationslager zu kommen. Bevor man so etwas selbst erlebt, weiß man nicht, wie man reagieren wird. Ich bekam einen Tunnelblick und konzentrierte mich voll und ganz aufs Packen. Alice dagegen stand neben mir und war wie gelähmt. Wir sprachen kein Wort miteinander.«

»Hattet ihr Angst?«

»Das kannst du mir glauben. Es war nicht nur Angst, sondern Panik. Also, das Hotel hatten wir im Voraus bezahlt und das Geld, das wir zurückkriegten, gaben wir dem Kommissar. Ungarisches Geld, die Währung hieß Pengő. Der Kommissar versprach, er würde uns helfen, so gut er könne.

Als wir am Bahnhof ankamen und in den Zug nach Wien stiegen, stellte sich heraus, dass die meisten Waggons aus Deutschland angemietet worden waren. Eine Reisegruppe der Nazi-Organisation ›Kraft durch Freude‹, die einen Ausflug nach Budapest gemacht hatte, war auf dem Rückweg.« Kohlberg räusperte sich erneut und trank einen Schluck Wasser. Dann fuhr er fort: »In Ungarn, Italien und einigen anderen Ländern fuhren alle Schnellzüge mit Polizeibewachung. Deshalb war ein Abteil extra für die Polizei reserviert. Dort sollten wir sitzen, und an der Tür hing ein Schild, auf dem stand, es handele sich um einen Gefangenentransport. Offensichtlich sollten alle wissen, dass wir Flüchtlinge waren.

Ich weiß nicht, wie unser Kommissar das zuwege brachte, aber plötzlich gab es ein leeres Abteil in einem der Kraft-durch-Freude-Waggons. Er setzte uns dort hinein, wünschte uns ›Gute Heimreise!‹ und verschwand allein ins Polizeicoupé. Wir befanden uns in bester Gesellschaft, Kraft-durch-Freude-Mitglieder in den Abteilen vor und hinter uns. Wir waren zu acht und füllten damit genau ein Coupé aus. Erna, die neunte, konnte ja nicht mitreisen, weil sie ein Problem mit ihrem Pass hatte. Sie kam später auf anderem Weg nach Schweden.«

»Neun?«, fragte ich. »In Jugoslawien wart ihr doch noch zu elft.«

»Ja, das stimmt. Es war ein bisschen wie in diesem Roman von Agatha Christie. Du weißt schon, zehn Menschen auf einer einsamen Insel, und einer nach dem anderen verschwindet ... aber zu den Einzelheiten kommen wir später. Das Berliner Hechaluz bestimmte, wer wo hinkam. Na ja, jetzt zählten erst mal andere Dinge. Erstens: Was würde der Schaffner sagen? Darum kümmerte sich der Kommissar. Zweitens: Würden die Kraft-durch-Freude-Passagiere etwas merken? Aber die waren viel zu betrunken und aufgekratzt, um sich über irgendwas Gedanken zu machen. Und die wichtigste Frage: Was würde an der Grenze passieren? Immerhin führte unsere Reise direkt an Dachau vorbei.«

»Ihr hattet Angst, festgenommen und ins Lager gebracht zu werden?«

»O ja. Aber wir waren nach der ganzen Anspannung so erschöpft, dass wir nicht mal mehr die Kraft hatten, die ganze Reise über ängstlich zu sein. Ganz genau kann ich mich nicht mehr erinnern, aber ich glaube, dass ich während der Fahrt immer wieder wegdöste.

Und plötzlich waren wir an der österreichischen Grenze. Wir dachten, es gäbe eine ›normale‹, sprich gründliche Kontrolle. Aber als der österreichische Grenzpolizist in der Tür stand, lächelte er uns nur jovial zu. In den anderen Kraft-durch-Freude-Waggons hatte man ihn zu dem einen oder anderen Schnaps eingeladen, und er schien beinahe erleichtert, als wir ihm nichts anboten. ›Gehören Sie auch zur Reisegesellschaft?‹, fragte er knapp. ›Kommen Sie ebenfalls aus Budapest?‹ Beides beantworteten wir mit ja.

Dann warf er einen Blick in unsere Pässe und setzte seinen Einreisestempel hinein. Auch in den Pass deines Vaters. Genau unter den älteren Stempel, der besagte, der Eigentümer des Passes sei Emigrant und dürfe nicht nach Deutschland zurückkehren.

Ich kann mir das Verhalten des Polizisten nur so erklären, dass er sich auch nach dem ›Anschluss‹ weiter als Österreicher fühlte und auf die Wörter ›Emigrant‹ und ›Deutschland‹ schlichtweg nicht reagierte. Ein anderer Grund fällt mir nicht ein.

Wir waren erleichtert, aber gleichzeitig fürchteten wir uns vor der Kontrolle an der österreichisch-deutschen Grenze. Und dann kam die große Antiklimax: Es passierte nichts, gar nichts. Es gab nämlich keine Grenze zwischen Österreich – oder der Ostmark – und Deutschland mehr. Wir hatten die Grenze ins Dritte Reich bereits überquert und befanden uns längst in unserem alten ungastlichen Vaterland, von dem wir gehofft hatten, wir würden es nie wiedersehen.«

Restaurant an der Elbe
Hamburg, Bundesrepublik Deutschland

»Die Reise von Budapest nach Berlin war noch lange Thema«, erzählte Schontje. »Eigentlich sollten Micha und die anderen in Wien jemanden vom Hechaluz treffen, während gleichzeitig auf einer Konferenz in Schloss Belvedere die Tschechoslowakei von Deutschland und Italien genötigt wurde, Gebiete an Ungarn abzutreten. Aber sie trauten sich wohl nicht, dort auszusteigen. Beim Berliner Hechaluz rechnete man schon mit dem Schlimmsten.«

»Dass sie von der Gestapo gefasst worden waren?«, fragte ich.

»Ja. Aber schon am nächsten Morgen tauchten sie quietschfidel in Berlin auf. Es gibt verschiedene Versionen, wie sie es dorthin geschafft haben, ohne erwischt zu werden. Eine fantastischer als die andere. Und von Mal zu Mal wurde das Abenteuer größer. Ich habe erst Jahre später davon gehört, weil ich noch bis Herbst 1943 in Dänemark war.

Die Berichte erinnerten mich an damals, als mein Vater aus Dachau zurückkam, nachdem er bei den Novemberpogromen 1938 verhaftet worden war. Er und ein paar Nachbarn, die ebenfalls im Konzentrationslager gewesen waren, trafen sich regelmäßig und witzelten rum. Es war schrecklich. Sie sprachen von Mord, Folter und Erniedrigung und gleichzeitig lachten sie, bis ihnen die Tränen kamen.«

Wir saßen nach dem Gottesdienst mit Biedermann in einem Restaurant in der Nähe vom Fischmarkt. Wortlos lauschte Biedermann Schontjes und meiner Unterhaltung. Er wirkte irgendwie niedergeschlagen, ja regelrecht schlaff, wie ein Fußball, aus dem die Luft entwichen war.

»Berlin«, sagte ich. »Zurück in der Höhle des Löwen.«

»Genau«, sagte Schontje.

»Warum sind sie nicht schon am Bahnhof festgenommen worden?«

»Es gab einen zionistischen Anwalt mit Kontakten zur Gestapo. Er muss irgendeine Absprache getroffen haben, denn sie wollten ja ohnehin auswandern.«

»Man konnte Deutschland immer noch verlassen?«

»Ja, man wurde sogar dazu ermuntert. Der Krieg hatte noch nicht begonnen, und die Lager waren voll. Die Gestapo hat wahrscheinlich beide Augen zugedrückt, nur um sie loszuwerden.«

»Ein ›italienisches‹ Arrangement also.«

»Sozusagen.«

»Eine Abmachung zwischen Hechaluz und Gestapo?«

»Ja, so in etwa. Eine Art legale Grauzone. Ein paar Monate später hätte das nicht mehr funktioniert.«

»Das klingt vollkommen verrückt.«

»Tja, es waren außergewöhnliche Zeiten«, sagte Schontje achselzuckend.

Biedermann nickte beklommen.

»Entschuldigt mich bitte«, sagte Schontje und erhob sich von ihrem Stuhl.

Biedermann und ich folgten ihr mit dem Blick, während sie Richtung Toilette verschwand. Da räusperte sich Biedermann und lehnte sich über den Tisch zu mir herüber.

»Es gibt etwas, worüber ich schon seit einer ganzen Weile mit Ihnen sprechen will«, sagte er und sah mich eindringlich an.

»Ja?«

Ich rechnete damit, dass er sich bei mir entschuldigen würde, weil er die Transkriptionen von Walters Tagebüchern dem Pfarrer gegeben hatte, ohne vorher meine Erlaubnis einzuholen. Ich hatte bereits auf diplomatische Weise meinem Missfallen darüber Luft gemacht. Nun beschloss ich, noch einmal fünf gerade sein zu lassen, und war sogar bereit, mich bei ihm für die Lesung aus den Aufzeichnungen meines Vaters zu bedanken. Immerhin war der Gottesdienst schlussendlich sehr bewegend gewesen. Ich hatte mich darauf vorbereitet, ihm für die Organisation des Gottesdienstes und all die Mühen zu danken, die er und die anderen Mitglieder der Arbeitsgemeinschaft für mich auf sich nahmen.

»Ich frage mich ...«, setzte Biedermann an.

»Jaaa?«

»... fühlen Sie sich in meiner Gegenwart unwohl?«

»Entschuldigung?«, fragte ich. »Was meinen Sie?«

»Sie verstehen schon, was ich meine.«

»An einem Abend wie diesem bin ich vor allem überwältigt«, sagte ich. »Sie geben sich so unglaublich viel Mühe. Es rührt mich, dass –«

»Ich habe jede Menge Zeit«, fiel Biedermann mir ins Wort.

»Und diese Zeit könnten Sie für andere Dinge nutzen.«

»In meinem Alter beginnt man kein neues Leben mehr. Wenn es noch etwas zu bewältigen gibt, dann die eigene Vergangenheit. Vor allem für uns, die wir unsere Vergangenheit am liebsten ad acta legen würden.«

»Das mag sein«, sagte ich.

Was wusste ich eigentlich über Biedermanns Vergangenheit? Ohne dass ich ihn danach gefragt hatte, hatte er mir erzählt, er habe in einer Art Bewachungs- und Transporteinheit gedient, sei aber nie im Krieg gewesen und habe nicht einen einzigen Schuss abgefeuert.

Glaubte ich ihm? Nein, nicht wirklich, aber ich wollte auch gar nicht wissen, was er getan hatte. Ich war mit anderen Gedanken beschäftigt. Biedermann hatte recht: Ich fühlte mich tatsächlich unwohl in seiner Gegenwart. Er wollte eine Art »Freundschaft«, aber mich interessierten nur die Transkriptionen. Ansonsten wollte ich möglichst wenig Kontakt mit ihm haben. Ja, man hätte durchaus sagen können, dass ich mich von ihm bedienen ließ.

»Ich kann verstehen, wenn es Ihnen Unbehagen bereitet, Zeit mit mir zu verbringen«, fuhr er fort.

»Das habe ich nicht gesagt«, sagte ich, wurde aber sofort unterbrochen.

»Das ist vollkommen natürlich. Wir sind die Tätergeneration.«

Ich kam nicht dazu zu sagen, dass die Sache mit der Tätergeneration nur eine schlechte Ausrede war – wenn alle schuldig sind, ist keiner schuldig –, denn schon im nächsten Augenblick kam Schontje zurück, und wir sprachen weiter über Walters Flucht durch Europa.

Deutsche Reichsbahn
Hamburg – Berlin und zurück,
Großdeutsches Reich

In der ersten Novemberwoche 1938 verbringt Walter die Nächte in Zügen von Hamburg nach Berlin oder von Berlin nach Hamburg. Er hält sich illegal in Deutschland auf. Tagsüber ist er entweder bei seinen Eltern in Hamburg oder bei Verwandten in Berlin. Da die Gestapo meist nachts an die Türen klopft, sieht Walter zu, dass er dann im Zug sitzt.

Er reist durch ein Land, das nicht mehr seine Heimat ist. Ein Land, das er nicht versteht. Laut einem Stempel in seinem Pass darf er sich nicht in Deutschland aufhalten, was ein bisschen wehtut. Ja, es tut weh. Es tut sogar sehr weh.

Aber noch größer als der Schmerz ist die Angst. Sie begleitet ihn überallhin, wie ein schlechter Geschmack im Mund. Sie ist bei ihm, wenn er in Bahnhofscafés auf unbequemen Stühlen sitzt und in der Zeitung vom Arabischen Aufstand in Palästina liest. Oder von dem deutschen Diplomaten Ernst Eduard vom Rath, der von einem »jüdischen Terroristen« angeschossen wurde und jetzt im Krankenhaus um sein Leben ringt. Vor lauter Angst versteht Walter nicht, was er liest. Er muss den Artikel erneut lesen, mehrmals sogar, und trotzdem wollen die Worte einfach nicht in seinen Kopf.

Tage und Nächte verschwimmen und werden zu einer einzigen schlaflosen Nacht. Das gleichmäßige Ruckeln des Zuges, der über die Schienen donnert, wiegt ihn in einen Dämmerschlaf. Dann wird der Zug von einer Erschütterung erfasst. Schläft Walter? Ist er wach? Er sitzt im Zug, glaubt er jedenfalls. Aber tut er das wirklich oder steckt er in einem endlos langen Albtraum fest?

Vor dem Fenster taucht ein hell erleuchteter Bahnsteig auf. Eine Plattform mit gusseisernen Pfeilern. Eine gekachelte Wand – wie in einem Badezimmer. Wo steht die Badewanne mit den Löwenfüßen? Da ertönt eine Trillerpfeife, und der Zug verlässt den Bahnhof. Walter faltet seinen Schal zu einem kleinen Kissen, das er sich hinter den Kopf schiebt, und lässt sich von den ruckartigen Bewegungen des Zugs erneut in den Schlaf wiegen.

Ein paar Stunden später wacht er auf; jemand rüttelt ihn, oder ist es der Zug? Er kann es nicht sagen. Der Schal ist ihm auf die Schulter gerutscht. Seine Schläfe berührt die Fensterscheibe, die kalt und klebrig ist. Er ist allein im Abteil, doch vom Gang her sind höhnisches Gelächter und zornige Stimmen zu hören. Walter kann nur Bruchstücke aufschnappen.

»Grynszpan«, »… das feige Judenschwein«, »… jüdische Verschwörung«, »… der Zorn des Volkes«.

Vor dem Fenster zieht der Savignyplatz vorbei, der Zug bremst ab und nähert sich dem Bahnhof Zoo, Walters Ziel. Sein Blick sucht nach der wohlbekannten Silhouette eines Gebäudes, und schließlich findet er sie. Aber irgendetwas stimmt nicht. Parallel zum Viadukt in der Fasanenstraße steht eine der größten Synagogen der Stadt, ein schöner Bau im maurischen Stil mit drei Kuppeln, und aus einer dieser Kuppeln steigt jetzt Rauch empor.

Ja, er hat richtig gesehen. Aus der mittleren Kuppel bohrt sich eine dicke Rauchsäule in den Himmel.

Es ist windstill, der Rauch steigt kerzengerade auf, ohne zu verwehen. Es ist, als gäbe es einen Gott im Himmel, den der Rauch auf schnellstem Wege erreichen will.

In der Wartehalle findet Walter eine Ausgabe des *Völkischen Beobachters*. Die Schlagzeilen berichten vom gestrigen Gedenkmarsch in München für die Helden, die vor fünfzehn Jahren beim missglückten Putsch im Bürgerbräukeller ums Leben gekommen sind. Bilder von damals sind abgedruckt, aber auch vom gestrigen »ersten Erinnerungsmarsch im Großdeutschen Reich«. Auf weniger prominentem Platz wird vom »neuesten Opfer jüdischer Mordhetze« berichtet – vom Rath ist in einem Pariser Krankenhaus verstorben.

Walter bleibt einen Moment lang unentschlossen stehen und lauscht dem dumpfen Donnern eines über ihn hinwegrauschenden Zuges. Welchen Weg soll er zum Hechaluz-Büro nehmen? Den kürzesten und schnellsten? Den Ausgang Richtung Hardenbergplatz, dann südwärts die Joachimstaler Straße hinunter und rechts auf den Ku-Damm? Die erste Straße links ist die Meinekestraße. Doch er will unbedingt den Kurfürstendamm vermeiden, denn wenn in Berlin etwas passiert, dann dort.

Walter entscheidet sich für den Nordausgang.

Er schlingt sich seinen Wintermantel enger um den Leib und überquert die Hardenbergstraße. Als er unter dem Viadukt hindurch Richtung Südosten blickt, erkennt er im Gegenlicht der niedrig stehenden Herbstsonne die dunklen Umrisse der Kaiser-Wilhelm-Gedächtnis-Kirche.

Über ihm donnert ein weiterer Zug über die Stahlträgerbrücke. Das ohrenbetäubende Kreischen der Räder – Stahl auf Stahl – fährt ihm durch Mark und Bein.

Fasanenstraße
Berlin, Großdeutsches Reich

Eine Kraft, die stärker ist als sein Selbsterhaltungstrieb, verleitet Walter dazu, neben den zivil gekleideten Menschen mit leeren Gesichtern und den lautstarken Unruhestiftern in Nazimontur stehenzubleiben. Die Zuschauer verfolgen gleichgültig bis berauscht, wie die Rauchsäule zur Wohnstatt des allmächtigen Gottes emporsteigt.

Polizeisperrungen halten die Menschen zurück, damit die Feuerwehrmänner ungestört mit den Löschungsarbeiten fortfahren können. Doch sie richten die Schläuche nicht auf die Synagoge, sondern lediglich auf die umliegenden Gebäude. In der Luft scheint eine Erwartung zu liegen, als wären die zersprungenen Schaufenster und die brennende Synagoge noch nicht genug. Es muss noch etwas passieren, etwas Größeres.

»Zur Hölle mit den Juden!«, ruft einer der Schaulustigen.

»Die Juden sind unser Unglück!«

Weitere Menschen stimmen ein, mit neuen Schimpfwörtern und Schmähungen. Einer von ihnen deutet auf einen Hauseingang und ruft: »Da drinnen wohnt eine jüdische Familie!«

»Ein reicher Jude!«

»Schnappt ihn euch!«

Die Menschenmenge wendet sich dem Haus zu. Wer dem Hauseingang am nächsten ist, stürmt hinein. Hämmern gegen eine Tür, Stille, Holz, das zersplittert, wieder Stille. Triumphierendes Geschrei.

Ein glatzköpfiger älterer Mann wird aus dem Haus gezerrt und auf der Straße zusammengeschlagen. Sein angstverzerrtes Gesicht und seine Kleidung sind blutüberströmt. Der Mann könnte Walters Vater sein.

»So was Schäbiges. Alle auf einen einsamen Alten – feiges Pack.«

Es ist nicht Walter, der seine Stimme erhebt, sondern ein anderer Mann in Zivil. Sofort wird der Protestierende mit einer Tracht Prügel zum Schweigen gebracht, während der »reiche Jude« in einen Polizeiwagen gezerrt wird.

Walter weiß nur zu gut, wo der Mann jetzt hinkommt, welche Gesetze dort herrschen, und er weiß auch, dass ihn selbst das gleiche Schicksal erwartet, sollte er der Polizei in die Hände fallen. Er muss sofort von hier verschwinden. Zwar sind die Unruhestifter im Moment damit beschäftigt, Möbel aus dem Haus der jüdischen Familie zu tragen, doch ihre Aufmerksamkeit könnte sich jeden Moment auf ein anderes Ziel richten.

Kurz bevor er den Ku-Damm überqueren will, hält Walter abrupt inne. Sein Magen verkrampft sich. Er steht unter einer großen Eiche, die noch Blätter trägt. Die Farben changieren zwischen hellgrün und braun, und die schwarze Rinde ist von grauer Flechte bedeckt. Walter holt seine Geldbörse hervor und beißt hinein, um den Schmerz zu lindern, lässt den Blick den groben Baumstamm hinaufwandern und versucht die Gruppe junger Burschen zu ignorieren, die die Straßenbahnschienen auf dem breiten Mittelstreifen zwischen den Fahrbahnen überqueren. Sie sind weniger als fünfzig Meter entfernt, mit Knüppeln und Schlagstöcken bewaffnet und grölen ein Lied, in dem es um Judenblut geht, das von einem Messer spritzt. Sie sind jünger als Walter, kaum erwachsen, aber dafür in der Überzahl, und wenn sie ihn erwischen, kann Gott weiß was passieren.

Walter muss an den alten Mann denken, der von der Polizei abgeführt wurde, und an seinen Bruder John in Sachsenhausen, wo der Alte vermutlich in diesem Moment hingebracht wird. Unwillkürlich verspürt Walter ein Gefühl der Erleichterung, dass er nicht an Johns Stelle ist. Er weiß, wie egoistisch dieser Gedanke ist, aber in just diesem Moment geht ihm genau das durch den Kopf. Er kann nicht ins Konzentrationslager, nicht noch einmal.

Als die bewaffneten jungen Burschen außer Sichtweite sind, überquert Walter die erste Fahrbahn. Kurz vor dem U-Bahn-Eingang auf dem Mittelstreifen übermannen ihn seine Gefühle. Er ist drauf und dran, die Treppe hinunterzustürzen, die Flucht zu ergreifen, doch er wehrt sich gegen den Impuls, bleibt stehen und stützt sich mit den Händen auf den Knien ab. Er atmet tief durch und versucht, die Übelkeit zu unterdrücken. Der Würgereiz kommt stoßweise. Der Druck steigt immer höher, aber er kann sich nicht übergeben, es ist, als hätte er keinen Mund.

Er überquert die zweite Fahrbahn. Er müsste dringend zur Toilette, ja, genau das müsste er. Um sein Vaterland und die Erlebnisse der letzten Jahre auszuscheißen.

Walter beschleunigt seine Schritte und biegt in die Meinekestraße ein. Kein Mensch ist zu sehen, es ist still vor dem nichtssagenden Gebäude, das die Jüdische Rundschau, das Palästinaamt der Jewish Agency und einige andere jüdische Organisationen beherbergt. Trotz der zentralen Lage scheint das Gebäude vor allem aufgrund seiner Unauffälligkeit ausgesucht worden zu sein. Walter betritt den Eingangsbereich im Vorderhaus. Die gerillten Bodenfliesen sind mit Glasscherben übersät, und im Innenhof liegen kaputte Möbel rings um einen verkohlten Papierhaufen. Die Sturmtruppen sind hier gewesen.

Plötzlich vernimmt Walter Vogelgesang. Die kleinen Vögel in den Platanen scheinen etwas auszudiskutieren. Vielleicht verfluchen sie sich selbst dafür, dass sie Berlin noch nicht Richtung Süden verlassen haben.

Das Hechaluz-Büro liegt in der obersten Etage des Hinterhauses. Dort scheint nichts angerührt worden zu sein. Ein Wunder? Gottes Vorsehung? Reiner Zufall? Walter hat aufgehört, sich Gedanken darüber zu machen, welche Kräfte sein Schicksal steuern. Jetzt konzentriert er sich voll und ganz darauf, seinen Magen zu kontrollieren. Er schleppt sich auf die Personaltoilette, lässt sich auf die hölzerne Klobrille sinken, lässt los, und sein Inneres explodiert über der Toilettenschüssel aus Porzellan.

Unter denen, die sich an diesem Donnerstagmorgen im Büro des Hechaluz versammelt haben, herrscht eine hektische, nervöse Stimmung. Niemand weiß, ob und wann die Sturmtruppen zurückkommen werden. Ein Mitarbeiter wurde bereits zur Schwedischen Botschaft geschickt. Jetzt wartet man angespannt darauf, dass er mit einem in Walters Pass gestempelten Visum und einer Arbeitserlaubnis zurückkehrt.

Walter hat beschlossen, sich nicht zu beklagen, dass er kein Zertifikat für Palästina erhalten hat. Schweden soll ihm recht sein – er führe sogar zum Nordpol, wenn man ihn dorthin schicken würde –, aber eine Sache muss er doch klären.

»Der Fahrschein?«, fragt er etwas unbeholfen.

»Der Fahrschein?«, antwortet Sekretär Rosenfeld mit geröteten, müden Augen.

»Ja ... also ... der Fahrschein –«

»Haben Sie den Fahrschein verloren?«

Walter bereut schon jetzt, dass er den Mund aufgemacht hat.

»Nein.«

»Und was ist mit dem Fahrschein?« Rosenfeld klingt, als spräche er mit jemandem, der etwas schwer von Begriff ist.

»Was soll ich mit dem Fahrschein machen?«

Walter spricht schnell und zugleich vorsichtig, wohlwissend, wie ernst die Lage ist, und dass sein Anliegen an so einem Tag kaum oberste Priorität hat. Er weiß auch, dass der Mann, der auf dem Weg zur Schwedischen Botschaft ist, ein großes Risiko für ihn eingeht. Mehr kann er nicht verlangen, und trotzdem muss er etwas loswerden.

»Der Fahrschein reicht nicht den ganzen Weg ... nur bis Kopenhagen. Was soll ich –«

»Sie wollen wissen, was Sie mit dem Fahrschein machen sollen?«, fragt Rosenfeld.

»Ja.«

»Sie nehmen ihn, setzen sich in den Zug und lassen diese ganze Scheiße hinter sich. Das sollen Sie damit machen.«

»Natürlich.«

»Ich hoffe, Sie haben mich verstanden. Jetzt jemanden ins Reisebüro zu schicken, um die Reise umzubuchen, wäre Irrsinn. Die Verantwortung kann ich nicht übernehmen.«

»Ich verstehe.«

Rosenfeld rät Walter unmissverständlich davon ab, den Fahrschein auf eigene Hand umzubuchen. Niemand kann vorhersehen, wie dieser Tag enden wird. Walter hat eine Chance bekommen, und die soll er ergreifen. Sobald er in Kopenhagen ist, soll er die Mosaische Gemeinde aufsuchen und dort um Hilfe bitten. Bestimmt werde man sich um ihn kümmern.

Überall in Deutschland stehen Synagogen in Flammen, Juden werden zusammengeschlagen und inhaftiert. Walters Aufgabe für die nächsten Stunden besteht darin, sich zu verstecken, in einer Wohnung, einer Garage, einem Loch in der Wand oder im Arsch einer Kuh, weiß der Teufel wo, Hauptsache, er lässt sich nicht schnappen.

»Haben Sie das verstanden?«

»Ja.«

»Verpassen Sie den Zug nicht!«

»Nein.«

»Verpassen Sie den Zug nicht!«

»Versprochen.«

»Sie müssen mir nichts versprechen. Sehen Sie einfach zu, dass Sie den Zug kriegen.«

»Verstanden. Ich werde den Zug nicht verpassen.«

»Gut, vielleicht ist das Ihre letzte Chance. Verpassen Sie auf keinen Fall den verdammten Zug!«

Herrschaftliche Schöneberger Wohnung
Berlin, Großdeutsches Reich

Walter verbringt den Nachmittag bei Alice Kohlberg und ihrer Familie. Sie sitzen um einen runden Tisch, auf dem eine Kaffeekanne und Tassen stehen, rauchen viel und wechseln kaum ein Wort. Walter fühlt sich eingeschlossen in der geräumigen Wohnung, doch gleichzeitig ist er froh, bei Menschen zu sein, die ihn mögen und respektieren.

Das Telefon klingelt Sturm. Man nimmt ab, hört zu, was gesagt wird, und bittet um weitere Informationen. Die Anrufer sind Freunde und Bekannte, die wissen wollen, was passiert ist, oder die von etwas berichten, was sie selbst gesehen oder gehört haben. Wen hat die Polizei abgeführt? Wohin werden die Festgenommenen gebracht? Wann klopft es an der eigenen Tür? Niemand weiß etwas Sicheres. Ein bisschen ist es so, als würden sie stille Post spielen. Was man sagt, kommt früher oder später verzerrt und dramatisiert zurück. Und doch bleiben alle am Tisch sitzen und warten darauf, dass das Telefon erneut klingelt oder die Sturmtruppen an die Tür pochen. Falsche Nachrichten sind besser als keine Nachrichten, unerfreuliche Gesellschaft ist besser als Einsamkeit.

Doch an diesem Nachmittag klopft es nicht an der Tür, und am Abend ruft Walter ein Taxi und fährt zum Lehrter Bahnhof, um dort in den Zug Richtung Kopenhagen zu steigen.

Mit seinen Eltern kann er nicht mehr sprechen. Seit Max gezwungen wurde, Frau und Kind in Hamburg Hals über Kopf zu verlassen, wohnen Walters Eltern bei Dora und Jessica im Scheideweg. Walter wagt es nicht, die Nachbarn anzurufen, die ein Telefon haben, er will nicht zur Last fallen, nicht an einem Abend wie diesem.

Bevor er in den Zug steigt, sieht er noch zu, dass er sein letztes Geld loswird, denn als Vorbestrafter darf er nicht einmal die sonst zugelassenen zehn Reichsmark bei sich tragen. Er hat nichts eingepackt, was ihn in Schwierigkeiten bringen könnte – keine Tagebücher, Briefe oder Fotos. Er will keine Risiken eingehen. Walters allerletzte Münze bekommt ein Zeitungsjunge.

Er nimmt seinen Platz so diskret wie möglich ein. Ihm gegenüber sitzt eine Dänin mittleren Alters, die kurz von ihrem Buch aufschaut. Als ihre Blicke sich treffen, schenkt sie Walter ein Lächeln.

Wieder faltet Walter seinen Schal zu einem kleinen Kissen und lässt sich gegen das Fenster sinken. Er ist erschöpft und fällt in einen fiebrigen Dämmerschlaf. Wird er krank? Er geht Straßen entlang, unter seinen Schuhsohlen knirschen Glassplitter, er kriecht über das Glas, das mit Exkrementen vermischt ist. Er badet, mal in Kot, mal in Drachenblut, doch seine Hände und Knie bleiben von Schnittwunden übersät. Er ist ein kleiner Junge, der in der Badewanne mit den Löwenfüßen gebadet wird, er lernt schwimmen im Schwimmbad am Schaarmarkt, wird von seiner Mutter mit einem Handtuch trocken gerubbelt und in den Arm genommen. Er spielt Skat mit seinen Brüdern, hört, wie jemand telefoniert, steht mitten in einer Menschenmenge, hört, wie Holz zersplittert. Er wacht in der Kajüte eines Boots auf, kämpft sich durch überschwemmte Korridore bis zum Oberdeck, wo er merkt, dass die Rettungsboote bereits zu Wasser gelassen wurden. Soll er springen? Der Schwimmlehrer vom Schaarmarkt, Major Böheke, schubst ihn hinunter. Walter fällt durch die kalte Luft. Die Träume, Fantasien und Halluzinationen werden untermalt von den monotonen Erschütterungen des Zugs, der durch die Nacht gen Norden rauscht.

Kurz vor Mitternacht hält der Zug am Rostocker Hauptbahnhof. Gedämpft hört Walter das Gejohle von Nazipöbel. Die Dänin gegenüber wirkt etwas beklommen und blickt starr in ihr Buch.

Wenig später setzt der Zug die Reise fort, rollt langsam durch die Stadt, vorbei an brennenden Häusern, einem hell erleuchteten Fabrikgebäude aus roten Ziegeln und weiter durch einen dunklen Park. Allmählich lässt er die Stadt hinter sich und fährt in eine spärlich bebaute Siedlung mit Einfamilienhäusern, Rasenflächen, Parks, Laubwald, Feldern. Noch mehr Laubwald. Hinter den Bäumen tauchen die Hafenkräne auf. Dann wieder Einfamilienhäuser, Industriegebiete und in Flammen stehende Gebäude, die niemand löscht. Irgendwann wird die Landschaft pechschwarz, und Walter sieht im Fenster nur noch sich selbst. Als Lastwagenscheinwerfer die Umrisse des Laubwalds erhellen, verschwimmt Walters Spiegelbild, er kann nicht gleichzeitig sein Spiegelbild und die Landschaft sehen – entweder oder.

Auf einem Nebengleis steht ein mit Militärfahrzeugen beladener Zug. Der Wald wird dichter. Walter befindet sich auf feindlichem Boden. Immer wieder erscheint im Fenster sein Spiegelbild. Was sieht er? Einen Mann auf dem Weg in die Freiheit oder einen Mann kurz vor dem Untergang?

Der Zug hält in Warnemünde. Walter greift in seine Jackettasche. Sein Pass ist noch da. Er hört, wie die deutschen Grenzpolizisten Abteil für Abteil näherkommen, und wieder steigt Übelkeit in ihm auf. Schließlich reicht er dem Polizisten mit zitternden Händen den Pass.

Der Polizist blättert die Seiten durch, fragt nicht einmal, ob Walter Geld dabeihat, setzt seinen Stempel in den Pass und gibt ihn Walter zurück. So, als wäre alles in bester Ordnung und Walter ein x-beliebiger Passagier.

»Gute Reise.«

»Danke! Danke sehr!«, antwortet Walter erleichtert und lässt sich in den Sitz zurücksinken. War es tatsächlich so einfach?

Bahnhof Warnemünde
Warnemünde, Großdeutsches Reich

»Ihre Pässe«, sagt ein hochgewachsener Mann mit ausgeprägtem, gutturalem Akzent, gerade als Walter seinen Pass einstecken will. Wie aus dem Nichts steht er in der Tür. Der dänische Zöllner. Mit roten Haaren und rötlichem Gesicht.

Der Zug befindet sich noch immer auf deutschem Boden. Die Grenze zwischen Deutschland und Dänemark verläuft irgendwo in der Mecklenburger Bucht, danach kann niemand mehr aufgefordert werden, den Zug zu verlassen. Deshalb findet die dänische Passkontrolle bereits hier in Warnemünde statt.

Walter holt erneut seine Reiseunterlagen hervor. Wie konnte er so naiv sein und denken, es würde tatsächlich so einfach sein? Nichts ist mehr einfach.

Der dänische Passkontrolleur inspiziert Walters Pass. Walter sieht, dass der Mann Thomssens acht Monate alte Unterschrift studiert sowie den Text neben dem Stempel mit dem Reichsadler über dem Hakenkreuz in einem Kranz von Eichenblättern. Dann flackert der Blick des Dänen zwischen Walter und dem Pass hin und her. Er blättert vor zu den Stempeln, denen zufolge Walter vor kurzem in Italien, Jugoslawien und Ungarn war, und dann noch einmal zurück zu Thomssens' Vermerk, dass Walter vorbestraft ist und Deutschland für immer verlässt. Er vergleicht die Daten und fixiert abermals Walter, den »illegalen« Flüchtling. Er studiert die Stempel der Schwedischen Botschaft in Berlin, die Walter eine dreimonatige Arbeits- und Aufenthaltsgenehmigung attestieren. Mit den schwedischen Genehmigungen ist alles in Ordnung, das weiß Walter. Allerdings sind sie in Berlin ausgestellt worden, und zwar acht Monate nachdem er Deutschland laut Thomssens Vermerk für immer verlassen hat. Wie soll er das erklären?

Der Däne sieht sich Walters Fahrschein an und blättert den Pass ein weiteres Mal von vorn bis hinten durch. Dann blickt er Walter durchdringend an und fragt ihn, wie viel Geld er dabeihabe.

Gar keins, antwortet Walter wahrheitsgemäß. Schließlich sei im Pass vermerkt, er dürfe kein Geld aus Deutschland mitnehmen.

»Ohne Geld kann ich Sie nicht nach Dänemark einreisen lassen«, erklärt der Däne und reicht Walter Pass und Fahrschein.

»Ich bin auf dem Weg nach Schweden«, sagt Walter und schlägt die Seite mit dem Visum und der Arbeitserlaubnis auf. »Ich trete eine Stelle in Hässleholm an.«

»Sie haben noch mehr Stempel im Pass«, erwidert der Däne mit einem vielsagenden Blick. »Und Ihr Fahrschein gilt nur bis Kopenhagen. Das liegt in Dänemark. Wie wollten Sie ohne Geld von Dänemark nach Schweden kommen? Wollten Sie mit Ihrem Gepäck auf dem Rücken rüberschwimmen?«

»In Kopenhagen bekomme ich Hilfe«, erwidert Walter. »Meine Organisation oder die Mosaische Gemeinde werden mir die drei Kronen für die Überfahrt nach Malmö geben.«

»Was denn jetzt? Die Organisation oder die Gemeinde?«

»Die Gemeinde.«

»Sie sind Mitglied der Mosaischen Gemeinde in Kopenhagen?«

»Nein. Ich komme aus Hamburg.«

»Wissen Sie überhaupt, wo die Gemeinde liegt?«

Walter nennt ihm die Adresse.

»Sie müssen jetzt aussteigen«, erklärt der Däne.

»Ich muss nach Schweden. Man erwartet mich dort.«

»Ohne Geld kann ich Sie nicht nach Dänemark einreisen lassen.«

»Aber ich will doch gar nicht nach Dänemark.«

»Dann sitzen Sie im falschen Zug.«

Der dänische Zöllner blickt Walter von oben herab an, als weise er ein Schulkind zurecht, das in den falschen Bus gestiegen ist. Und er liegt nicht ganz falsch. Der Zug, in dem sich Walter befindet, ist die Hauptverbindung zwischen Berlin und Kopenhagen. Die wichtigste Verbindung zwischen Berlin und Stockholm ist die sogenannte Königslinie Sassnitz-Trelleborg. Aber Walter will nicht nach Stockholm, sondern nach Hässleholm in Schonen, mit welcher Linie er fährt, ist gehupft wie gesprungen, ganz abgesehen davon, dass er die Verbindung nicht einmal selbst herausgesucht hat. Die Fahrt hat der Angestellte im Thomas-Cook-Reisebüro in Budapest gebucht, und das Geld hat nun einmal nur bis nach Kopenhagen gereicht, da die Flugtickets kurzerhand gegen Zugfahrscheine umgetauscht werden mussten und der begleitende Polizist ebenfalls einen Fahrschein brauchte. Es ist nicht Walters Schuld. Es ist Zufall. Wieder einmal ist es der Zufall.

Walter sieht dem Dänen direkt in die Augen. Er kocht innerlich. Will der Kerl ihn wegen drei verdammter Kronen den Naziverbrechern ausliefern?

Walter fragt die Frau, die ihm gegenübersitzt, ob sie ihm fünf dänische Kronen leihen könne. Er werde ihr das Geld zurückgeben, sobald er die Gemeinde aufgesucht habe.

Die Frau zückt ihr Portemonnaie und nimmt fünf Kronen heraus.

»Das ist nicht erlaubt«, sagt der dänische Passkontrolleur und fixiert Walter mit durchdringendem Blick. »Ich muss Sie bitten, sofort auszusteigen.«

Walter sieht den rothaarigen Dänen trotzig an. In dem Moment geht ein Ruck durch den Zug, der langsam Richtung Fährrampe losrollt. Es ist ein deutscher Zug, sie sind nach wie vor auf deutschem Boden. Was soll der fette Däne dagegen tun?

Da tritt der Mann ans Fenster, öffnet es, lehnt sich hinaus und bläst in seine Trillerpfeife.

Der Zug hält an.

»Hier ist noch ein Herr an Bord, der gerne aussteigen würde«, ruft der Däne in die Dunkelheit hinaus.

Vor dem Abteil hat sich inzwischen eine kleine Menschenansammlung gebildet. Ein englischer Gentleman in einem Jackett aus Harris-Tweed bietet Walter an, mit ein paar Pfund auszuhelfen.

Walter nimmt dankend an.

»Das ist nicht erlaubt«, erklärt der dänische Zöllner.

Walter steht am Rand der Rangiergleise zwischen Bahnhof und Fährrampe. Er sieht, wie die Lokomotive, die den Zug von Berlin bis hierher angetrieben hat, abgekoppelt wird, damit eine andere Lok die Waggons an Bord der Fähre zieht. Hinter ihm liegen die Glassplitter, die brennenden Synagogen und die Festnahmen. Menschen, die von der Polizei abgeführt werden, nur weil sie Juden sind.

Ein paar Güterwagen werden rangiert, um auf die Fähre befördert zu werden. Walter überlegt, ob er sein Gepäck zurücklassen und sich in irgendeinem Waggon verstecken soll, doch ihm ist klar, dass er mit größter Wahrscheinlichkeit entdeckt werden würde.

Was soll er machen? Er war dem Ziel so nah. Irgendwer muss ihm doch helfen können. Die deutschen Grenzpolizisten? Die schienen doch ganz in Ordnung zu sein.

In einem der gelben Ziegelhäuser findet Walter das Büro der Grenzpolizei. Stammelnd trägt er sein Anliegen vor. Die Polizisten hören ihm teilnahmsvoll zu, erklären dann aber, ihnen seien die Hände gebunden. Sie könnten ihm lediglich die Ausreise genehmigen, und das hätten sie bereits getan. Allein der Kapitän, der rein rechtlich für die Fähre verantwortlich ist, könne noch etwas bewirken. Allerdings sei jetzt Schichtende, und die Männer seien schon halb auf dem Weg nach Hause. Der Bahntelegraph sei aber noch im Dienst. »Mit dem sollten Sie sprechen.«

Der Telegraph trägt einen Emailleanstecker mit Hakenkreuz, was bedeutet, dass er Parteimitglied ist. Trotzdem funkt er den Kapitän an, doch der will Walter nicht an Bord lassen.

»Dabei haben Sie doch ein gültiges Ticket«, meint der Bahntelegraph.

Er begleitet Walter durchs Bahnhofsgebäude zu den Türen, die zum Pier hinausführen, von dem aus die Fußgänger an Bord gehen.

»Viel Glück«, sagt der Mann mit Hakenkreuz am Jackett und schüttelt Walters Hand.

Das Signalhorn der Fähre ertönt, und Walter eilt mit seinen Koffern den Kai hinab. Gerade rechtzeitig erreicht er den Landgang, doch die Matrosen haben die Anweisung, ihn nicht an Bord zu lassen.

Walter muss ohnmächtig mitansehen, wie die Männer den Landgang einfahren und die Leinen losmachen. Die Fähre, die seine Rettung, seine letzte Chance sein sollte, legt ab.

V

Das Unerträglichste aus dem Schatten des Vergessens holen

Studio in der Jungfrugatan
Stockholm, Königreich Schweden

»Liebe Freunde«, begann Biedermann die E-Mail, in der er sich für unseren Besuch in Hamburg bedankte. Dann nannte er Schontje und mich beim Vornamen und fügte hinzu: »Ich darf Sie doch so anreden?«

Meine heutigen Zeilen werden Sie sehr überraschen, und ich hoffe, Sie nehmen meinen Brief positiv auf. Durch die lange Arbeit mit der Übertragung Ihrer Familiengeschichte haben auch mich die einzelnen Schicksale Ihrer Familie berührt. Da in den vielen Briefen immer wieder die Namen Bergedorf und Dora auftauchen und ich auch hier wohne, war ich sehr neugierig. Da Dora in der Brookstr. 5 wohnte (ganz in meiner Nähe), bin ich dort gewesen und habe von einer Hausbewohnerin folgendes erfahren: Dora ist im Jahr 2000 mit 96 Jahren gestorben, und liegt auf dem hiesigen Friedhof begraben.

Diese Begegnung führte mich nun weiter zur Tochter Jessy, die in Geesthacht lebt, einem Ort unweit von Bergedorf. Und diese Begegnung möchte ich Ihnen jetzt schildern. Ich schicke voraus, dass ich nur ein Vermittler bin und dass ich kein Recht habe, mich in Ihre Familie einzumischen, aber die Begegnung mit Jessy war von so großer Emotionalität geprägt und hat bei Jessy so viele Fragen hervorgerufen, dass ich es Ihnen mitteilen muss.

Ich musste innehalten und die E-Mail noch einmal von vorn lesen. »*Übertragung Ihrer Familiengeschichte*«? Biedermann überschätzte offenbar seine Bedeutung. Er hatte doch nur Briefe, Tagebücher und andere Dokumente transkribiert. Hatte ich seine E-Mail richtig verstanden?

Ja, allerdings. Biedermann hatte meine Cousine Jessica besucht, die Tochter von Dora und meinem Onkel Max. Meine einzige Cousine. Und er nannte sie »Jessy«. Nicht Frau Hesse, was für eine ihm unbekannte Frau angemessen gewesen wäre, oder wenigstens »Jessie« wie sie in der Familie und in den von ihm transkribierten Briefen genannt wurde, sondern »Jessy« mit y statt mit ie. Jessy! Für mich klang das wie ein Spülmittel. Ich las weiter:

Beim Empfang an der Wohnungstür, ich war ja ein Fremder, war sie sehr skeptisch und ablehnend und wollte mich nicht einlassen. Erst nachdem ich einige Namen ihrer Familie genannt hatte, legte sich ihr Misstrauen, und sie ließ mich eintreten. Daraus wurde dann ein langes, intensives und gutes Gespräch. Ich erfuhr, über mein Briefwissen hinaus, viele Informationen über ihr Leben und das ihrer Mutter Dora. Andererseits wollte sie auch eine Menge von mir erfahren, was ich aber in engen Grenzen gehalten habe. Ich kannte ja die vielen Briefe, die der Großvater damals an Walter geschrieben hatte und worin die kleine Jessy immer erwähnt wurde. Aber dazu bin ich nicht befugt, und ich weiß ja auch gar nicht, ob Sie Kontakt mit Jessy aufnehmen wollen. Jessy aber ist außerordentlich stark daran interessiert, und sprach oft von ihrem Cousin und ihrer Tante. Immer wieder bat sie mich inständig, Ihnen das mitzuteilen. Ich jedenfalls habe ihr keine Adresse von Ihnen gegeben. Nun liegt es ganz in

*Ihrer Hand, ob Sie diese Verbindung wünschen, und
ich bin bereit, Ihnen dabei zu helfen.*

*Ich hoffe mit diesem Brief nicht Ihr Missfallen er-
regt zu haben, und wenn ja, bitte ich um Vergebung.
Ich möchte doch unsere Freundschaft dadurch nicht gefährden.*

*Ansonsten bin ich mit herzlichen Grüßen
Ihr Heinz*

Ich hatte Biedermann vieles zugetraut. Dass er Jessica zu Hause besucht hatte, überstieg jedoch meine wildesten Fantasien.
Dass er einfach so bei ihr ins Haus schneien würde wie ein
Staubsaugervertreter, hätte ich niemals für möglich gehalten.
Wie war er auf die Idee gekommen? War ich nicht deutlich
genug gewesen? Hatte ich mein Missfallen nicht klar genug
gemacht, als er dem Pfarrer ohne mein Einverständnis Material für den Gedenkgottesdienst gegeben hatte? Dachte er tatsächlich, er könnte mit den privaten Briefen meines Vaters verfahren, als gehörten sie ihm? Oder inszenierte er hier eine Art
Racheakt? Aber wenn ja: Rache wofür?

Ich rief Schontje an. Ihr kam Biedermanns Verhalten ebenfalls merkwürdig vor, immerhin sprach er doch ständig von
Diskretion und Vertrauen. Doch zugleich war sie fast ein wenig gerührt.

»Weißt du, wenn man älter wird, verliert man peu à peu die
Kontrolle.«

Sie berichtete, dass ihre Ärztin sie neulich bei einer Untersuchung nach Krankheiten in der Familie gefragt habe. Sie habe
geantwortet, sie könne nichts dazu sagen, da sämtliche Familienmitglieder ermordet worden seien.

»Ich konnte mich einfach nicht zurückhalten«, sagte Schontje, »auch wenn es vollkommen unnötig war. Danach war die
Stimmung ziemlich angespannt.«

Ich sagte, diese Situation sei keineswegs mit Biedermanns Verhalten zu vergleichen. Schließlich habe sie niemandem geschadet, höchstens sich selbst. Sie sei einfach einem spontanen Impuls gefolgt, während Biedermann auf dem Weg zu Jessica mehr als genug Zeit gehabt habe, sich eines Besseren zu besinnen. Die Fahrt von Bergedorf nach Geestacht sei keine Impulshandlung, schließlich benötige man mehr als eine halbe Stunde, plus die Zeit, um die richtige Adresse zu finden. Biedermann hatte geplant gehandelt. Er war taktlos und offensichtlich bereit, die Beziehungen anderer Menschen aufs Spiel zu setzen.

»Was, wenn wir mit Jessica im Clinch liegen würden?«, fragte ich.

»Ihm ist offenbar daran gelegen, bei der Familienzusammenführung eine wichtige Rolle zu spielen«, erwiderte Schontje. »Er hat weder Jessica unsere Adresse gegeben noch ihre Adresse in der E-Mail an uns erwähnt. Er will sicherstellen, dass wir weiterhin auf ihn angewiesen sind.«

In meiner Antwort an »Freund Heinz« alias Biedermann schrieb ich, er dürfe uns gern beim Vornamen ansprechen und auch duzen. Ich bedankte mich dafür, dass er meine Cousine Jessica gefunden hatte, und bat ihn, mir sofort ihre Adresse und Kontaktdaten zu schicken, weil ich mich persönlich bei ihr melden wolle. Ich stimmte ihm zu, dass er kein Recht gehabt habe, sich »in unsere Familie einzumischen« oder das transkribierte Material weiterzugeben. In diesem Punkt seien wir uns einig. Und deshalb wäre ich dankbar, wenn er mit dem Material von nun an so verfahren würde, wie wir es abgesprochen hatten. Noch klarer könne ich mich nicht ausdrücken.

Ich überwies die doppelte Summe von dem, was ich bisher gezahlt hatte, auf das Konto der Arbeitsgemeinschaft. Heute sehe ich ein, dass das ein Fehler war, Appeasement hat noch nie funktioniert. Aber damals fühlte ich mich erpresst. Ich wollte auf seine Unterstützung nicht verzichten, aber ihm mit allen mir zur Verfügung stehenden Mitteln klarmachen, dass er über die Transkriptionen des Nachlasses meines Vaters nicht frei verfügen konnte. Ich war sein Auftraggeber. Je mehr ich zahlte, desto klarer würde, dass ich der Besitzer des Materials war. Das dachte ich zumindest.

Was folgte, war monatelanges Schweigen von Biedermanns Seite. Er schickte weder E-Mails noch Briefe oder Bücher und ging nicht einmal ans Telefon. Wartete er darauf, dass ich ihm für seine Aktion dankte? Ich fühlte mich betrogen.

Jessicas Adresse bekam ich von Herrn Diercks. Er hatte sie im Telefonbuch gefunden.

Nichts hatte mich daran gehindert, selbst nach meiner Cousine zu suchen. Warum hatte ich es nie getan?

La Corniche
Sousse, Tunesische Republik

Jessica und ich waren uns nur zweimal begegnet. Wenn ich das jetzt schreibe, kommt es mir selbst eigenartig vor: eine Cousine und ein Cousin, die sich kaum kennen. Aber so war es eben. Sämtliche Kontakte mit Deutschland waren über meinen Vater gelaufen, und nach seinem Tod war Deutschland für mich nicht viel mehr als die Quelle eines diffusen Unbehagens. Erst als ich selbst Vater wurde, wagte ich es, mich Deutschland wieder anzunähern.

Der Tod meines Vaters lag mehr als zwanzig Jahre zurück, als ich wieder Kontakt zu Jessica aufnahm, meiner einzigen Cousine. Ich hatte oft mit dem Gedanken gespielt, sie zu besuchen, vor allem während meiner Zeit als Pilot bei der großen skandinavischen Fluggesellschaft, als ich regelmäßig über Nacht in

Hamburg war. Doch es war nie dazu gekommen. Damals war auch Dora noch am Leben gewesen. Es ist mir selbst ein Rätsel, warum ich den Kontakt zu meinen deutschen Verwandten nicht suchte, als ich die Möglichkeit hatte und sie noch am Leben gewesen waren. Wahrscheinlich aus Angst. Aber wovor? An meine erste Begegnung mit Jessica habe ich keine Erinnerungen. Sie war damals neunundzwanzig, ich drei. Es war 1964, ein Jahr nachdem John F. Kennedy seine Ich-bin-ein-Berliner-Rede gehalten hatte. Wenige Monate später war ihm der halbe Schädel weggepustet worden. Den »Liebling von Jessie« nennt Tante Dora mich in ihren Briefen. Nach nur einer Begegnung war ich Jessies Liebling geworden.

In einem späteren Brief schreibt Dora: »Jessie schwärmt noch immer für ihn.«

Wie gesagt, ich selbst habe keine Erinnerungen an meine erste Eroberung. Doch an unsere zweite Begegnung kann ich mich sehr wohl erinnern. Es war im Jahr nach dem Münchner Olympia-Attentat. Ich war zwölf und präpubertär. Wir machten Urlaub in Tunesien und feierten den Sechzigsten meines Vaters, als uns auf der Strandpromenade in Sousse plötzlich Jessica und ihr Mann über den Weg liefen. Völlig ungeplant, einer dieser seltsamen, unerklärlichen Zufälle.

»Hallo, Onkel!«, rief jemand.

Wie aus dem Nichts stand sie vor mir, Cousine Jessica. Sie trug ein buntes Bikini-Oberteil unter einer locker sitzenden Bluse, ein um die Taille gebundenes Strandtuch und hoch geschnürte Sandalen. Sie war fröhlich, braun gebrannt und sehr weiblich. Ich konnte meinen Blick nicht von ihr abwenden, starrte sie an und schämte mich. Dafür, dass ich sie anstarrte und es alle mitbekamen, und dafür, dass ich nur ein kleiner Junge war. Doch sie war mir nicht böse, und als wir uns nach dem gemeinsamen Abendessen zum Abschied umarmten, landete meine Hand auf einem Stück nackter Haut über ihrer Hüfte. Ich hatte so etwas noch nie gefühlt und ließ meine Hand einen Moment zu lange dort liegen.

Jessica nahm es mir nicht übel. Stattdessen lächelte sie mich an. Es war nicht das nachsichtige Lächeln einer Erwachsenen, die ein Kind ansieht. Es war ein Lächeln, das eine Frau einem Mann schenkt, wenn er ihr ein Kompliment gemacht hat und sie ihm signalisieren möchte, dass sie das Kompliment wertschätzt. Ich lief rot an, und das tue ich noch heute, wenn ich an diesen Augenblick an der Corniche in Sousse zurückdenke.

Das Haus in der Mitte des Scheidewegs
Hamburg, Großdeutsches Reich

»In einer Nacht im Sommer wurde ich von Mutti geweckt«, erzählte Jessica mir in ihrer Wohnung in Geesthacht, ein halbes Leben nachdem sie mir am Mittelmeer ein Lächeln geschenkt hatte.

»Es war mitten im Sommer 1943. Bombenalarm. Wir lagen schon im Bett, als die Sirene aufheulte. Es war ein Sonntag, Mutti und ich hatten einen Ausflug gemacht. Der Tag war warm gewesen, und die Nacht war mild. Es war natürlich nicht der erste Bombenalarm, den wir erlebten. Inzwischen war es quasi zur Normalität geworden, und eigentlich ging es immer gut aus. Aber in dieser Nacht war alles anders.

Wir gingen nach unten ins Parterre. Der Sohn des Hausmeisters war gerade auf Heimaturlaub da. Er versuchte uns alle zu beruhigen, führte uns quer durch den Garten zum Bunker unter dem Hinterhaus und half uns dort hinein, einem nach dem anderen. Ungefähr eine Woche blieben wir dort unten. Nur die Erwachsenen gingen nach der ersten Bombennacht kurz auf die Straße. Den Scheideweg gab es nicht mehr. Da standen nur noch drei Häuser, eins am Anfang und eins am Ende der Straße. Und unser Haus in der Mitte. Überall lagen Leichen, von den englischen Phosphorbomben verkohlt und verstümmelt.« Jessica hielt inne und trank einen Schluck Wasser.

»Ja«, fuhr sie dann fort, und ich sah, dass ihr Augenlid zuckte, »es waren ›die Tommies‹ gewesen, die Engländer.«

Ich nickte.

»Nach drei Tagen durften wir Kinder auch nach draußen, mit verbundenen Augen, aber wir linsten natürlich trotzdem. Dann mussten wir gleich wieder zurück in den Bunker. In den folgenden Nächten wurden andere Stadtteile angegriffen, aber Eimsbüttel war zuerst dran gewesen. Unser Stadtteil lag in Schutt und Asche. Erst nach acht Tagen wagten wir es, den Bunker wieder zu verlassen.«

Jessica holte Fotos aus ihrer Kindergarten- und Schulzeit hervor. Auf einem hielt sie ein Mädchen an der Hand, ihre beste Freundin. An den Namen konnte sie sich nicht mehr erinnern. Jessicas Freundin war nur acht Jahre alt geworden.

Die Fotos, die wir betrachteten, befanden sich noch in derselben Keksdose aus Blech, in der sie gelegen hatten, als die Bomben auf Hamburg fielen. Die Dose war in der obersten Schublade einer Kommode verstaut gewesen, die wiederum in einer Wohnung in der dritten Etage dieses Hauses gestanden hatte, als die britischen Sprengbomben die Hausdächer zerfetzten, damit die darauffolgende Welle aus Phosphorbomben das nackte Gebälk in Flammen setzen konnte.

Außer der Blechdose mit den Schwarz-Weiß-Fotos hatten darin auch Walters Briefwechsel aus der Gefangenschaft, seine Schulaufsätze, sein Gefängnistagebuch sowie alle anderen Tagebücher gelegen.

Nur weil das Haus in der Mitte des Scheidewegs unversehrt blieb, hatten die Briefe, Aufsätze und Tagebücher überlebt.

Schontje hatte recht gehabt. Der Mann, der mein Vater wurde, hatte die Briefe und Aufzeichnungen tatsächlich erst nach dem Krieg zurückbekommen. Und die Person, die sie ihm gegeben hatte, war Dora gewesen. Dank Dora, die die Briefe und Tagebücher für ihn aufbewahrt hatte, konnten meine Schwester und ich alles in Umzugskisten packen, diese auf dem Dachboden des Hauses in Björknäs verstauen, bis ich sie viele Jahre später wieder herunterschleppte.

Ein verzögertes Kommando des Bombenpiloten, Probleme mit dem Mechanismus der Bombenluke, ein Windhauch oder feindlicher Beschuss durch die Flakbatterien vom Dach des monströsen Betonbunkers am Heiligengeistfeld hatten das Haus in der Mitte des Scheidewegs gerettet.

Jessica machte uns Mittagessen. Sie selbst aß kaum einen Bissen, sorgte aber dafür, dass ich gut zulangte. Dann holte sie Kaffee und eine Platte mit Gebäck von der Konditorei um die Ecke und nahm sich ein halbes Mandelplätzchen. Ich machte ihr Komplimente zu ihrer Frisur und staunte, als sie mir erklärte, dass es nicht ihre eigenen Haare waren. Sie trug eine Perücke. »Ich fühle mich immer noch geschwächt von der Chemotherapie«, sagte sie. Deshalb wollte sie mich nicht in die Theatersammlung in der Hamburger Staats- und Universitätsbibliothek begleiten. Dort befanden sich die Notizbücher ihres Vaters Max, die neben Aufzeichnungen auch Zeitungsausschnitte und Theaterprogramme enthielten. Auch fühlte sie sich nicht in der Lage, mit mir einen Spaziergang nach Eimsbüttel zu machen.

Wir beschlossen, den Spaziergang bald nachzuholen. Sie werde mir dann das Haus am Scheideweg zeigen, versprach sie, und ich versprach ihr, sie in Stockholm herumzuführen und ihr meine Kinder vorzustellen.

Auch das Abendbrot rührte Jessica nicht an. Danach begleitete sie mich zur Bushaltestelle. Zaghaft umarmten wir uns zum Abschied. Sie war so dünn, dass ich ihre Rippen durch die Kleidung spürte. Ich fragte sie nach ihrer Krankheit, doch sie konnte mir nicht mehr antworten, denn im selben Moment kam der Bus. Sie stieg ein, erklärte dem Fahrer, wo ich hinmusste, und stieg wieder aus.

Ich setzte mich ganz nach hinten und winkte ihr zu, erst durchs Seiten-, dann durchs Heckfenster. Und Jessica lächelte mir zu wie damals am Mittelmeer. Es kam plötzlich. Ich war nicht auf das Lächeln vorbereitet gewesen und blickte immer noch starr in die Dunkelheit, als die Haltestelle längst außer Sichtweite war. Ich sah sie vor mir, braun gebrannt und fröhlich an der Corniche – wie sie ihren Kopf in den Nacken warf und lächelte, ja, an jenem Abend in Sousse hörte sie gar nicht auf zu lächeln.

Von meinem Platz aus blickte ich aus dem Fenster und sah die Straßen von Geesthacht, die krebskranke Frau, meine einzige Cousine, ihr Lächeln am Mittelmeer. Ich dachte an die Jahre, in denen wir keinen Kontakt gehabt hatten. Wie war das möglich gewesen? Wir hatten doch so viel gemeinsam, konnten frei und unbeschwert miteinander sprechen. Das, was deutsch in mir war, fühlte sich nicht mehr so bedrohlich an.

Jetzt wird es anders, versprach ich mir selbst. Endlich hatte ich zu meiner deutschen Familie zurückgefunden.

Haus in Björknäs
Stockholm, Königreich Schweden

Es war einer der wärmsten Tage des Sommers. Ich stand in der Badehose auf der kleinen, nach Südosten gehenden Gästehausveranda, als das Telefon klingelte. Ich blinzelte in die Sonne, um die Kinder im Auge zu behalten, die in ihrem Planschbecken zwischen dem Apfelbaum, der Kastanie und der großen Lärche spielten. Am anderen Ende der Leitung war eine deutsche Frau. Sie stellte sich als Krankenschwester im Hospiz in Geesthacht vor. Jessica liege jetzt dort. Ob ich wisse, was das bedeutete?

»Ja, das weiß ich«, sagte ich, hatte aber Mühe, die Bedeutung dessen, was die Frau mir soeben mitgeteilt hatte, zu erfassen.

»Möchten Sie kurz mit Ihrer Cousine sprechen?«

»Jaaa?« Plötzlich fühlte ich mich so obszön lebendig, als ich halbnackt zwischen den johlenden Kindern stand und nach meinem Hemd suchte. Jessica in einem Hospiz. Sie lag im Sterben. »Ja, natürlich«, sagte ich. »Ich will gerne mit ihr sprechen.«

Jessicas Stimme klang schwach und gepresst. Sie sagte, sie würde frieren. Sie nehme Schmerzmittel, und es tue ihr sehr leid, dass sie sich nicht früher gemeldet habe, wo sie sich doch so über unser Treffen gefreut habe. Die Zeit danach sei hart gewesen. Sie hatte nicht mehr allein in ihrer Wohnung bleiben können. Erst hatte sie ein paar Tage in einer Klinik verbracht, dann hatten sich Angehörige um sie gekümmert, und jetzt lag sie im Hospiz. Sie hatte meine Telefonnummer nicht mehr gefunden.

Ich sagte: »Das macht doch nichts, jetzt sprechen wir ja miteinander.«

Mehrmals wiederholte sie meinen Namen. Es tue ihr leid, dass nun doch nichts aus unseren gemeinsamen Spaziergängen werden würde. Sie hätte so gerne … Sie hätte wirklich … Aber, vielleicht habe es nicht sollen sein.

Ich sagte, ich könnte in ein Flugzeug steigen, jetzt, sofort ...
vielleicht war es trotz allem noch nicht zu spät.

»Doch«, sagte Jessica. »Es ist zu spät.«

Währenddessen suchte ich weiterhin nach meinem Hemd.
Dann erzählte Jessica, dass Biedermann sie vor ein paar Wochen besucht habe.

»B-Biedermann?«, fragte ich und musste beinahe losprusten,
als hätte sie mir einen Witz erzählt. Aber was war witzig daran, dass Biedermann bei ihr im Hospiz gewesen war? Nichts.
Endlich fand ich mein Hemd, das über einer Stuhllehne
hing, und schlüpfte in einen Ärmel.

Jessica hatte Biedermann gebeten, sich bei mir zu melden,
was er auch versprochen hatte, aber offensichtlich hatte er
mich noch nicht erreicht. Heute habe er sie wieder besucht
und ihr meine Nummer gegeben. Und die Krankenschwester
habe mich sofort erreicht. Sei das nicht merkwürdig?

»Doch, sehr merkwürdig«, sagte ich und knöpfte den untersten Knopf zu. »Biedermann?«

»Ja«, sagte Jessica leise. Dann versagte ihr die Stimme.

Die Krankenschwester meldete sich wieder und gab mir die
Telefonnummer des Hospizes. Ich dürfe gerne wieder anrufen, und wenn Jessica in »der Verfassung« sei, könne ich mit
ihr sprechen. Ich dürfe sie auch gern besuchen, Jessica würde sich sicher freuen. Allerdings solle ich mir keine allzu großen Hoffnungen machen und nicht zu lange warten, wenn ich
meine Cousine noch ein letztes Mal sehen wolle. Es sei eine
Frage von Wochen, vielleicht von Tagen, so genau könne sie
das nicht sagen.

· Niemand konnte es sagen. Vor allem nicht Jessica.

Biedermann bestand darauf, mich vom Flughafen Hamburg-Fuhlsbüttel abzuholen. Wir nahmen ein Taxi zum Hauptbahnhof. Er erzählte, er habe Probleme mit der Internetverbindung gehabt und seine E-Mails nicht mehr abrufen können.

Plötzlich habe dann alles wieder funktioniert, und da habe er endlich meine Nachrichten gefunden.

»Wirklich sehr bedauerlich«, meinte er.

»Was ist bedauerlich?«, fragte ich.

»Alles«, sagte er, ohne besonders bedrückt zu wirken. Im Gegenteil.

Schweigend hörte ich ihm zu, als er mir von der »lebensbejahenden Unterhaltung« mit Jessica im Hospiz berichtete. Er sei so glücklich über die Freundschaft mit Schontje und mir, die nun auch zu einem »ganz besonderen Verhältnis zu Jessy« geführt habe. Er trauere sehr um sie.

Es klang, als wären sie alte Freunde und als wäre Jessica längst tot.

»Jessica ist meine einzige Cousine.« Meine Stimme kippte ins Falsett, ehe sie komplett versagte.

Mit allem, was ich heute weiß, verstehe ich, dass ich meine Cousine wahrscheinlich nicht rechtzeitig kontaktiert hätte, wenn Biedermann sich nicht an sie gewandt hätte. Dass ich ihm irgendwie dankbar sein muss. Ich bin dankbar. Aber die Art und Weise, wie er sich in unsere Familie eingemischt hat, ist für mich schwer zu akzeptieren. Er hätte mir ja einfach Jessicas Adresse zusenden können, ohne selbst eine Rolle in der Geschichte zu beanspruchen. So ist meine Dankbarkeit leider mit sehr widersprüchlichen und unangenehmen Gefühlen vermischt.

Mit Biedermann darüber zu diskutieren war sinnlos. Er war völlig unempfänglich für meine Argumente. Das Klügste, was er vorbrachte, war noch, dass seine Tochter kürzlich gemeint habe, in seinem Alter müsse man sich über nichts mehr Sorgen machen. Er könne jetzt tun und lassen, was er wolle. Anders als seine Lügen zu den E-Mails leuchtete mir diese Erklärung halbwegs ein.

»Aber wollen Sie wirklich so behandelt werden?«, fragte ich. »Wie ein unzurechnungsfähiger alter Mann?«

Er antwortete nicht.

Am Hauptbahnhof angekommen, sagte ich, er brauche nicht mitzukommen, er könne seine Tochter bitten, ihn abzuholen, oder sich ein Taxi nehmen und verschwinden, Hauptsache, er würde mich nicht ins Hospiz in Geesthacht begleiten. Ich wolle ihn dort nicht sehen. Jetzt sei Schluss mit »Wiedergutmachung«. Ob er mich verstanden habe?

Biedermann antwortete weder mit Ja noch mit Nein und blickte mich nur fragend an, dort auf den weißen Steinplatten, die den Sicherheitsabstand zu den Gleisen markierten. Er war dem Abgrund provozierend nahe.

Ich spürte, wie mir Tränen in den Augen brannten. Aus dem dunklen Tunnel tauchte der Zug nach Bergedorf auf, mit einem lauten Zischen von den Luftdruckbremsen. Je näher der Zug kam, desto niedriger wurde die Frequenz der Zischlaute. Kurz verspürte ich den Drang zuzuschlagen, sah vor mir, wie meine geballte Faust auf Biedermanns Kinn traf, geräuschlos und in Zeitlupe wie im Film. Sein Kopf wurde nach hinten geschleudert, worauf Biedermann das Gleichgewicht verlor. Dann ein Stoß, und er fiel rücklings auf die Gleise.

Biedermann muss mir angesehen haben, was ich dachte. Oder er befolgte schlichtweg die Aufforderung aus dem Lautsprecher – »Bitte zurückbleiben!« –, denn als ich in den Zug stieg, ohne mich umzudrehen, blieb er reglos auf den weißen Steinplatten stehen.

Fontiva Hospiz
Geesthacht, Bundesrepublik Deutschland

»Besuch«, sagte die Krankenschwester und ließ uns dann allein. Ich stand in der Tür, mit meiner Reisetasche statt mit Blumen. Ich hatte vorgehabt, einen Strauß in Bergedorf oder Geesthacht zu besorgen, damit er bei meiner Ankunft noch frisch wäre, aber nicht einmal das hatte ich geschafft. Ich betrat das Zimmer und stellte meine Reisetasche ab. Ein beißender, schwer bestimmbarer Geruch stieg mir in die Nase.

Im Bett saß eine Gestalt, die Augen geschlossen, halb aufrecht, die Knie an sich gezogen, als wollte sie ihren Bauch schützen. Es war eine Frau. Nackt bis auf ein T-Shirt und Windeln. Ihre dünnen Beine ließen die Kniescheiben nahezu grotesk groß wirken, und ihre Halsmuskeln waren stark angespannt. Ich musste unweigerlich an einen gerupften Vogel denken. Und an Bilder aus dem Konzentrationslager.

Dass das kümmerliche Wesen dort im Bett Jessica sein sollte, wollte mir kaum in den Kopf gehen. Sie hatte mich zwar vorgewarnt, dass sie mittlerweile weniger als vierzig Kilo wog, aber so schlimm hatte ich es mir nicht vorgestellt. Sie hatte mir auch erzählt, dass sie sämtliche Nahrung erbrach. Das war jetzt eine Woche her. Außerdem hatte sie noch gesagt, sie hoffe, es würde bald zu Ende sein, und dann zum Abschluss: »Tschüss!«. Ein Abschied in der Sprache, die meine Sprache hätte werden sollen, die ich aber nie richtig beherrschen werde.

Danach gingen nur noch die Krankenschwestern ans Telefon, wenn ich anrief. Manche kannte ich bereits mit Namen. Ich wusste, dass Jessica weitere Behandlungen abgelehnt hatte, dass sie nichts mehr aß, kaum trank und nur noch darauf wartete, dass es zu Ende ging.

»Mein kleines Cousinchen«, sagte ich und nahm ihre Hand, die sehr gepflegt war. Ihre Finger waren lang und schlank, aber nicht knochig. Es war dieselbe Hand, die vor nur wenigen Monaten die Schwarz-Weiß-Bilder durchgeblättert und zu Anbeginn der Zeit vor dem Restaurant in Sousse meine verschwitzte Jungenhand gehalten hatte. Erst jetzt war ich überzeugt, dass tatsächlich Jessica hier vor mir lag. Mir wurde schwindelig, und ich hielt mich an ihrer Hand fest. Das Einzige, was anders war, war die Temperatur; ihre Hand war jetzt bedeutend kälter als bei unserem Treffen in Geesthacht.

Mehrmals wiederholte sie meinen Namen.

»Endlich bist du hier.«

Sie hielt die Augen geschlossen, aber ihre Lider zuckten, als würde sie träumen.

»Apfelsaft …«, sagte sie. Die Frauen in Weiß waren verwundert, als ich den Saft aus der Teeküche holte.

»Die letzten Tage hat sie nur Wasser getrunken … wenn überhaupt.«

Ich sprach mit ihr, »meinem kleinen Cousinchen«, das alt genug war, um meine Mutter zu sein. Ich sprach langsam und deutlich, und sie nickte oder schüttelte den Kopf, ruckartig wie eine Taube. Ich gab mir Mühe, so viel Wärme und Mitgefühl wie möglich in meine Stimme zu legen.

Ich fragte, ob ich ihr aus den Briefen vorlesen solle, die ihr Vater, mein Onkel Max, an Walter ins Konzentrationslager geschickt hatte und später aus Buenos Aires an meinen Vater in Stockholm. Nein, nicht lesen. Ihr fehle die Kraft.

Stattdessen erzählte ich ihr von Dingen, die ich in den Briefen gelesen hatte. Davon, dass ihr erstes Wort »Papa« gewesen war, und von der Puppe, die sie 1937 zu Weihnachten bekommen hatte. »Sie hieß Li-Lo. Kannst du dich erinnern?« Sie nickte. Natürlich erinnerte sie sich, schließlich hatte Biedermann ihr die Briefe erst kürzlich vorgelesen.

Ich fragte, ob sie noch den Tauflöffel habe, ein Geschenk von Walter. Jetzt konnte sie weder nicken noch verneinen.

Ich sprach von den Spaziergängen, die wir uns vorgenommen hatten, zu denen es aber wohl nicht mehr kommen werde. Ob sie mir noch zuhörte, wusste ich nicht. »Wenn ich die Spaziergänge jetzt allein mache, werde ich an dich denken«, sagte ich, und noch im selben Moment wurde mir klar, dass ich besser geschwiegen hätte. Also erzählte ich ihr, dass es gerade regnete und dass am Morgen die Sonne so schön geschienen hatte, als ich in Björknäs ins Taxi gestiegen war – vor dem Haus am Meer. Ich erzählte von der Fahrt durch die schwedische Sommerlandschaft.

Warum sprach ich von derart banalen Dingen? Warum erzählte ich nicht von dem Nachmittag vor langer Zeit, als wir uns an der Strandpromenade in Sousse über den Weg gelaufen waren und davon, wie wichtig ihr Lächeln für mich gewesen war.

Warum erzählte ich nichts davon?

Als ich an einem anderen Morgen ins Hospiz kam, hatte man Jessica ein frisches, aber zerschlissenes Baumwollnachthemd angezogen. Der Stoff war so dünn, dass ich förmlich ihre Rippen zählen konnte. Sie trank wieder nur Wasser, in kleinen Schlucken, durch einen gekrümmten Strohhalm, den ich festhalten musste.

Es waren einige Tage vergangen, seitdem wir zum letzten Mal so etwas wie eine Unterhaltung geführt hatten. Sie brachte nur einen längeren Satz hervor: Sie nannte meinen Namen und sagte, dass sie jetzt, heute, sterben würde.

Ich sollte ihr vom Wetter erzählen, von der Sonne, die jetzt schien, und dem nahezu tropischen Regen, der in der Nacht gefallen war. Mehrmals dachte ich, jetzt würde sie sterben. So, wie sie es prophezeit hatte. Erst wurden ihre Atemzüge tiefer, als würde sie darum ringen oder dagegen ankämpfen, dann immer flacher, bis sie ganz aufhörte zu atmen. Sie bewegte sich nicht mehr. Doch plötzlich setzte ihr Atem wieder ein. Sie kämpfte. Sie konnte nicht loslassen. Als draußen ein Gewitter losging, fragte ich, ob sie den Regen hörte.

»Ja«, antwortete sie. Oder nickte sie nur? Jetzt, während es draußen donnert, wird sie den Widerstand überwinden, dachte ich.

Aber als die Sonne wieder zum Vorschein kam, war sie immer noch bei mir. Ihr war warm, und ich öffnete das Fenster. Ihr war kalt, ich schloss das Fenster, deckte sie zu, nahm die Decke weg, öffnete das Fenster erneut. Sie sagte oder nuschelte: »To ... iiii ... lette«. Ich fragte, ob sie dorthin wolle, worauf sie nickte, was bedeutete, dass sie eine trockene Windel brauchte. Ich rief die Krankenschwester und verließ das Zimmer.

Im Laufe des Nachmittags zog sie sich immer mehr in sich zurück. Ich saß neben dem Bett und hielt ihre Hand, während ein Krampf den anderen ablöste, in immer kürzeren Abständen. Aus Jessicas Gesicht verschwand jegliche Farbe. Ihr Griff um meine Hand wurde fester. Sie war stark.

Dann wurde der Griff schwächer. Sie atmete ein, atmete aus.

Endlich fasste ich mir ein Herz und erzählte ihr, was mir ihr Blick am Mittelmeer damals bedeutet hatte. Und so saßen wir da, Jessicas Hand in meiner, ich sprach mit ihr und lauschte den Geräuschen, die von der Straße heraufdrangen. Spielende Kinder, ein Autoradio, ein Lachen.

Das Haus in der Mitte des Scheidewegs
Hamburg, Großdeutsches Reich

Jessica war dabei gewesen, als Minna und Gustav Anfang Dezember 1941 für immer den Scheideweg verließen. Sie hat mir erzählt, dass die Koffer fertig gepackt im Flur standen, als sie das letzte Mal zusammen gefrühstückt hatten. Am nächsten Tag klopfte es dann frühmorgens an der Tür. Die Gestapo.

Umzugsleute schleppten Möbel und sonstigen Hausrat aus der Wohnung, und Dora kämpfte verzweifelt um die Sachen, die nicht auf der Inventarliste der Gestapo standen. Wie zum Beispiel die Kommode, in der Walters Briefe aus der Haft, seine Tagebücher und Schulaufsätze sowie die Blechdose mit den Fotos lagen.

Als die Gestapo-Männer die Wohnung wieder verließen, war sie bis auf ein Zimmer vollkommen leergeräumt. Die Gardinen waren abgenommen und sämtliche Glühbirnen herausgeschraubt worden. Sogar der Wandkalender, ein Werbegeschenk der Versicherungsgesellschaft, hing nicht mehr an der Wand.

Zwei Zimmer hatte die Gestapo plombiert. Sie blieben drei Monate verschlossen, bis eine Familie einzog, deren Wohnung bei einem Bombenangriff zerstört worden war. Doch bis dahin musste Dora für die gesamte Miete allein aufkommen.

Am 16. Februar 1942 wurde das Inventar aus dem Scheideweg versteigert. Nach Abzug der Unkosten für Löhne, diverse Abgaben, Transport, Lagerung, Werbung und Auktionsdurchführung brachte Minnas und Gustavs Hausrat 745 Reichsmark und 90 Pfennig ein.

Sicher hätten Minna und Gustav das Geld gern John, Max und Walter geschickt, die zur Zeit der Fahrnisversteigerung in Brasilien, Argentinien und Schweden ums Überleben kämpften.

Nach Kriegsende brachte man Menschen, die von den Nazis verfolgt worden waren, in Lagern für sogenannte Displaced Persons unter. Wer sein Eigentum verloren hatte, verlangte es zurück oder zumindest eine finanzielle Entschädigung. Diejenigen, die aus politischen oder »rassentechnischen« Gründen ihre Arbeit verloren hatten, kämpften darum, wieder eingestellt zu werden.

282

Den Opfern der nationalsozialistischen Herrschaft wurde »Wiedergutmachung« versprochen, und zu diesem Zweck wurde eine Behörde gegründet – das »Amt für Wiedergutmachung«.

Amt für Wiedergutmachung
Hamburg, Bundesrepublik Deutschland vor der Wiedervereinigung

Für den Mann, der mein Vater später werden soll, wird das Thema Wiedergutmachung erstmals im Januar 1951 aktuell. Hans Brand – der alte Freund aus der Anton-Rée-Realschule und der antifaschistischen Widerstandsgruppe, der Mithäftling in Kola-Fu und Oslebshausen – berichtet in einem erschütternden Brief vom 4. Januar 1951, wie sein weiteres Leben verlaufen ist. Persönlicher Konkurs. Frau und Kinder tot. Das Einzige, was ihn noch vom Selbstmord abhalte, sei seine alte Mutter. Er fragt Walter, ob er eine Entschädigung für die drei Jahre Haft erhalten habe. Er verwendet den Begriff »Haftentschädigung« nicht »Wiedergutmachung« auch wenn die Haftentschädigung Bestandteil des Wiedergutmachungsverfahrens ist.

Brand bietet Hilfe bei dem Antrag an, doch Walter beschließt, keine Haftentschädigung zu verlangen. Für sein Dafürhalten ist die Art und Weise, wie die Wiedergutmachung umgesetzt wird, geschmacklos. Er will damit nichts zu tun haben.

Er schreibt:

Ich hatte das Gefühl, man wollte mir etwas abkaufen, das nicht zu kaufen ist. Ich fand vor allen Dingen, daß das Leben meiner ermordeten Eltern schwer in einschlägiger Münze zu berechnen war.

Walters älterer Bruder John geht pragmatischer an die Sache heran. Schon am 19. Februar 1948 reicht er seinen Antrag auf Haftentschädigung für die zwei Verhaftungen in den Jahren 1935 und 1938 sowie die darauffolgenden fünfzehn Monate und elf Tage in verschiedenen Konzentrationslagern und Gefängnissen ein. Außerdem verlangt er eine Entschädigung dafür, dass er im Frühjahr 1933 seine Arbeit im Statistischen Landesamt verloren hat.

Da John mittlerweile in São Paulo lebt, kümmert sich seine Schwägerin Grete Wagner vor Ort in Hamburg um das Verfahren. Den Akten zufolge stattet Grete dem Hamburger Amt für Wiedergutmachung regelmäßige Besuche ab und führt einen regen Briefwechsel mit dem zuständigen Sachbearbeiter.

Immer wieder tauchen verschiedene rechtliche, verfahrenstechnische und praktische Probleme auf, die sie aus dem Weg räumen muss, damit das Verfahren voranschreiten kann. Eines dieser Probleme: John lebt in Brasilien. Laut Gesetz wird die Wiedergutmachungsentschädigung jedoch ausschließlich an Personen ausgezahlt, die in Hamburg wohnhaft sind und im Januar 1949 ebendort gemeldet waren.

In einem Schreiben vom 24. Oktober 1950 betont Grete Wagner, wie absurd diese Regelung sei. Die Nazis hätten ihren Schwager zur Flucht gezwungen, und deshalb sei er zum fraglichen Zeitpunkt in Brasilien gemeldet gewesen, wo er nach wie vor lebe. Sie beschreibt, wie John von den Nazis verfolgt und gepeinigt wurde, von der Folter im KZ Sachsenhausen. John war gesundheitlich schwer angeschlagen, als seine Frau Else ihn im Dezember 1938 unter der Voraussetzung freibekam, dass er Deutschland binnen dreißig Tagen verlassen würde. Zwei Jahre später wurde ihm die deutsche Staatsbürgerschaft entzogen, und er erhielt einen brasilianischen Fremdenpass. Brasilien mit diesem Pass zu verlassen, hätte bedeutet, dass er nicht wieder hätte zurückkehren können.

Daher, schließt Grete, wäre es so unmenschlich wie absurd, den Antrag auf Haftentschädigung abzulehnen, weil John nicht in Hamburg wohne und zum angegebenen Datum nicht in Hamburg gemeldet gewesen sei.

Im August 1951 schreibt John selbst einen Brief ans Amt für Wiedergutmachung. Er habe sich zu einer Reise nach Europa entschlossen, unter anderem um einen zuständigen Sachbearbeiter zu treffen. Die Reise sei nun möglich, da er mittlerweile die brasilianische Staatsbürgerschaft und einen brasilianischen Pass besitze.

Außerdem beantragt er einen Vorschuss auf die erwartete Entschädigung. Das Amt will jedoch keinen Vorschuss bewilligen, abermals mit der Begründung, dass John am 1. Januar 1949 nicht in Hamburg gemeldet war. Stattdessen wird ihm ein Darlehen über dreihundert D-Mark zugesprochen, das ihm ermöglichen soll, sein Anliegen persönlich vorzutragen.

Als John nach Hamburg reist und das Amt für Wiedergutmachung aufsucht, teilt man ihm mit, er und seine beiden Brüder könnten »Haftentschädigung« für ihre Eltern beantragen, die im Dezember 1941 deportiert und seitdem nicht mehr gesehen wurden – man bedenke, dass sie am 1. Januar 1949 nicht in Hamburg gemeldet waren.

Also stellt Grete Wagner in Johns Namen einen Antrag auf Haftentschädigung für Minna und Gustav, entsprechend der Anweisungen, die John im Amt erhalten hat. Dadurch werden indirekt auch Johns Brüder als Miterben in das Wiedergutmachungsverfahren involviert.

Im September 1951 antwortet das Amt für Wiedergutmachung, man habe Johns Antrag erhalten. Eine Auszahlung komme jedoch erst dann infrage, wenn die Erben wieder in Hamburg wohnhaft seien.

Im Oktober 1951 erhält Grete Wagner einen weiteren Brief. Diesmal heißt es, der Antrag auf Haftentschädigung für Minna und Gustav sei zu spät eingereicht worden. Grete müsse eine Ausnahmegenehmigung beantragen und die Verspätung begründen, bevor das Verfahren weiterbearbeitet werden könne.

Das Amt für Wiedergutmachung macht es denen, die Wiedergutmachung erfahren wollen, wahrlich nicht leicht.

Im November 1951 fasst das Amt für Wiedergutmachung einen Beschluss bezüglich Johns Antrag auf Haftentschädigung für die fünfzehn Monate, die er in verschiedenen Konzentrationslagern und Gefängnissen eingesessen hat. Aus verschiedenen Gründen wird der Antrag abgelehnt, zum Beispiel weil John nicht nachweisen kann, dass er im Sommer 1938 tatsächlich verhaftet wurde.

Grete Wagner ficht den Beschluss an, was zu einer weiteren Ablehnung führt, die neuerlich angefochten wird, was jedoch immer noch nicht zum gewünschten Ergebnis führt.

Am 15. Januar 1953 schreibt Grete dem zuständigen Sachbearbeiter im Amt für Wiedergutmachung in einem Brief, es existiere kein Nachweis darüber, dass John sich zwischen Juni und Dezember 1938 in Haft befand,

weil er keinen Entlassungsschein erhielt und meine Schwester, seine Frau, mir am selben Tag der zweiten Inhaftierung erzählte, daß ihr Mann ohne Vorlage irgendwelcher Verhaftungsausweise angeblich zu einer Vernehmung durch einen Gestapobeamten morgens gegen 8 Uhr abgeholt worden wäre. Meine Schwester war nach der ganzen Entwicklung der damaligen Verfolgung genötigt, ihren Hausstand zu verschleudern und bei mir eine Unterkunft zu suchen, um nach den bei den Behörden erhaltenen Auskünften (u.a. war sie mehrfach in Berlin bei verschiedenen Ministerien wegen Freilassung meines Schwagers vorstellig) sofort intensiv die Auswanderung vorzubereiten.

Mein Schwager ist dann am 17. Dezember 1938 nachts bei mir in einem erbarmungswürdigen Zustand, krank und elend eingetroffen, so daß er sofort sich in ärztliche Behandlung begab, wegen Entzündungen am Kopf und an den Füßen. Es ist mir genau erinnerlich, daß beide Eheleute nach der Entlassung von morgens bis abends mit Butterbroten unentwegt nach einer Möglichkeit der Auswanderung gesucht haben, weil mein Schwager nur gegen Zusicherung der sofortigen Ausreise aus dem KZ gekommen war, da er nach einem Monat wieder abgeholt werden würde und nie wieder rauskäme. Die damaligen Verhältnisse erlaubten es beiden Eheleuten auch nicht, irgendein Lokal bei ihren anstrengenden und aufreibenden Bemühungen um ein Visum aufzusuchen, und sie erzählten mir, daß sie unterwegs an einer Bude verstohlen sich ein Getränk geben ließen.

Mein Schwager machte in der Wohnung schon einen völlig verstörten Eindruck und drückte sich am Korridor immer ängstlich an mir vorbei, war also schon rein körperlich, abgesehen von der sonstigen Unmöglichkeit der Arbeitsbeschaffung, nicht in der Lage, etwas zu verdienen. Es war ein Wettrennen mit der Zeit, um den gesetzten Termin innezuhalten.

Grete setzt sich weiterhin für John ein, doch auch zwanzig Jahre nachdem ihm das Statistische Landesamt gekündigt hat, ist abgesehen von dem Darlehen über dreihundert D-Mark keine Entschädigung in Sicht.

Hamburg, São Paulo, Buenos Aires und Stockholm
Zu Zeiten der »Wiedergutmachung«

Im Frühjahr 1953 kommt es zu weiteren Gesetzesänderungen bezüglich des Wiedergutmachungs-Verfahrens, was sich auch auf die Situation von Minnas und Gustavs Erben auswirkt. Am 25. November 1953 reicht Grete Wagner in Johns und Max' Namen ein rund sechzigseitiges Konvolut aus ausgefüllten Formularen ein.

John und Max treffen sich inzwischen regelmäßig. John lebt in São Paulo, Max in Buenos Aires, was bedeutet, dass sie nur wenige Flugstunden voneinander trennen. Mittlerweile kämpfen sie gemeinschaftlich um den Nachlass der Eltern. Außerdem klagt jeder für sich auf Schadensersatz für das eigene Leid.

Walter beteiligt sich zunächst nicht an dem Verfahren. Seit er vor fünfzehn Jahren in Hamburg in den Nachtzug nach Mailand stieg, hat er seine Brüder nicht mehr gesehen. Erst am 10. Dezember 1953 reicht er einen eigenen Antrag auf Haftentschädigung ein. Er betreibt »Realpolitik«, seine Meinung zur Wiedergutmachung hat sich deshalb aber nicht geändert. Nach wie vor erscheint ihm die Handhabung des Verfahrens geschmacklos, doch er braucht Geld, um sich Zeit für die Doktorarbeit freizuschaufeln. Deshalb stellt er einen Antrag auf Entschädigung für seine drei Jahre in Haft sowie den Ausschluss von der Universität. Es kostet ihn Überwindung, doch er hat ein Recht auf finanzielle Entschädigung. Ohne die Hitler-Jahre hätte er seine Promotion längst abgeschlossen.

Minna und Gustav haben kein Testament hinterlassen. Deshalb gilt es zunächst die rechtmäßigen Erben zu ermitteln, erst dann kann das Erbe abgewickelt werden.

Am 24. März 1954 schickt Grete Wagner einen Brief ans Amt für Wiedergutmachung. Sie bezeugt, dass John, Max und Walter Minnas und Gustavs einzige Kinder sind und legt diesmal auch eine Vollmacht von Walter bei, der mittlerweile die Absurdität der Situation erkannt hat. Seine Eltern haben ein Erbe hinterlassen, und er ist einer der drei Erben. Entweder er beteiligt sich an dem Verfahren oder er überlässt das Geld seinen Brüdern.

Am 4. Juli 1955 stellt ein Hamburger Gericht fest, dass die drei Brüder tatsächlich Minnas und Gustavs einzige Erben sind, zwischen denen das Erbe aufzuteilen ist. Kurz darauf schlägt das Amt für Wiedergutmachung einen Vergleich im Hinblick auf Minnas und Gustavs Deportation sowie ihre Zeit im Konzentrationslager Jungfernhof bei Riga vor. Da der genaue Zeitpunkt ihrer Ermordung unbekannt ist, wird der 9. Mai 1945, der erste Tag nach Kriegsende, als Todesdatum festgesetzt. Die Freiheitsberaubung wird somit auf die Zeit vom 4. Dezember 1941 bis zum 9. Mai 1945 datiert, was 41 Kalendermonaten entspricht. Die Entschädigung beträgt 150 D-Mark pro Monat und Person, also insgesamt 6150 Mark pro Elternteil. Man bedenke, dass es hier um die sogenannte Haftentschädigung geht.

Dagegen sind Minnas und Gustavs Ermordung in keinem Prozess verhandelt worden und auch nicht Gegenstand des Wiedergutmachungsverfahrens. Alles andere wäre unangebracht. Wie könnte man das Unerträglichste mit Geld aufwiegen?

Der vorgeschlagene Vergleich kann nicht mehr mit Grete Wagner, die die Erben vertritt, abgestimmt werden – sie ist im Herbst 1954 verstorben.

Nach Grete Wagners Tod unterschreiben die drei Brüder je einen Vertrag mit dem Amt für Wiedergutmachung und akzeptieren einen Vergleich über je 2050 Mark pro Elternteil.

Walters Unterschrift ist auf den 11. Dezember 1955 datiert. Von diesem Tag an ist er unleugbar in das Verfahren involviert, mit dem er sich nie befassen wollte.

Er akzeptiert das Geld – eine deutlich geringere Summe, als hätten er und seine Brüder die Eltern auf normale Weise beerbt –, was mit einem Gefühl der Erniedrigung einhergeht. Das Geld steht ihm jedoch zu, und er braucht es, um seine Doktorarbeit fertigzustellen.

Auf Besuch in Deutschland entdeckte ich zu meiner maßlosen Verwunderung, daß mein Zuchthausaufenthalt offenbar eine Belastung war. Ich entdeckte zu meiner noch größeren Verwunderung, daß eine Reihe Personen, die wegen ihrer Beteiligung am nazistischen Regime während einiger Jahre, nämlich 1945-1948, aus ihrem Amt suspendiert worden waren, nicht nur wiedereingestellt wurden, sondern auch »Wiedergutmachung« für den erlittenen Schaden erhielten.

Da begriff ich, daß meine »Feinfühligkeit« nicht am Platze war. Niemand hätte sie begriffen, und die Zeit war nicht günstig für solche subtilen Reaktionen.

Vier Jahre später, im April 1959, wird Minnas und Gustavs Hinterlassenschaft aufgestockt: Dreihundert D-Mark pro Person für die Zeit vor der Deportation nach Riga, in der sie den sogenannten Judenstern tragen mussten. Wieder drei Monate später folgt eine Entschädigung von 3117 Mark. Diese Summe entspricht der Differenz zwischen dem Lohn, den Gustav bekommen hätte, hätte er seine Arbeit als Obersteuerinspektor beim Finanzamt in der Baumeisterstraße 8 fortgesetzt, und der gekürzten Rente, die er stattdessen erhielt.

Im November 1961 kündigt Gustavs ehemaliger Arbeitgeber, die Oberfinanzdirektion Hamburg, 2500 Mark als Entschädigung für »den entzogenen Hausrat und die entzogenen persönlichen Gegenstände« an, die Gustav vor genau zwanzig Jahren auf den Inventarlisten für die Gestapo aufgeführt hat. Diese Listen verwendeten die Gestapo-Männer, als sie einen Tag nachdem Gustav und Minna den Scheideweg verließen, ebendort an die Tür klopften, in die Wohnung eindrangen und vor Doras und Jessicas Augen zwei Zimmer leerräumten.

Wiedergutmachungsarchiv
Hamburg, Bundesrepublik Deutschland

Sämtliche »Wiedergutmachungs«-Dokumente, die meine Familie betreffen, befinden sich im Hamburger Staatsarchiv in Wandsbek. Von den insgesamt zehn Ordnern zu den Verfahren der drei Brüder ist nur einer John zugeordnet. Drei Ordner betreffen meinen Vater, und sechs Ordner enthalten Dokumente aus den verschiedenen Verfahren von Max. In Seiten gerechnet, kommt mein Vater auf etwa zweihundet Seiten, John auf knapp dreihundert, Max hingegen auf mehr als siebenhundert.

Die Voraussetzungen und Strategien der einzelnen Wiedergutmachungsverfahren, in denen es nicht um Minnas und Gustavs Erbe geht, weichen stark voneinander ab.

Max hat sein ganzes Leben dem deutschsprachigen Theater gewidmet. Im August 1939 gründete er die »Deutschsprachige Bühne« das erste deutsche Exiltheater in Argentinien. Er war als Schauspieler, Regisseur, Ballettmeister und Autor in Südamerika tätig, bis er in den 1960er-Jahren wegen einer Krankheit Abschied vom Theater nehmen musste. Danach kämpfte er mit wenig Erfolg um eine Künstlerpension und um Wiedergutmachung.

Er hatte nie im KZ oder Gefängnis gesessen und verfügte über keine Dokumente, um eine Verfolgung nachzuweisen. Wie sollte er belegen, dass seine Karriere hätte anders aussehen können, wenn er nicht gezwungen gewesen wäre, aus Deutschland zu flüchten? Max blieb den Rest seines Lebens in Argentinien, er hat seine Ehefrau Dora, seine Tochter Jessica und seinen jüngeren Bruder Walter nie wiedergesehen.

John dagegen besitzt eine ganze Reihe von Dokumenten. Er hat sogar die Wäsche-Rechnungen von der Überfahrt mit der Hamburg-Südamerikanischen Dampfschiffahrts-Gesellschaft aufbewahrt. Bis Herbst 1954 wird er von seiner Schwägerin Grete Wagner bei dem Verfahren unterstützt. Nach ihrem Tod kümmert er sich selbst darum. Als Wirtschaftsprüfer ist er es gewohnt, seine Papiere in Ordnung zu halten. Er ist geschickt in Verhandlungen und lässt seine Gefühle außen vor.

Von der Entschädigung ist er finanziell nicht abhängig, denn als Teilhaber eines Wirtschaftsprüfungsunternehmens in São Paulo ist er inzwischen Millionär geworden. Ihm geht es in erster Linie darum, das Gesetz zur Anwendung zu bringen und für Gerechtigkeit zu sorgen. Er stützt sein Handeln auf Analysen der ständig veränderten Regeln und versucht, stets auf effizienteste Weise die größtmögliche Entschädigung zu erzielen. Für John ist das Verfahren eine Art Strategiespiel. Lehnt er einen Vergleich ab, dann nur um ein paar Monate später eine höhere Summe herauszuschlagen. Erscheint ihm eine Fortsetzung des Verfahrens aussichtslos, akzeptiert er die angebotene Summe. Als ehemaliger Beamter hat er gute Kontakte zu deutschen Behörden und ein Gefühl für die Grenzen des Möglichen.

Theoretisch könnte er von seinem ehemaligen Arbeitgeber, dem Statistischen Landesamt, verlangen, wieder eingestellt zu werden, und zwar in der Position, die er unter gewöhnlichen

Umständen mittlerweile innehätte. In seinem Fall geht es um den Titel des Regierungsrats. Alternativ kann er sich die entsprechende Rente auszubezahlen lassen.

John entscheidet sich für letztere Option. Die Rente wird auf ein Sperrkonto überweisen, von dem aus das Geld nicht nach Brasilien überwiesen werden kann. Das Konto bei der Privatbank Brinckmann, Wirtz & Co. – die im Krieg »arisiert« wurde, aber später in den ursprünglichen Namen M. M. Warburg & Co. umfirmiert wird – ist einer der Gründe dafür, warum John und seine Frau Else nach Europa und nach Hamburg zurückkehren.

Ich erinnere mich noch an einen Besuch als Kind bei ihnen in Uhlenhorst. Ich saß auf ihrem Balkon mit Blick auf die Alster und trank Himbeersaft. Die Sonnenstrahlen glitzerten auf der Wasseroberfläche – vielleicht regnete es ja doch nicht immer in Hamburg?

Walter hat sein Studium vierzehn Jahre später als geplant aufgenommen. Als er im Dezember 1955 den Vergleich bezüglich des Erbes unterschreibt, hat er die Sorgepflicht für seinen Sohn, meinen großen Bruder, wie es Schontje und er nach der Scheidung vereinbart hatten. Daher treibt er das Wiedergutmachungsverfahren mit aller Kraft voran.

Er muss einen Nachweis vorlegen, dass er, wie der Sachbearbeiter sich ausdrückt, »Volljude« ist. Die Hochschulabteilung der Schulbehörde leugnet jedoch, dass Walter wegen seiner jüdischen Herkunft nicht zum Universitätsstudium zugelassen wurde; ein generelles Studienverbot für Juden habe nicht existiert. Das sogenannte »Gesetz gegen die Überfüllung deutscher Schulen und Hochschulen« sei ein Numerus clausus gewesen, heißt es.

Er könne auch nicht dafür entschädigt werden, dass er im Frühjahr 1933 den Praktikumsplatz im Heim für schwer erziehbare Kinder in der Averhoffstraße verlor, als Juden nicht

mehr im öffentlichen Dienst arbeiten durften. Für unbesolde-
te Praktikanten habe nämlich keine Kündigungsfrist bestanden, heißt es im Schreiben der Hamburger Jugendverwaltung.
Immerhin kann Walter »Wiedergutmachungs«-Zahlungen
für die Haft sowie die Ausbildungsverzögerung erreichen. Im
Sommer 1958 findet die Fußball-Weltmeisterschaft in Schweden statt, und im Juli folgt ein letzter Vergleich bezüglich der
»Ausbildungsschäden«, Walter erhält fünftausend Mark. Er
könnte nun endlich seine Doktorarbeit fertigstellen, doch stattdessen kauft er ein Haus mit der Frau, die meine Mutter wird.
Das Endspiel zwischen Schweden und Brasilien findet im
Råsunda fotbollsstadion in Solna statt. Brasilien gewinnt 5:2,
was Walter seinem großen Bruder nie verzeihen wird.
Im Herbst 1958 zieht Walter alias Michaël alias der Mann,
der mein Vater wird, mit der Frau, die meine Mutter wird, und
meinem großen Bruder in das Haus in Björknäs. Wenige Monate später wird meine Schwester geboren, und weitere zwei
Jahre später komme ich zur Welt.

Haus in Björknäs
Stockholm, Königreich Schweden

Ein Bild in unserem Familienalbum zeigt meinen Vater im
Frack vor unserem Haus in Björknäs. Es entstand im Frühling
1967, zwei Jahre nachdem er das Wiedergutmachungsverfah-
ren mit einem bissigen Brief an Ludwig Erhard, den damaligen
Bundeskanzler, abgeschlossen hatte.
Darin hatte er geschrieben:

Ich habe auch Geld bekommen, und ich bin also »wie-
dergutgemacht« worden. Aber während all dieser Jahre

hat mich niemand gefragt, ob ich die deutsche Staats-
bürgerschaft zurückerhalten wollte. Niemand hat mich
gebeten zurückzukommen. Ich weiß, daß ich wahr-
scheinlich die deutsche Staatsbürgerschaft zurücker-
halten hätte, falls ich ausdrücklich darum nachgesucht
hätte. Aber warum sollte ich um etwas nachsuchen, was
mir rechtmäßig gehört?

Er schließt den Brief mit den Worten, dass er früher einen
deutschen Pass angenommen hätte, dies aber jetzt »unter keinen Umständen« mehr tun würde, selbst wenn man ihn darum bäte.

Für mich, seinen Sohn, ist das anders gewesen. Ich habe die
deutsche Staatsbürgerschaft beantragt und sie 2006 erhalten.
Ich bin also von Geburt an Schwede, und Deutscher bin ich
durch meine freie Wahl. Da ich schon davor Mitbürger eines
Landes der Europäischen Union war, hat der deutsche Reisepass für mich keine praktische Bedeutung, aber emotional bedeutet er eine ganze Menge: Er hilft mir, die SGSD unter Kontrolle zu halten. Die Anfälle treten seltener auf und sind nicht
mehr so stark, seit ich meinen deutschen Reisepass besitze.

Und für meine Kinder, Walters Kindeskinder, sieht es ganz
anders aus. Sie leiden nicht an Second Generation Stress Disorder. Sie sind nicht die »zweite Generation«. Sie haben eine
doppelte Staatsbürgerschaft und sprechen sowohl Schwedisch
als auch Deutsch. Der Jüngste ist sogar als Schwede und Deutscher geboren, weil sein Vater beide Staatsbürgerschaften inne-
hatte, als er auf die Welt kam.

Zurück zu dem Bild vor dem Haus in Björknäs. Mein Vater
ist nun 54, Fil. lic. – Filosofie licentiat ist ein forschungsorien-
tierter Abschluss zwischen Master und Doktorgrad – und Lektor am Institut für Pädagogik der Universität Stockholm. In
Deutschland wird er mit »Herr Doktor« angesprochen – was

ihm sehr gefällt, in Schweden »Herr Licentiat«. Er hat zwei Bücher auf Schwedisch veröffentlicht, Übersetzungen sind in Vorbereitung. An mehreren Lehranstalten sind die Bücher Kursliteratur. Er ist nun Teil der akademischen Welt, ja, er hat es zu etwas gebracht, auch wenn er nicht promoviert ist. Auf dem Bild legt er meiner Schwester und mir die Hände beschützend auf die Schultern und blickt ernst in die Kamera. Er ist auf dem Weg zur Disputation eines engen Freundes, wohlwissend, dass er das Doktorexamen, für das er so lange gekämpft hat, nie selbst ablegen wird.

Das Wiedergutmachungsverfahren führt zu einer unversöhnlichen Feindschaft zwischen meinem Vater und seinem ältesten Bruder. Aber im Grunde waren es vermutlich die diametral entgegengesetzten Lebensumstände, Persönlichkeiten und Weltanschauungen, die einen Keil zwischen sie trieben. Oder war es einfach ein typischer Streit zwischen großem und kleinem Bruder?

Wo in aller Welt nimmst Du Deine Empfindlichkeit her?, schreibt John in einem Brief vom 3. Juli 1964. *Was soll ich alles noch unwidersprochen lassen, um Dich nicht zu verletzen? Als ich vor 2 Jahren für 3 Tage bei Dir war, hattest Du nicht einmal die Kraft, in Ruhe anzuhören, daß wir anderen Familienmitglieder fanden, daß Du vom Papa bevorzugt wurdest. Ganz abgesehen davon, daß ein heftiger Zornesausbruch wohl nicht das beste Gegenargument für eine falsche Auffassung sein dürfte, verstehe ich überhaupt nicht, daß man darüber einschnappen kann. Wenn man nicht autoritär – und davor sollten wir doch nach unseren Leiden gefeit sein – andere Menschen niederdrücken will, muß man doch wohl seinem Gesprächspartner das Recht lassen, selbst das für falsch Erkannte auszusprechen.*

Der Streit geht weiter, bis John im Sommer 1970 in Zürich an den Folgen eines Herzinfarkts stirbt. Nur wenige Wochen zuvor ist auch sein Bruder Max verstorben, ebenfalls nach einem Herzinfarkt. So sterben die Männer in unserer Familie, unsere Herzen kosten uns das Leben.

Innerhalb weniger Wochen trafen zwei Briefe mit schwarzem Trauerrand bei uns ein. Ich weiß noch, dass ich mich wunderte, als ich die seltsamen Briefe aus dem Briefkasten nahm und über den Schotterweg zu meinem Vater hinauflief.

Liest man den Briefwechsel zwischen John und Walter, entsteht das Bild eines älteren und eines jüngeren Bruders, die genau dort weitermachen, wo sie im März 1938 aufgehört haben, als Walter in den Zug Richtung Mailand stieg. Sie streiten sich nicht mehr darüber, ob Liesbeth nach Palästina mitkommen kann oder welches ihrer neuen Heimatländer die bessere Fußballnationalmannschaft hat, sondern darüber, welcher Opel am besten ist. Sie überbieten sich gegenseitig mit immer größeren und teureren Modellen. Opel wurde von beiden Brüdern als die einzige mögliche Automarke betrachtet.

Ich saß immer links auf dem Rücksitz, neben meiner Schwester. Hinterm Steuer saß stets unser Vater und an seiner Seite die Mutter. Wenn er besonders gute Laune hatte, kurbelte er manchmal das Seitenfenster unseres Opel Rekord herunter, legte den Arm auf die Tür und klopfte mit dem Ehering gegen das Autodach. Er trug seine Hafenarbeitermütze aus schwarzem Leder und sein gestreiftes Finkenwerder Fischerhemd – beides hatte er in Hamburg gekauft – und sang das Lied von den »Drei Lilien«.

Er sang es laut und hingebungsvoll, aber jeden Sommer nur ein einziges Mal. Bis Onkel John und Onkel Max starben. Danach sang er nie wieder das Lied, in dem es darum ging, drei Lilien auf das eigene Grab zu pflanzen und einen Reiter anzuflehen, sie nicht abzubrechen. Es half auch nicht, wenn meine Schwester und ich bettelten:»>Drei Lilien‹, Papa! Sing ›Drei Lilien‹ für uns!«

Museum in der Skolas-Straße
Riga, Republik Lettland

»Jumpravmuiža …«, sagte der ungefähr achtzigjährige Mann, der mir gegenübersaß,»Auf deutsch Jungfernhof. Heute sind dort nur noch ein paar Ruinen zu sehen, sonst ist da totale Wildnis.«

»Sie waren also kürzlich da?«, fragte ich.

»Nein, ich war dort zum letzten Mal im Winter 1992. Ich fand sofort den Weg, weil ich mich in der Umgebung auskannte. Ein ehemaliges lettisches Staatsgut am Ostufer der Düna, nicht weit von Rumbula, einem Stadtteil von Riga. Das erste Mal war ich im November 1941 dort. Damals war ich sechzehn. Die Sowjets hatten das Gut als Sowchos betrieben, Sie wissen schon, als Landwirtschaftsbetrieb im Staatsbesitz. Bis die Deutschen kamen. Dann haben die Sowjets den Ort fluchtartig verlassen. Auf den Feldern lagen immer noch Kohlköpfe. Ich gehörte zu einem Arbeitskommando aus dem 1941 von den Deutschen errichteten Rigaer Ghetto, und wir fragten uns, was die Deutschen mit dem Gut vorhatten.

Marģers Vestermanis deutete auf die Karte, die vor uns auf dem Tisch lag. Den Großteil seines Lebens hatte er darauf verwandt, die Geschichte der Juden in Lettland zu studieren und zu dokumentieren. Nachdem Lettland zu Anfang der 1990er-Jahre wieder unabhängig geworden war, baute er in Riga ein jüdisches Museum auf.

Wir saßen in seinem Büro gleich hinter den Ausstellungsräumen. Vestermanis war ein vielbeschäftigter Mann, aber ein Freund von der Universität Riga hatte mir zu diesem Termin verholfen. Ich hoffte, Näheres über das Schicksal meiner Großeltern zu erfahren. Wenn jemand Erklärungen dazu geben könnte, dann Vestermanis.

»Über eine Allee gelangte man zum Hauptgebäude. Es war aus Ziegeln«, fuhr Vestermanis fort. »Wie es sich für ein anständiges Herrenhaus gehört, lag gleich daneben ein Teich, und natürlich gab es mehrere Wirtschaftsgebäude. Die Ställe und Scheunen waren heruntergekommen, total kaputt. Man konnte durchs Dach gucken. Trotzdem sollten wir dort drinnen etwas zimmern, ohne zu wissen, was es mal werden sollte. Wir hätten im Leben nicht gedacht, dass dort Menschen wohnen würden. Aus dem Ghetto waren wir natürlich einiges gewohnt, aber das ...« Er schüttelte den Kopf. »Im Ghetto hatten wir wenigstens Häuser. Wir mussten zwar manchmal auf dem Boden schlafen oder draußen im Hof, aber trotzdem ... die Nazis sind doch total verrückt, dachten wir ... und wir gingen davon aus, wir würden Lagerregale für Kohlköpfe bauen, ungefähr in der Höhe ...«

Er zeigte mit beiden Händen einen Abstand von etwa einem halben bis einem Meter an.

»Zusammen mit ausgemergelten russischen Kriegsgefangenen holten wir Baumstämme aus dem Fluss. Mit einer Kreissäge schnitten wir die durchnässten Stämme zu Brettern, die wir dann in den Scheunen an die Wände nagelten. Wenn die Feuchtigkeit gefror, breitete sich eine dünne Eisschicht auf dem Holz aus. Wir erfuhren erst später, dass wir die Scheunen umbauten, weil dort Menschen einquartiert werden sollten. Es war Ende November 1941, kurz vor dem ›Rigaer Blutsonntag‹, der streng genommen an zwei Tagen, an einem Sonntag und am Montag acht Tage darauf, stattfand. Als die Mordaktion im Wald von Rumbula begann, dachten wir nicht mehr an die Bauarbeiten auf dem Jungfernhof.« Vestermanis lächelte bitter.»Später erfuhren wir dann, dass deutsche Juden zum Jungfernhof deportiert worden waren, und da wurde uns klar, dass wir das Lager sozusagen dafür vorbereitet hatten. Ja, erst da verstanden wir, was Sache war.« Vestermanis sah aus, als könnte er selbst kaum glauben, was er erzählte.

»Es gab keine Türen, der Schnee wehte direkt in die Scheunen herein. Die Menschen starben wie die Fliegen. Es gibt etliche Dokumente darüber.« Er deutete auf einen Archivschrank. »Kopien aus dem Prozess gegen Rudolf Seck, den Lagerkommandanten. Er wurde 1951 vor ein deutsches Gericht gestellt und zu lebenslanger Freiheitsstrafe verurteilt und 1964 entlassen.«

»Wie viele Menschen kamen in Jungfernhof ums Leben?«, fragte ich.

»Das weiß niemand so genau«, antwortete Vestermanis. »Niemand kann sagen, wie viele Menschen dort auf den Regalbrettern im Jungfernhof erfroren. Eintausend? Zweitausend?«

»Auch Kinder?«

»O ja, auch Kinder. Aber selbst an so einem Ort bleiben sie Kinder. Sie spielten Fußball mit den gefrorenen Kohlköpfen. Es war bitterkalt, verstehen Sie, um die vierzig Grad minus. Dann wurde es plötzlich wärmer. So ist der baltische Winter, Kälteeinbruch und Tauwetter wechseln sich ab, je nachdem, wie der Wind steht. Die Menschen starben auf ihren Pritschen den Kältetod. Sie lagen wie in einem Regal mit mindestens fünf Etagen, so beengt, dass sie sich nicht mal aufsetzen konnten. Es gab keine Toiletten. Wasser wurde vom Fluss geholt, man musste ein Loch ins Eis sägen. Weil in der gefrorenen Erde keine Gräber ausgehoben werden konnten, wurden die Toten zu Haufen aufgetürmt. Irgendwann versuchte man dann, Löcher in den Boden zu sprengen, um die Leichen zu begraben. Als das nicht gelang, wurden sie schließlich verbrannt. Die Menschen, die noch am Leben waren, wärmten sich an den Leichenfeuern.«

Er machte eine Pause, und wir schwiegen einen Moment. Dann fuhr er mit düsterer Miene fort:

»Es gab auch einen Rabbi, Rabbi Carlebach aus Hamburg. Er organisierte ein Chanukka-Fest für die Kinder und Bar Mitzwas für die Jungen, die dreizehn wurden. Können Sie sich das vorstellen?« Er hielt erneut inne. »Carlebach wurde zusammen mit seiner Familie bei der »Aktion Dünamünde« erschossen.«

»Im März 1942?«

»Ja, Sie sind gut unterrichtet, am 26. März 1942. Es hieß, die Menschen sollten in eine Fischkonservenfabrik in Dünamünde gebracht werden. Aber es gab keinen Ort, der so hieß. Die Konservenfabrik Dünamünde war eine Erfindung.«

»War nach der »Aktion Dünamünde« Schluss mit dem Lager Jungfernhof?«

»Nein, aber das Schlimmste war vorbei. Danach wurde der Jungfernhof ein regelrechtes Mustergut. Rudolf Seck, der Lagerkommandant, war früher Bauer gewesen.«

»Bevor er SS-Mann wurde?«

»Ja, er war SS-Unterscharführer. Und er kümmerte sich um seine Juden ...« Vestermanis lächelte sarkastisch. »Nach der »Aktion Dünamünde« gab es im Lager noch drei-, vielleicht vierhundert junge und starke jüdische Sklaven.«

»Nur junge und starke Menschen blieben zurück?«

»Ja, leider, aber die Bedingungen waren nun besser. Es gab eine Küche, eine Sanitäranlage für die ›Arbeiter‹ und sogar Freizeitaktivitäten, Tanzabende und so weiter. So ging es bis 1943. Dann, als die Rote Armee immer näher rückte, flohen die Deutschen, aber erst nachdem sie die Massengräber gehoben und die Leichen verbrannt hatten, um sämtliche Beweise zu vernichten. Es gibt etliche Dokumente ... aus der Wannseekonferenz«, er blickte erneut zum Archivschrank hinüber, »Prozessakten, Affidavits, ausführliche Augenzeugenberichte ... die Sammlung wächst stetig an. Sie können gern einen Blick hineinwerfen. Das Gerichtsmaterial ist fast vollständig archiviert. Deutsche Studenten haben uns geholfen, es von den Gerichten einzuholen.«

»Ich würde gern Kopien kaufen«, sagte ich und dachte an Minna und Gustav, die weder jung noch stark gewesen waren. Ohne Zweifel waren sie spätestens bei der »Aktion Dünamünde« ermordet worden. Aber vielleicht wurden sie ja in einem Augenzeugenbericht erwähnt, von jemandem, der sie im Lager gesehen hatte?

»Wir verkaufen keine Kopien. Aber Sie können gern den Kopierer da drüben benutzen und wenn Sie wollen, eine kleine Spende in die Büchse daneben werfen. Wir sind eine kleine Organisation, uns fehlen Praktikanten. Es gibt so viel zu tun. Wir haben auch eine Kartothek: kleine Karten mit Namen der Opfer, aber viele fehlen noch.« Er tippte sich auf die Schläfe. »Alles ist da drinnen.«

»Übrigens«, sagte Vestermanis und blickte von der Archivbox auf, die er gerade auf der Suche nach Minna und Gustav durchsah. »Als wir eines Tages auf dem Jungfernhof arbeiteten, kam ein großer schwarzer Wagen mit einer Delegation – Nazi-Bonzen. Hohe SS-Offiziere in langen schwarzen Ledermänteln, die den Hof inspizieren wollten. Damals gab es noch keine Lagerverwaltung, keinen Lagerkommandanten, keinen Rudolf Seck. Statt von Deutschen wurden wir bei den Bauarbeiten von ›lettischen Schutzleuten‹ überwacht. Aber jetzt kamen plötzlich die deutschen SS-Offiziere für eine Inspektion.«

Vestermanis legte die Karten beiseite.

»Wir trugen gerade Bretter auf den Schultern«, fuhr er fort, »und ich gab mir Mühe, so zu tun, als würde mich die Arbeit interessieren. ›Bewegung‹, hieß es.

Plötzlich sagte einer der SS-Offiziere, Sturmbannführer Lange – ja, zu dem Zeitpunkt war er noch Sturmbannführer –, er sei der wahre ›Schlächter von Riga‹. Ich hatte ihn noch nie gesehen und keine Ahnung, wer er war. ›Junge‹, sagte er dann, ›leg das weg!‹ Also legte ich das Brett auf den Boden. Wir liefen gerade die Allee hinauf. Daneben lag ein riesiges Kohlfeld. Wir durften keine Kohlköpfe mit ins Ghetto nehmen, sie blieben einfach dort liegen und faulten vor sich hin. Es gab strenge Kontrollen, und auf Schmuggel stand die Todesstrafe. Manche versteckten trotzdem einzelne Kohlblätter unter der Kleidung, überall, sogar in der Unterwäsche.

›Kleiner, lauf dorthin‹, sagte Lange dann. ›Siehst du die Kohlköpfe da hinten? Hol mir einen! Aber dalli, lauf!‹ Also rannte ich los. Warum auch nicht? Ich sprang in den Bewässerungsgraben hinunter, kletterte aufs Feld hoch und lief weiter.«

»Hatten Sie Angst?«

»Nein, wovor auch? Lange war nett gewesen. Keine Beleidigungen, keine Schläge, nur ein freundlicher Befehl. ›Los, Junge‹ und so weiter. Ich lief also über das Kohlfeld, und plötzlich ... zisch ... zupp ... hörte ich neben mir ein Pfeifen. Ich sah mich um, konnte aber nirgends Vögel sehen. Ich war so naiv, dass es einen Moment dauerte, bis der Groschen fiel: Auf mich wurde geschossen. Als ich herumfuhr, stand oben auf der Allee ein Mann, richtete eine Pistole auf mich, zielte und schoss. Es war Lange. Als wir uns später im Lager Salaspils begegneten, trieb er auch seine Spielchen. Aber zum Glück war er ein miserabler Schütze. Im nächsten Moment legte ihm der Mann, der neben ihm stand, eine Hand auf den Arm, und da ließ er die Pistole sinken.«

»Und dann sind Sie mit dem Kohlkopf zurückgelaufen?«

»Ja, aber als ich oben auf der Allee ankam, war Lange längst weg. Es war ihm nie um den Kohlkopf gegangen. Er wollte einfach auf ein bewegliches Ziel schießen.« Vestermanis lachte, ein kaltes, sonderbares Lachen. »Ich war völlig benommen. Dass er auf mich schoss, einfach so, ohne ein ›Du bist zum Tode verurteilt‹ oder so. Keine Beleidigung, nur: ›Lauf, Junge, bring mir einen Kohlkopf, aber dalli‹. Mehr nicht.«

»Sind Sie schnell gelaufen?«

»Ja, ich bin schnell gelaufen, und Lange war ein lausiger Schütze. Zufall, immer Zufälle! Ich habe jede Menge solcher Geschichten auf Lager. Keiner von uns Überlebenden kann behaupten, er wäre mit dem Leben davongekommen, weil er sich gut betrug oder besonders clever war. Alles nur Zufall. Als ich später aus Salaspils floh, wurde ebenfalls auf mich geschossen. Anschließend wurde ich Partisane, und da schoss ich zurück.«

»Wirklich?«

»Ja, ich war in einer Einheit mit lettischen Fahnenflüchtigen aus dem Kurland-Kessel. Die Anzahl variierte, höchstens siebenunddreißig Mann. Aber nur drei von uns erlebten den 9. Mai.«

»Fahnenflüchtige ... aus einem lettischen SS-Bataillon?«

»Ja, aber wir drei überlebten nicht, weil wir so große Helden waren. Zufall, alles ist Zufall. Wissen Sie, bei diesen Waldsäuberungen, also ›Säuberungen‹ der Wälder durch die SS ... können Sie sich darunter etwas vorstellen?«

»Nein.«

»Es war die Hölle. Wer mit dem Leben davonkam und wer nicht, war reiner Zufall. Du steckst mitten in einer Katastrophe. Du entscheidest dich für den Weg nach Osten und dein Kamerad für den Weg nach Westen oder umgekehrt. Mit ein bisschen Glück überlebt einer von euch. Aber wer? Das entscheidet allein der Zufall.«

»Was die lettischen SS-Männer betrifft, da wird diskutiert, ob —«

»Alles Schwachsinn«, schnitt Vestermanis mir das Wort ab. »Die lettische SS war eine Fronteinheit. Sie gehörte zur Waffen-SS und war nicht an den Massenhinrichtungen beteiligt. Sie kämpfte gegen die Russen.«

»Ehrlich gesagt –«, sagte ich und blickte ihn skeptisch an.

»Aber viele, die zu den Einheiten gehörten ... na ja, was sie davor gemacht haben, steht auf einem anderen Blatt geschrieben.«

»Meinen Sie das Arājs-Kommando?«

»Ja, das Arājs-Kommando, das Kommando Vagulāns, die Teidemanis-Gruppe, die verschiedenen ›Schutzmannschaften‹ ... dabei handelte es sich um Einsatzkommandos, die Unschuldige ermordet haben.«

»Und es waren dieselben Männer, die erst in den Einsatzkommandos gewesen waren und dann –«

»Nur zum Teil. Etwa fünfundzwanzig, dreißig Prozent der lettischen SS-Männer hatten zuvor an Erschießungskommandos teilgenommen und sich danach freiwillig für die SS gemeldet. Das waren die Mörder.«

»Hatte man sie dazu gezwungen?«

»Nein, nein. Niemand wurde gezwungen, Juden zu erschießen. Das geschah freiwillig. Die Schutzmannschaften setzten sich aus Freiwilligen zusammen. Natürlich kann man sich fragen, welche Beweggründe dahintersteckten. Es gab kaum Arbeit, aber dafür die Möglichkeit, die Wertsachen der Juden nach den Hinrichtungen an sich zu nehmen. Für viele war das ein Anreiz. In den Schutzmannschaften gab es auch einige ehemalige Bolschewiken.«

»Doch, doch, Sie können mir glauben, so war es. Ob sie gezwungen wurden oder nicht, ist eine andere Frage. ›Entweder du kommst nach Salaspils oder du meldest dich freiwillig‹ ... Sie wissen, was ich meine.«

Vestermanis lächelte schief.

»Freiwillig?«, fragte ich und machte Anführungszeichen in die Luft, um zu signalisieren, dass ich ihn verstanden hatte.

»Genau, ›freiwillig‹. Wie gesagt, etwa ein Drittel der lettischen SS-Bataillons bestand aus Männern, die aktiv an den Mordkommandos teilgenommen hatten, der Rest war gezwungen worden. Meine Kameraden bei den Waldbrüdern waren jedenfalls allesamt zwangsrekrutiert. Sie waren von der Front geflohen. Keiner wusste, wer von uns überleben würde. Kugeln ist es egal, ob du klug oder dumm bist. Alles Zufall. Im Übrigen ist mir genau das später von den Sowjets vorgeworfen worden. ›Du hast überlebt?‹ fragten sie. ›Du bist in all den Lagern gewesen und geflohen, ohne erschossen zu werden? Wie war das möglich? Und dann hast du als Partisane im Wald überlebt? Wie hast du das geschafft?‹ Die Überlebenschancen waren sehr gering, verstehen Sie?«

»Aber Sie haben überlebt.«

»Ja, ich habe überlebt. Das haben nicht viele. Und glücklicherweise überlebte der Partisanenkommandeur ebenfalls, sonst hätte es ein schlimmes Ende für mich genommen. Wie gesagt, die meisten Partisanen im Kurland-Kessel kamen bei den ›Waldsäuberungen‹ ums Leben. Zwei deutsche Armeen wurden dort von der Roten Armee eingeschlossen. Die Deutschen verfügten aber über starke Ressourcen. Drei von uns überlebten: ich, der Kommandeur und noch ein dritter Mann. Ich sage das nicht, um mich als Held aufzuspielen. Es war Zufall. Es war so, wie wenn sich jemand in Riga versteckte; manche wurden von der Polizei aufgespürt, andere nicht. Man saß einfach in seinem Versteck und konnte nichts tun. Zufall. Und viele hatten hinterher die gleichen Probleme wie wir. Uns wurde vorgeworfen, wir hätten nur überlebt, weil wir mit dem Feind kooperiert hätten.«

Vestermanis machte eine Pause und schien über etwas nachzudenken.

»Ich war der Einzige in der Gruppe, der aus dem Ghetto kam.« Er blickte auf die Uhr. Draußen begann es zu dämmern.

»Wenn Sie sehen wollen, wo das Ghetto lag, sollten Sie den Zug nach Vagonu Parks nehmen, am besten tagsüber. Es ist die erste Station nach dem Rigaer Hauptbahnhof. Das Buch hier könnte Ihnen helfen, nehmen Sie es. Viele der alten Häuser stehen noch.« Er machte eine kurze Pause, reichte mir das Buch und sagte dann:

»Es tut mir sehr leid, dass ich Ihnen keine Informationen über Ihre Großeltern geben kann.«

»Danke«, sagte ich und nahm das Buch entgegen.

»Und … schönen Schabat! Falls Sie den feiern.«

»Gut Schabes«, antwortete ich.

Peitav-Shul
Riga, Republik Lettland

»Minjan, minjan«, riefen die Männer, als ich die Synagoge in der Peitavas-Straße in der Rigaer Altstadt betrat. Sie gaben mir zu verstehen, dass ich der zehnte Mann war, den sie brauchten, um den Freitagabendgottesdienst durchführen und den Schabat einläuten zu können. Sie brauchten mich. Und ich brauchte sie. Ja, so ist es. Wir alle brauchen einander.

Ich zog die zusammengefaltete Kippa aus der Jackettasche, setzte sie auf und fixierte sie mit der Spange. Dann betrat ich den Raum. Sichtlich erleichtert erklärte mir die Gruppe, sie hätten schon seit über einer halben Stunde auf den zehnten Mann gewartet.

Dann streckte mir ein schwarz gekleideter Mann mit langem Bart und Peots, Schläfenlocken, seine Hand entgegen. Es war der Rabbi.

»Yid?«, fragte er, um sich zu vergewissern, dass ich Jude war. Ich nickte.

Er schien noch nicht überzeugt und fragte, wo ich herkäme und was mich herführe. Dann lauschte er aufmerksam, als ich erklärte, ich wolle für meine Großeltern das Kadisch lesen. Mein Großvater sei Beamter in Hamburg gewesen und zusammen mit meiner Großmutter nach Riga deportiert worden. »Ach, Jeckes«, platzte der Rabbi heraus und verzog das Gesicht zu einer verächtlichen Grimasse. Die deutschen Juden, sagte er, hätten damals kapieren müssen, dass sie Juden waren, anstatt sich für Deutsche zu halten. Dann hätten mehr von ihnen überlebt.

Die Worte des Rabbis verletzten mich, auch wenn ich die Argumentation schon von anderen orthodoxen Juden kannte. Für mich hatte der Rabbi Minnas und Gustavs Andenken verletzt. Ich empfand seine Bemerkung als eine implizite Anschuldigung, dass Minna und Gustav nicht jüdisch genug und selbst schuld an ihrem Schicksal gewesen wären, weil sie sich in die Majoritätsgesellschaft zu integrieren suchten. Für mich klang seine Aussage antisemitisch. Am liebsten hätte ich die Synagoge verlassen – so wirkt die Krankheit, SGSD. Wer war der Rabbi, dass er sich solch ein Urteil erlaubte? Wie konnte er so über meine Großeltern sprechen – obendrein in einer Synagoge? Was machte er selbst hier? Welchen Bezug hatte er zu Riga? Ich wusste, dass er zur chassidischen Gruppierung Chabad gehörte, die Repräsentanten in die Welt entsandte, um Juden »den richtigen Weg« zu weisen. Viele Juden betrachten die Bewegung kritisch, so, wie zahlreiche Christen nicht besonders viel von Mormonen und den Zeugen Jehovas halten.

Die übrigen acht Männer trugen Anzug, Jackett oder Arbeitskleidung. Sie waren gewöhnliche Juden, die in Riga lebten und arbeiteten. Und sie sahen mich so dankbar an, dass ich nicht umhinkam, Nachsicht mit dem schwarz gekleideten Rabbi zu haben und ihr zehnter Mann zu werden. Vielleicht fühlte ich mich auch etwas schuldig, da ich wusste, dass der

Rabbi mich nicht als Juden akzeptieren würde, wenn ich meine Hose runterziehen und ihm meinen Schmeckel zeigen würde. Mit meinem Jüdisch-Sein ist es ja genauso wie mit meinem Schwedisch-Sein oder meinem Deutschtum: Egal was ich tue, für einige Menschen wird es nie ausreichen.

Doch was für eine Barbarei, so etwas zu denken, am Freitagabend in einer Synagoge – vor der Gemeinde und vor Gott die Hose runterzuziehen. Wie würde der Rabbi darauf reagieren, dass ich nicht beschnitten war? Was wäre schlimmer? Meinen Schlosel in der Synagoge zu entblößen oder die Tatsache, dass er unversehrt war?

Ja, ich sollte mich wirklich dafür schämen, was ich hier schreibe. Und ich schäme mich. Aber zugleich ist das, was ich hier schreibe, in hohem Maße relevant. Die Frage, die sich an jenem Abend in der Synagoge in Riga stellte, war doch die, ob meine Vorhaut mich tatsächlich dafür disqualifizierte, der zehnte Mann zu sein. Seit der Rabbi in Stockholm mich als geeignet befunden hatte, zum Judentum zu konvertieren, ich mich jedoch in letzter Sekunde entschieden hatte, meinen Putz zu behalten, steht mein Penis zwischen mir und dem Allmächtigen. Nein, nicht mein Penis. Nur ein paar Quadratzentimeter Haut. Mehr nicht. Ist es wirklich so schlimm, dass ich die Synagoge unversehrt betrete? Die Frage mag profan klingen, aber ich musste sie stellen, wenn ich für meine Großeltern das Kadisch lesen wollte, ohne mich vorher einer sogenannten Brit Mila auszusetzen.

Die neun Männer in der Synagoge, der Rabbi mit eingeschlossen, hatten mich sofort als Juden erkannt. Natürlich. Wer besucht in einer fremden Stadt schon die Synagoge, um für seine toten Verwandten das Kadisch zu lesen? Nur ein Jude.

»Yid?«, fragte der Rabbi erneut. Ja, er war definitiv Chassid und stammte aus einem völlig anderen Teil des göttlichen Universums als ich.

»Yo, a bisele«, antwortete ich auf Jiddisch, woraufhin wir einvernehmlich lachten. Ohne mich kein Gottesdienst. Es war ungefähr so, wie W. H. Auden an dem Tag schrieb, als Hitlers Wehrmacht Polen überfiel: »We must love one another or die.« Wobei, vielleicht müssen wir einander nicht unbedingt lieben, aber wir brauchen einander. Und an jenem Freitagabend in Riga ging es um so viel mehr als um meinen Schwantz und darum, ob ich jüdisch war oder nicht. Es war Schabat, und ich wollte für meine Großeltern das Kadisch lesen, in der Stadt, in der sie ermordet worden waren. Endlich würden sie Ruhe finden. Eigentlich liest der älteste Sohn das Kadisch für seine verstorbenen Eltern, so hatte Heinemann es mir damals erklärt.

»Das ist mein Kadisch«, sagen jüdische Männer manchmal, wenn sie einem voller Stolz ihren Erstgeborenen vorstellen.

Aber John war seit langem tot, genauso wie mein Vater. Es gab nur noch mich, den jüngsten Enkel, der sich jetzt in einer Synagoge in Riga befand. Wer außer mir sollte für Minna und Gustav das Kadisch lesen? Und wenn nicht jetzt, wann dann?

Beim Lesen aus dem Sidur dem jüdischen Gebetsbuch, beteiligte ich mich aktiv, vor allem beim Kadisch der Trauernden am Ende des Gottesdienstes. Nach dem Kabalat Schabat bedankte ich mich beim Rabbi für die stimmungsvolle Zeremonie, und er fragte mich, was ich noch vorhätte.

Ich würde einen ruhigen Abend verbringen, erklärte ich.

»Mit wem?«, fragte er.

»Allein.«

»Dann können Sie auch einen ruhigen Abend mit mir verbringen.«

»Danke«, sagte ich. »Aber –«

»Keine Widerworte!«, beharrte der Rabbi. »Am Schabat sollte kein Jude allein sein. Kum mit mir!«

Wir spazierten durch das Jugendstilviertel von Riga. Ich erfuhr, dass der Rabbi, er hieß Shammai, tatsächlich aus einer chassidischen Familie in Jerusalem stammte, für seine Ausbildung aber nach New York gegangen war, wo er seine Frau kennengelernt hatte. Sowohl seine als auch ihre Eltern stammten ursprünglich aus Osteuropa. Shammai und seine Frau gehörten also, so wie ich, zur *zweiten Generation* Holocaust-Überlebender. Vermutlich litten sie ebenfalls an Second Generation Stress Disorder. Und sollten wir, die Kranken, einander nicht helfen?

»Sie wird Ihnen nicht die Hand geben«, warnte mich Shammai vor der Tür zu seiner riesigen Wohnung mit vier Meter hohen Decken, in der er mit seiner Mischpoche bestehend aus seiner Frau und elf Kindern, lebte.

»Es freyt mir eykh tsu bagegenen, pleased to meet you«, sagte ich und legte meine rechte Hand auf die Brust, übers Herz.

Die Frau, die uns die Tür aufmachte, lächelte freundlich und legte ihre Hand ebenfalls auf die Brust.

Aus einem Kübel ließ ich zweimal Wasser über meine rechte und zweimal über meine linke Hand laufen und sprach gleichzeitig ein paar Worte auf Hebräisch, Worte, die schon Generationen vor mir ausgesprochen hatten. Wir setzten uns an den gedeckten Tisch und warteten schweigend darauf, dass Shammais Frau die Kerzen anzündete und den Segen sprach. Anschließend segnete Shammai die elf Kinder. Zu den Jungen sagte er: »Gott mache dich wie Ephraim und Manasse«, zu den Mädchen: »Gott mache dich wie Sara, Rebekka, Rahel und Lea.« Darauf folgten einige Verse aus dem Buch der Sprichwörter, mit denen er seine Frau pries, und schließlich segnete er den Wein mit dem Kidusch. Wir tranken, dann wurde das Tuch über dem Challah gelüftet, Shammai brach eins der beiden Brote, segnete es, und wir aßen davon. Anschließend konnten wir uns weiter unterhalten, und ich erzählte von meinen Großeltern.

»Oy, yoy yoy«, platzte Shammais Frau empathisch heraus, und auch Shammai war voller Rachmones, Mitgefühl. Offensichtlich steckte unter seiner harten Schale doch ein weiches Herz.

Shammai erzählte, er habe einige Bücher über das Rigaer Ghetto und das Lager Jungfernhof. Außerdem könne er den Kontakt zu einigen Überlebenden in New York und Israel herstellen – richtigen Überlebenden aus der *ersten Generation*. Vorausgesetzt, ich käme nach dem Schabes zurück.

»Gerne«, sagte ich, »a groysn dank.«

Meine Enttäuschung, dass ich bis Sonntag würde warten müssen, entging Shammai jedoch nicht.

»Am Schabat mache ich nichts«, erklärte er.

»Natürlich.«

Dann holte er eine Flasche Whiskey und wir stießen an. Le Chaim – auf das Leben und auf einander! Es war schon spät, als unsere Verbrüderung vollzogen war und ich mich für den faszinierenden Abend und seine Gastfreundschaft bedankte. Er habe die Zeit ebenfalls genossen, meinte Shammai. Dann standen wir einen Augenblick lang in der Tür und überboten uns gegenseitig mit Höflichkeitsfloskeln und Freundschaftsbekundungen. Das Beste daran war, dass wir es ernst meinten.

Moskauer Vorstadt
Riga, Republik Lettland

Am Samstagmorgen fuhr ich mit dem Zug Richtung Vagonu Parks und versuchte mich mit den Karten von Vestermanis zu orientieren. Bevor das Ghetto errichtet wurde, hatte die jüdische Bevölkerung Rigas Seite an Seite mit Letten, Russen, Deutschen und anderen Minderheiten gelebt, hatte Vestermanis erklärt. Im Sommer 1941 jedoch beschlossen die Nazis, etwa zwanzig Wohnblöcke der Moskauer Vorstadt, einem der ärmsten Stadtteile von Riga, in ein Ghetto zu verwandeln. Die Rigaer Juden durften einen Stuhl, ein Bett für je zwei Personen sowie persönliche Gegenstände mitnehmen; ihr restliches Eigentum wurden konfisziert.

Die Ghettobildung erfolgte rasend schnell, und schon Anfang November lebten alle Juden innerhalb der Absperrungen. Kurz darauf wurde Vestermanis in das Lager Jungfernhof geschickt, um dort, wie er glaubte, Regale für Kohlköpfe zu bauen. Ende November 1941 wurden vier Blöcke im nordöstlichen Teil des Ghettos mit Maschendraht umzäunt. In die abgesperrte Zone sollten alle arbeitsfähigen Männer ziehen. Wie es hieß, sollten die übrigen Ghettobewohner in ein neues Lager gebracht werden, wo sie leichtere Arbeit erwartete. Dorthin durfte jeder zwanzig Kilo Gepäck mitnehmen. Ein fieberhaftes Packen und Umpacken begann, alles wurde so verteilt, dass jeder möglichst viel in seinen Taschen und Rucksäcken verstauen konnte.

Die neue Regelung riss Familien auseinander. Angst machte sich breit. Wenn eine der Gruppen hingerichtet werden würde, dann die Männer in dem maschendrahtumzäunten »Kleinen Ghetto«, dachte man. Beim ersten Massaker im Juli und August 1941 waren schließlich die Männer zuerst gestorben.

Diesmal sah der Plan jedoch das Gegenteil vor: Die Männer sollten Arbeitskommandos zugeteilt werden – wie zum Beispiel Vestermanis' Kommando, das im Jungfernhof eingesetzt wurde.

Etwa viertausend arbeitsfähige Männer im Alter von sechzehn bis sechzig Jahren wurden für das »Kleine Ghetto« herausgepickt. Vestermanis war erst vor wenigen Monaten sechzehn geworden – Zufall. Einige Jugendliche, darunter einer von Vestermanis' besten Freunden, versuchten sich zu ihren Müttern hinüberzustehlen, in dem Glauben, im »Großen Ghetto« wären sie sicher. Ein paar gelang es, doch der Zufall wollte, dass Vestermanis im »Kleinen Ghetto« blieb. So überlebte er den sogenannten Blutsonntag.

Ghetto im Moskauer Viertel
Riga, Reichskommissariat Ostland, Teil des von den Deutschen okkupierten Lettland

Die Nacht zum Sonntag, dem 30. November 1941, ist vergleichsweise mild. Die Temperatur sinkt nicht unter sieben Minusgrade. In der Nacht fällt ein knapper Dezimeter Schnee, der sich wie eine dünne Decke über den teils mit Eis überzogenen Boden legt, und am Morgen sind die Straßen gefährlich glatt. Zu dieser Jahreszeit ist es dunkel in Riga, mit mehr als sieben Stunden Tageslicht ist nicht zu rechnen. Deshalb beginnt man an diesem ersten Adventssonntag, dem ersten Tag des Kirchenjahres, schon vor Sonnenaufgang mit der Räumung des Ghettos.

Um vier Uhr morgens betritt eine Gruppe betrunkener Männer das Ghetto, teils in Uniform, teils zivil gekleidet – das Kommando Arājs. Zusammen mit einer Einheit der deutschen Schutzpolizei und der jüdischen Wachmannschaft wecken die Arājs-Männer die Bewohner im westlichen Teil, indem sie an die Türen hämmern und rufen, jeder habe eine halbe Stunde Zeit, um sich fertigzumachen und in den östlichen Teil des Ghettos zu kommen. Dieser liegt gleich neben dem »kleinen Ghetto«, in dem sich Vestermanis und die anderen arbeitstüchtigen Männer mittlerweile befinden. Einige Männer öffnen die Absperrungen zur Moskauer Straße, um die Strecke nach Rumbula abzukürzen.

Das Weckkommando arbeitet sich von Haus zu Haus, von Block zu Block, pocht an jede Tür. Nach einer halben Stunde gehen sie zurück und beginnen von vorn, um sicherzustellen, dass die Häuser leer sind. Viele Ghettobewohner weigern sich zunächst, ihr neues »Heim« zu verlassen.

Eins der Bücher, das mir Shammai gab, stammte von Frida Michelson. In »Ich überlebte Rumbula« berichtet sie, wie sie beim Morgenappell am 30. November 1941 Rufe und gedämpfte Schläge hört, als sie auf der Ludzas-Straße im östlichen Teil des »Großen Ghettos« strammsteht. Plötzlich wird ihr gesagt, sie solle nach Hause zurückgehen. Heute werden nur diejenigen, die zwischen der Lāčplēša-Straße und der Daugavpils-Straße wohnen, evakuiert, erklärt der lettische Polizist.

Zurück in ihrer Wohnung, tritt Frida Michelson ans Fenster. Draußen hat mittlerweile die Morgendämmerung eingesetzt. Sie sieht, wie Menschenkolonnen ihr Haus passieren. Je heller es wird, desto mehr Menschen ziehen vorbei. Junge Frauen, Frauen mit Kindern im Arm, alte Frauen und Männer, Behinderte, die Hilfe von ihren Nachbarn bekommen, Jungen und Mädchen – alle im Marschschritt, unter den Augen bewaffneter Polizisten.

Plötzlich schießt ein uniformierter Mann mitten in die Menschenmenge.

Frida schreit laut auf, aber niemand hört sie in dem Tumult, der draußen ausbricht. Menschen fliehen aus der Kolonne, drängen sich durch die Menge, treten auf die, die bereits am Boden liegen. Das Chaos führt dazu, dass noch mehr Schüsse abgefeuert werden, als die Menschen versuchen, in den Ostteil des Ghettos zu flüchten.

Die Rigaer Juden schleppen sich die Moskauer Straße hinunter. Sie stolpern, stürzen, rappeln sich wieder hoch, gehen weiter. Der Anblick ist so erbärmlich, dass in den Häusern die Gardinen vorgezogen werden. Es schneit nicht mehr, die Luft ist klar, und hin und wieder können die Menschen, die in der Kolonne marschieren, zwischen den Holzhäusern die Düna erahnen.

Nach etwa einer Stunde erreicht die düstere Prozession das Straßenbahndepot an der Rasas-Straße. Die Menschen haben bis jetzt etwa fünf Kilometer zurückgelegt. Den halben Weg nach Rumbula. Den halben Weg zu allem, was sie dort erwartet. Rechterhand liegt die Gummifabrik Kvadrât, dahinter der Jungfernhof, linkerhand der Bahnhof Šķirotava. Auf den Rangiergleisen steht ein Zug, der schon am Vortag, dem 29. November 1941, aus Berlin gekommen ist. Es handelt sich um den ersten Transport sogenannter Reichsjuden nach Riga.

Heinrich Himmlers Anweisung lautete eigentlich, die Juden aus Berlin auf direktem Weg ins Rigaer Ghetto zu bringen, doch als der Transport eintrifft, ist nirgendwo Platz, weder im »Großen Ghetto«, in dem sich nach wie vor lettische Juden befinden, noch im Jungfernhof, der für »Gäste« noch nicht vorbereitet ist. Deshalb haben die Berliner die Nacht im Zug auf den Rangiergleisen verbracht.

In aller Herrgotts Frühe müssen sie von Šķirotava zu den Massengräbern im Wald von Rumbula marschieren. Noch nicht einmal der anderslautende Befehl des Reichsführers-SS Heinrich Himmler kann sie retten.

Als die erste Kolonne lettischer Juden den Bahnhof Šķirotava passiert, sind die Berliner Juden bereits tot. Sie liegen bäuchlings in offenen Gräbern im Wald von Rumbula. Die Letten ahnen noch nichts, doch schon bald werden sie ebenfalls in der stark duftenden Erde liegen.

Die Rigaer Juden stolpern, schlurfen, hechten vorwärts, angetrieben vom »Ātrāk! Ātrāk!« der Aufseher. Schneller! Schneller!

Viele werfen ihr Gepäck ab, um schneller zu sein und den Peitschenhieben der Arājs-Männer zu entkommen. Einige spüren bereits, dass ihnen Schreckliches bevorsteht. Sie versuchen zu fliehen. Jeder, der die Kolonne verlässt, wird erschossen. Zwischen sechshundert und tausend Menschen kommen auf diese Weise ums Leben, noch bevor sie die Massengräber im Wald von Rumbula erreichen.

Der Platz ist sorgfältig ausgewählt. In der sandigen Erde lässt sich leicht graben, und der Wald liegt auf einer kleinen Anhöhe. Letzteres ist von Bedeutung, da in der Gegend um Riga das Grundwasser hoch steht.

Der Mann, der das Massaker geplant hat und für die Mordorgie im Wald von Rumbula verantwortlich zeichnet, heißt Friedrich Jeckeln. Vor wenigen Monaten hat er sein Mordsystem in der Ukraine entwickelt und ausgetestet, unter anderem in der Schlucht von Babi Jar bei Kiew, in der mehr als dreißigtausend ukrainische Juden auf dieselbe Weise ermordet wurden.

Die Methode wird »Sardinenpackung« oder nach ihrem Erfinder »Methode Jeckeln« genannt. Sie basiert auf akribischer Planung. Der Prozess wird in mehrere Etappen unterteilt, für die jeweils unterschiedliche »Experten« verantwortlich sind – dazu zählen beispielsweise das Einsammeln der Juden, der Transport oder verschiedene Aspekte des eigentlichen Mordaktes. Im Wald von Rumbula werden die Opfer gezwungen, sich auszuziehen und sich anschließend in eins der drei vorbereiteten Massengräber zu legen. Dadurch lässt sich ihre Kleidung weiterhin verwenden, und die Leichen müssen nicht umplatziert werden, was Zeit und Mühen spart. Trotzdem ist die Hinrichtung eine strapaziöse Aufgabe, weshalb den Männern reichlich Branntwein zur Verfügung steht.

Zwölf Schützen, vier pro Grab, lösen einander ab. Sie verwenden russische Maschinenpistolen mit Fünfzig-Schuss-Magazinen. Eine Kugel pro Opfer. Hat ein Schütze sein Magazin geleert, tritt er zur Seite, genehmigt sich einen Schluck Wodka und wird vom nächsten Schützen abgelöst.

Den Opfern wird befohlen, sich auf die Leichen zu legen, die bereits in den Gräbern liegen, und zwar bäuchlings, damit die inzwischen betrunkenen Schützen sie mit einem Nackenschuss töten können. Es kommt vor, dass die Opfer nur angeschossen werden.

Nach Einbruch der Dunkelheit verstummen die russischen Maschinenpistolen. Unheimliche Stille senkt sich über den Wald von Rumbula.

Vom Scheideweg zum Logenhaus in der Moorweidenstraße
Hamburg, Großdeutsches Reich

Am Morgen des 2. Dezembers 1941, zwei Tage nach der Mord- und Alkoholorgie im Wald von Rumbula, herrscht im Rigaer Ghetto Chaos. Wer noch am Leben ist, bewegt sich langsam vorwärts, wie schlafwandelnd durch einen bösen Traum.

Zur selben Zeit bringt Minna in Hamburg ihre Enkelin Jessica zur Schule. Als sie zurückkommt, zeigt Gustav ihr den Brief mit dem »Evakuierungsbefehl«. Sie sollen Winterkleidung einpacken, eine Schneeschaufel und Werkzeug. Kein Wort darüber, wohin sie evakuiert werden, nur dass sie je fünfzig Kilo Gepäck mitbringen dürfen, Handtücher, Bettwäsche und Decken eingeschlossen. Außerdem Verpflegung für drei Tage und hundert Reichsmark als Bezahlung für die Reise nach Osten.

Sie sollen die Schlüssel zur sauber hinterlassenen Wohnung bei einer Polizeistation abgeben und sich am 4. Dezember beim Sammelpunkt im von der SS okkupierten Logenhaus der Freimaurer an der Moorweidenstraße melden.

Zwei Tage später treffen Minna und Gustav ein. Gestapo-Beamte in Zivil nehmen die Reisetruhen entgegen und durchsuchen sie halbherzig. Die Inspektion erinnert eher an die Aufführung eines Amateurtheaters als an ernsthafte Polizeiarbeit. Die Polizisten wissen, dass die nach Osten Deportierten ihr Gepäck nie mehr wiedersehen. Es geht nicht darum, das Gepäck zu kontrollieren, sondern darum, den Reisenden das Gefühl zu geben, alles laufe nach Vorschrift, damit sie keine Probleme machen.

Nach der Gepäckkontrolle werden Minnas und Gustavs Reisetruhen mit Hunderten anderen Gepäckstücken in einem Verschlag verstaut.

Im Eingangsbereich des Logenhauses stehen vier Tische, an denen zu beiden Seiten eine Schlange vorbeiführt. Gustav stellt sich in einer der Schlangen an. Minna folgt ihm und lehnt sich apathisch bei ihm an. Erst gestern hat sie ihren Kopf in den Gasofen gesteckt, in dem verzweifelten Versuch, ihre Heimat mit einem letzten Rest Würde zu verlassen. Aber Dora hat sie gefunden, und zehn Jahre später wird Dora Walter von Minnas unbeholfenem Selbstmordversuch erzählen. Walter wird Doras Worte bis an sein Lebensende mit sich herumtragen, eine Trauer, die zu groß ist für die Jahre, die ihm bleiben, ganz gleich, wie lange er noch zu leben hat.

Am ersten Tisch sitzen einige Gestapo-Beamte sowie Mitarbeiter der Jüdischen Gemeinde. Gustav begrüßt Fritz Benscher, einen von Max' Schauspielkollegen, der seit Schließung des Jüdischen Theaters als »Junge für alles« in der Gemeinde aushilft. Eine seiner Aufgaben besteht darin, schlichte unlackierte Särge zu zimmern. Neben ihm sitzt Fanny David. Fannys Freundschaft mit John verdankt Walter die Aufnahme in den Hechaluz, obwohl er eigentlich zu alt dafür war.

Fanny zieht die Registerkarte der Familie aus dem Karteikasten und reicht sie dem Gestapo-Beamten neben sich. Der versieht die Karte mit dem Stempel »Ausgewandert« streicht Minnas und Gustavs Namen von der Deportationsliste und nimmt ihre Judenkennkarten an sich. Anschließend wird Gustav aufgefordert, ein Dokument zu unterschreiben, in dem er erklärt, als Jude Feind des Deutschen Staats zu sein und kein Anrecht auf sein Eigentum zu haben. Alles, was von seinen und Minnas Möbeln, Wertsachen und Ersparnissen übrig ist, wird mit Unterzeichnung des Dokuments an das Deutsche Reich übertragen.

Ein ehemaliger Kollege vom Finanzamt Unterelbe nimmt die achtseitige Vermögenserklärung entgegen – das Finanzamt zeichnet verantwortlich für die Annahme und den Verkauf von Möbeln, Hausrat und sonstigen Dingen, die im Zusammenhang mit den Deportationen beschlagnahmt werden. Gustavs ehemaliger Kollege gibt vor, seinen einstigen Vorgesetzten nicht zu erkennen.

Am letzten Tisch wird Gustav aufgefordert, seine Taschen zu leeren. Er legt Portemonnaie und Bargeld in einen Eimer. Außerdem sollen sämtliche Gegenstände aus Gold und Silber abgegeben werden, auch Schmuck. Minnas Kette, ein Erbstück ihrer Mutter. Die Ohrringe, die Gustav ihr geschenkt hat. Die goldene Uhr, die Gustav am Tag nach seinem dreizehnten Geburtstag von seinen Eltern bekam. Der Montblanc-Füllfederhalter, ein Geschenk zu seinem fünfzigsten. Alles. Sogar die Eheringe.

Nachdem Gustav und Minna sämtliche Wertsachen abgegeben haben, werden sie in den Mozartsaal geführt. Sie besitzen nichts mehr, doch auf dem Papier sind sie nach wie vor deutsche Staatsangehörige, was sie laut »Reichsbürgergesetz« bis zu dem Augenblick bleiben, da sie Deutschland verlassen.

Das Logenhaus ist so gut wie unmöbliert, die Wände sind kahl. Die hübsche Wandtäfelung ist abgenutzt, hier und da sind einzelne Paneele weggerissen worden. Auf der Suche nach »Geheimnissen«, die die Freimaurer zurückgelassen haben könnten, hat die SS das gesamte Gebäude auf den Kopf gestellt.

Im Mozartsaal stehen matratzenlose Feldbetten, aber sie reichen nicht für alle. Daher verbringen die Menschen die Nacht auf dem Boden, liegend oder sitzend, an die Wand gelehnt, im Stehen, oder sie laufen unruhig über den stellenweise aufgerissenen Parkettboden hin und her.

Einer von ihnen ist der vierzehnjährige Manfred Leser, der von seinen Eltern und seinem älteren Bruder begleitet wird. Viele Jahre später werde ich ihn kennenlernen – Fred oder Freddy, wie er sich nennt, seit er in den USA lebt –, und er wird mir von den Nächten im Logenhaus erzählen. Es ist eisig kalt. Die Außentemperaturen sind unter null gesunken. An den Fensterscheiben blühen die schönsten Eisblumen, die man sich vorstellen kann.

Am Freitag, dem 5. Dezember 1941, um zwei Uhr nachmittags bekommen die hungrigen Menschen im Logenhaus an der Moorweidenstraße zum ersten Mal etwas zu essen. Brot, Marmelade und Schmalz. Keiner fragt danach, ob ein Stück Schwarzbrot, ein paar Teelöffel künstliche Marmelade und ein Klecks Schmalz zusammenpassen. Man isst, was aufgetischt wird, keiner beklagt sich. Als wären sie Tiere im Zoo. Dazu wird Malzkaffee serviert, den Fritz Benscher in Thermoskannen in der Küche des ehemaligen Jüdischen Theaters an der Hartungstraße holt, in dem Fritz, Max und die anderen früher aufgetreten sind. Eins der letzten Stücke, in denen Max mitgewirkt hat, war die Kriminalkomödie »Kopf in der Schlinge«.

Im Laufe des Tages verbreitet sich im Logenhaus das Gerücht, der Evakuierungstransport gehe nach Riga. Manche nehmen die Nachricht mit Erleichterung auf. Riga sei eine Hansestadt, in der man Deutsch spreche, erklärt Manfred Lesers Vater. Andere reagieren gleichgültig. Wieder andere verzweifelt. Im Logenhaus herrscht eine seltsame Stimmung. Apathie, unterdrückte Panik, Zorn, Optimismus. Lachsalven mischen sich mit Weinkrämpfen, Gebete mit Flüchen. In der

Abenddämmerung hält Rabbi Carlebach ein improvisiertes Kabalat Schabat. Vor gut einem Jahr hat er Manfred Lesers Bar Mitzwa durchgeführt.

Es ist so kalt, dass das Wasser in den Rohren gefriert, die Abflüsse sind verstopft, und die Toiletten laufen über. Fritz Benscher wird angewiesen, die Thermoskannen in die Hartungstraße zurückzubringen. Dort gießt er den frisch gebrühten Kaffee in den Ausguss. Dann kehrt er mit einem Eimer und einer Schöpfkelle ins Logenhaus zurück, kniet sich hin und schöpft das Wasser aus den Toiletten ab.

Hannoverscher Bahnhof
Hamburg, Großdeutsches Reich

Am Morgen des 6. Dezember 1941 erhält Fritz Benscher von den Gestapo-Beamten die Erlaubnis, frischen Kaffee aus der Suppenküche in der Hartungstraße zu holen. Es ist Samstag, also Schabat. Schon früh beginnen die Männer in den grünen Uniformen, die Menschen aus dem Logenhaus in Lastwagen zu bugsieren, die sie zum Schlachthofviertel in der Sternschanze fahren. Vor dem Einsteigen tritt ein SS-Mann Manfred Lesers Vater in den Rücken. Zum ersten Mal muss Manfred mitansehen, wie sein Vater misshandelt wird.

Für die orthodoxen Juden ist es eine besondere Demütigung, dass sie am Ruhetag »reisen« müssen.

An der Veterinärstation im Schlachthausviertel werden die Menschen abgezählt und auf der Evakuierungsliste abgehakt. Dann werden sie in Viehwaggons gepfercht, die langsam Richtung Osten fahren, vorbei an der Moorweidenstraße und am Bahnhof Dammtor, über die Lombardsbrücke und durch den Hauptbahnhof. Nur wenige Minuten später hält der Zug an, und einen Augenblick später werden die Türen entriegelt und die Menschen wieder nach draußen getrieben.

Der Zug steht jetzt am Hannoverschen Bahnhof, etwa einen Kilometer südlich der Moorweidenstraße. Hier werde ich sechsundsiebzig Jahre später Manfred Leser, der sich dann Freddy nennt, kennenlernen. Der Hamburger Senat hat uns zur Einweihung einer Gedenkstätte für die Deportierten eingeladen. Vom einstigen Bahnhof sind nur noch wenige Gleise übrig. Jetzt befinden sich hier ein Park und ein Kindergarten.

Freddy und ich legen weiße Rosen auf den Steinblock, in den die Namen unserer Vorfahren eingraviert sind. Neben mir steht mein ältester Sohn – mein Sohn, dessen Geburt mich seinerzeit dazu ermutigte, in Björknäs auf den Dachboden zu steigen und die Umzugskartons herunterzuholen. Inzwischen ist er ein junger Mann, ein bisschen größer als ich. Er hat Gustavs Namen und Minnas Augen. Auch er legt eine Rose neben Minnas und Gustavs Namen, beugt sich hinunter, nimmt ein paar Steine und platziert sie neben den weißen Rosen.

Wir schweigen einen Moment lang. Dann erzählt Freddy von jenem Frühmorgen im Dezember 1941. Davon, wie die Menschen ein weiteres Mal abgezählt werden, ehe sie in einen neuen Zug steigen – einen ausrangierten Passagierzug mit alten, teils defekten Waggons, aber immerhin ein Zug, der gebaut wurde, um Menschen zu befördern. Ehe es weitergeht, wird noch ein Transport von 44 Juden aus Lüneburg abgewartet.

Die Männer in den grünen Uniformen sind die ganze Zeit in der Nähe, sie gehören zum Reserve-Polizei-Bataillon 101. Außerdem wimmelt es im Hannoverschen Bahnhof von Gestapo-Beamten und Bahnpolizei.

Warum die Menschen nicht direkt vom Logenhaus an der Moorweidenstraße zum Hannoverschen Bahnhof gebracht wurden, ist schwer zu sagen. Wozu der Umweg über die Sternschanze und die Veterinärstation, wo sie ein weiteres Mal durchgezählt werden müssen? Für mich gibt es nur eine Erklärung: Der kurze Aufenthalt an der Veterinärstation und die noch kürzere Fahrt in den Viehwaggons sollen die Menschen demütigen. Ein anderer Grund fällt mir nicht ein. Der Russlandfeldzug ist in vollem Gange, und trotzdem werden die knappen Bahnressourcen so verschwendet.

Pünktlich um elf nach zwölf verlässt der Zug mit Minna und Gustav den Güterbahnhof. Er passiert den Stadtteil Rothenburgsort, fährt in einem weiten Bogen Richtung Wandsbek und steuert das etwa fünfundzwanzig Kilometer nördlich von Hamburg gelegene Bad Oldesloe an. Während der Zug auf 82 Juden aus Lübeck und 54 Juden aus Kiel wartet, schreibt Gustav im Schatten eines Getreidesilos die letzten Postkarten an seine Söhne in Brasilien, Argentinien und Schweden. Er gibt sie einem Polizisten, der verspricht, sie abzuschicken. Mitarbeiter der Jüdischen Gemeinde gehen mit Essen, Wasser und Toiletteneimern herum. Als der Zug Bad Oldesloe verlässt, winken Fanny David und Fritz Benscher ihm nach. Beide werden später ebenfalls deportiert. In den Waggons befinden sich nun 933 deutsche Juden.

Der nächste Halt ist das zwanzig Kilometer südlich von Lübeck gelegene Ratzeburg. Hier übernehmen die Männer vom Reserve-Polizei-Bataillon 101 die Kontrolle. Die Türen werden verriegelt. Ab jetzt gelten neue Spielregeln: Niemand darf mehr aus den Fenstern blicken oder Kontakt zu den Menschen auf den Bahnhöfen aufnehmen, an denen der Zug haltmacht.

In der Nacht vom 6. auf den 7. Dezember 1941 befindet der Zug sich etwa hundert Kilometer nördlich von Berlin. Er hat Wittenburg, Hagenow, Schwerin, Bad Kleinen, Güstrow, Teterow, Stavenhagen und zuletzt Neubrandenburg passiert.

Minna und Gustav sitzen auf den harten Holzbänken, aneinander gelehnt, und schlafen. Gustav hat seinen Schal an

der Hutablage festgebunden und den Kopf in die Schlinge gesteckt, damit er vom Ruckeln des Zuges nicht hin- und her-
geschleudert wird. Er hat den »Kopf in der Schlinge« aber wenigstens kann er halbwegs schlafen, und Minna kann ihren
Kopf bei ihm anlehnen.

Während sie so dasitzen, passiert der Zug Pasewalk, Stet-
tin, Stargard in Pommern, Kreuz, Schneidemühl, Konitz und
Preußisch Stargard, bis er am 7. Dezember 1941 frühmorgens das etwa dreißig Kilometer südlich von Danzig gelegene
Dirschau erreicht.

Hier wird der erste längere Halt eingelegt. Fünfundsiebzig
Juden aus Danzig werden erwartet, erst dann wird die Fahrt
Richtung Königsberg fortgesetzt.

Der Zug ist jetzt seit einem Tag unterwegs, es gibt kein
Trinkwasser mehr, die Waggons sind kalt und unbequem. Die
Passagiere haben die ganze Nacht über aufrecht gesessen, ohne
sich zu beklagen, sie sind müde, ihre Glieder steif. In jedem
Abteil erhält nur eine Person die Erlaubnis auszusteigen, um
Wasser zu holen. Zum ersten Mal gehen sie in Kolonnen, wie
Sträflinge in einem Straflager. In der Nacht haben die Männer
in den grünen Uniformen Bajonette auf ihre Gewehre aufge-
pflanzt.

Memel, Riga und der Wald von Rumbula
Großdeutsches Reich und Reichskommissariat Ostland

Am Montagmorgen, dem 8. Dezember 1941, hält der Zug im
Rangierbahnhof in Memel. Es ist neblig, Schneeflocken wir-
beln durch die Luft, um sich dann behutsam über die Gleise zu legen.

In Riga wütet ein Schneesturm.

Unter den zerschossenen Tannen im Wald von Rumbula sucht ein einsames Eichhörnchen nach Essbarem.

»Kwitt«, sagt eine Kohlmeise.

»Kwidutt«, gibt eine zweite zur Antwort, als sie unter der Schneedecke etwas zu essen entdeckt.

Der zweite Tag der Mordorgie ist noch schrecklicher als der erste. Alle wissen, was passieren wird. Alles ist so wie eine Woche zuvor. Dieselben Einheiten wie beim ersten Mal werden eingesetzt, dieselben zwölf Schützen vor den Massengräbern aufgestellt.

Um Tumulte zu vermeiden, wird das Prozedere im Vergleich zur ersten Massenerschießung gestrafft. Alle zugelassenen Gepäckstücke werden bereits im Ghetto eingesammelt. Man sagt den Menschen, ihr Hab und Gut werde in Lastwagen weitertransportiert und ihnen am Ende der Reise zurückgegeben, was natürlich eine Lüge ist.

Es ist ein ganz gewöhnlicher Arbeitstag. Die Moskauer Straße ist belebt; die Menschen sitzen in Straßenbahnen, Bussen, Kutschen und sogar in dem einen oder anderen Auto, aber vor allem Fußgänger, die auf dem Weg zur Arbeit sind. Sie wenden den Blick ab, als die Kolonnen Richtung Rumbula vorbeiziehen. Heute sind die lettischen Juden fügsamer, nur wenige Hunderte werden auf dem Weg zu den Massengräbern ermordet, womöglich haben sie ihr Schicksal akzeptiert. Oder glauben sie, etwas derart Schreckliches könnte sich nicht wiederholen?

Folgendermaßen beschreibt Frida Michelson, was sie am Montag, dem 8. Dezember 1941, im Wald von Rumbula erlebt hat:

Unsere Reihe taucht mit dem Menschenstrom in den Wald ein. Am Eingang steht ein großer Holzkasten und daneben ein untersetzter deutscher SS-Mann mit ei-

nem Knüppel in der Hand – er befiehlt, alle Wertgegenstände abzugeben. In den Kasten fallen goldene Ringe, Ohrringe, Armreifen, Uhren, Geld. Alles geschieht in Eile, wir werden weitergetrieben. Am nächsten Punkt befiehlt ein lettischer Schutzmann, alle Mäntel auszuziehen und auf einen Haufen zu werfen, der bereits einem Berg gleicht.

Fieberhaft durchrast mich nur ein einziger Gedanke: Was tun, um mich zu retten? Ein unbändiger Überlebenswillen packt mich. Ich verlasse die Reihe und laufe zu einem Schutzmann:

»Schauen Sie, ich bin eine Spezialistin, eine Schneiderin, ich kann sehr nützlich sein, hier ist mein Diplom«, sage ich und zeige ihm meine Papiere.

»Geh' zu Stalin mit deinem Diplom!«, brüllt mich der Schutzmann an und schlägt mit aller Wucht mit der Faust auf meine Hand. Von dem Schlag fliegt mein Päckchen Papiere in alle Richtungen – der Pass, das Diplom …

Ich ziehe den Mantel aus und werfe ihn auf den Haufen. Die Selbstschutzleute treiben uns weiter. Mich erfasst eine so grenzenlose Angst und Kopflosigkeit, dass ich anfange mir die Haare auszureißen und hysterisch zu schreien, um den Lärm der Schüsse nicht hören zu müssen. Die Menschen neben mir sind empört, aber ich kann mich einfach nicht beherrschen. Ich beginne, den Verstand zu verlieren.

Ein weiterer Kleiderberg. Dort wird befohlen, sich bis auf die Unterwäsche zu entkleiden. Ich trage drei Schichten Unterwäsche und über dem Kleid ein weißes Nachthemd. Ich werfe mich auf den Kleiderhaufen und versuche, mich darin zu verstecken, erhalte aber sofort einen schmerzhaften Schlag auf den Rücken.

»Steh' sofort auf und zieh' dich aus!«

»Ich bin schon ganz ausgezogen«, antworte ich dem Schutzmann weinend, »ich habe nur ein Nachthemd an.«

»Dann geh' weiter und mach' kein Theater!«

Ich gehe weiter, schreie wieder und raufe mir die Haare, ohne zu fühlen, dass ich sie mir büschelweise ausreiße.

Ein anderer Schutzmann fängt an mich zu beschimpfen, weshalb ich noch nicht ausgezogen sei, doch im selben Moment kommt aus der Kolonne halbnackter Menschen eine weinende Frau zu ihm gerannt und sagt:

»Mein Mann ist Lette, sehen Sie, dieser Schutzmann dort kennt ihn gut«, und zeigt mit der Hand auf einen Wachposten. »Weshalb muss ich sterben?!«

Ich nutze den Moment, da der Schutzmann durch das Gespräch mit der Frau abgelenkt ist, indem ich mich mit dem Gesicht nach unten zu Boden werfe und reglos wie tot im Schnee liegen bleibe. Kurz darauf höre ich, wie in der Nähe Zwei auf Lettisch miteinander reden:

»Was liegt da?«

»Ist sicher tot«, antwortet der andere.

›So‹, denke ich, ›jetzt werde ich weggezerrt und in die Grube geworfen.‹ Ich bleibe stumm und starr wie ein Stein. Dann höre ich wieder die Stimmen der Schutzleute:

»Schneller! Schneller!«

Ich spüre das ununterbrochene Dröhnen von Schritten. Die Menschen laufen und laufen … ins Grab hinein. Eine Frau eilt jammernd an mir vorüber: »Oh weh, oh weh!«, und wirft einen Gegenstand auf meinen Rücken, dann einen zweiten. Immer mehr prasseln *auf mich herab. Mir ist klar, dass es Schuhe sind, weil sie paarweise geworfen werden. Bald bin ich von einem Berg aus Stiefeln, Filzstiefeln und Schuhen bedeckt. Die Last ist schwer, aber ich darf mich nicht rühren.*

Immer noch höre ich, was ringsumher geschieht – der Boden dröhnt von eiligen Schritten, es erklingen Rufe im Angesicht des Todes:

»Schma Jisrael!«, schreit ein alter Mann tränenerstickt das Gebet heraus.

»Ihr Unmenschen, erlaubt wenigstens den Kindern angezogen zu bleiben, es ist doch kalt!«

Peitschenschläge sind zu hören.

»Ich sterbe für Deutschland!«, ruft eine Frau auf Deutsch, vermutlich ein jüdischer Flüchtling aus Deutschland.

»Dann lieber den Tod als ein solches Leben!«

»Erlauben Sie mir, auf meine Angehörigen zu warten und mich von ihnen vor dem Sterben zu verabschieden!«, höre ich die Stimme einer älteren Frau flehen.

Die Menschen weinen bitterlich, verabschieden sich voneinander, Tausende rennen in den Tod …

Die Waffen dröhnen unablässig, die Schutzleute hören nicht auf, zur Eile anzutreiben: »Schneller! Schneller!«, wobei sie mit Gummiknüppeln und Peitschen auf die Menschen einprügeln. So geht das über viele Stunden. Schließlich lassen Schreie und Klagen nach, das Dröhnen der Schritte hört auf, und der Lärm der Schüsse verstummt. Ich höre, wie in der Nähe geschaufelt wird. Wahrscheinlich vergraben sie die Erschossenen. Die Arbeiter werden auf Russisch zur Eile angetrieben. Wahrscheinlich wurden sowjetische Kriegsgefangene hergetrieben, um diese Arbeit zu verrichten. Später werden sicher auch sie erschossen.

Der Stiefelberg erdrückt mich fast, der ganze Kör-
per ist taub vor Kälte und Reglosigkeit, doch ich bin bei
vollem Bewusstsein. Der Schnee unter mir ist von mei-
ner Körperwärme geschmolzen, ich liege in einer Pfüt-
ze.

Plötzlich erklingen ganz nah Stimmen auf Lettisch:
»Rauchen wir eine!«
»Das war perfekte Arbeit!«
»Sie haben Erfahrung.«
»Hoffentlich bekommen wir unseren Anteil.«
»Die Deutschen haben Vortritt.«
»Es reicht für alle.«
»Ich bin müde. Ich werde nach Hause gehen.«
»Ich auch.«
Demnach haben die Schutzleute ihre Arbeit getan
und beginnen sich zu zerstreuen. Kurz darauf höre ich
Stimmen auf Deutsch:
»Was suchst du da?«
»Ein Paar Strümpfe für meine Frau.«
Eine Weile ist wieder alles still. Plötzlich zerschneidet
von der Grube her das Weinen eines Kindes die Stille:
»Mama! Mama!«
Mehrere Schüsse ertönen. Das Weinen des Kindes
verstummt. Stille.

Zentralbahnhof
Riga, Reichskommissariat Ostland

Am Dienstag, dem 9. Dezember 1941, rollt der Zug mit Minna und Gustav frühmorgens langsam über die schwer beschä-
digte Eisenbahnbrücke über der Düna und erreicht den Ri-

gaer Hauptbahnhof. Dort wird eine kurze Pause eingelegt. Die Männer vom Reserve-Polizei-Bataillon 101 haben ihren Auftrag ausgeführt, sie sind erschöpft und dürfen aussteigen. Auch die Passagiere sind erschöpft. Seit fast einer Woche haben sie sich nicht mehr waschen können, und nach den Nächten im Logenhaus an der Moorweidenstraße, der Fahrt durch das schneebedeckte Ostpreußen, den Nebel, das Schneegestöber von Memelland und die endlosen Weiten Litauens sind sie schmutzig und hungrig. Seit drei Tagen sind sie pausenlos unterwegs. Ringsherum ist nichts als Schnee. Das letzte Stück wurde auf einer eingleisigen Strecke zurückgelegt. Hier und da war ein kleiner Bauernhof zu erkennen, ein Schuppen oder eine Scheune aus verwitterten, unbehandelten Holzplanken. Sonst nichts, immer nur Schnee. Manchmal blieb der Zug stehen, um einen anderen, offenbar wichtigeren Zug vorbeizulassen.

Schließlich verlassen sie den Rigaer Hauptbahnhof. Wenige Minuten später sind Minna und Gustav am Ziel.

Der Zug hält an.

Stimmen. Schroffe Stimmen.

Hundegebell.

Draußen steht das Kommando Arājs mit Pelzmützen und einige deutsche SS-Männer mit blutverschmierten Stiefeln. Sie kommen direkt aus dem Wald von Rumbula und werden meine Großmutter und meinen Großvater vom Bahnhof Šķirotava durch den Schnee zum Lager Jungfernhof bringen.

VI
Epilog

Im Himmel und auf Erden

Minna und Gustav haben ihr Grab in den Wolken, und Jessica ruht in der Erde auf dem Friedhof in Bergedorf. Mein Vater wurde zu Asche verbrannt und auf einem Gedenkhain mit Blick auf den Närkeslätten in den Wind gestreut. Jetzt ist er mit seinen Eltern in den Lüften vereint, »da liegt man nicht eng«, wie Paul Celan schreibt.

An dieser Stelle könnte das Buch enden, aber ich wähle einen anderen Schluss und erzähle noch etwas weiter.

In der Nacht zum 11. November 1938 muss Walter vom Anleger mit ansehen, wie die Fähre, die seine letzte Chance ist, in Warnemünde ablegt. Er steht noch lange da, als würde er darauf warten, dass ihm jemand sagt, was er als Nächstes tun soll. Aber niemand sagt etwas. Er fühlt sich leer, und zum ersten Mal hat er das Gefühl, dies könnte das Ende sein. Er hat keine Kraft mehr. Er ist allein. Mutterseelenallein. Macht er jetzt zwei Schritte nach vorn, stürzt er ins kalte schwarze Wasser, ohne dass irgendjemand etwas merkt.

Niemand würde versuchen, ihn aufzuhalten.

Er knöpft seinen Mantel auf, zieht ihn aus, faltet ihn säuberlich zusammen und legt ihn zusammen mit seinem Wollschal auf die Reisetasche, so wie vor acht Monaten vor dem Bahnhof in Livorno Ferraris, als er darauf wartete, dass Herbert, »der Stier«, ihn abholen und nach Tenuta Murone bringen würde. Acht Monate – geprägt von äußerem Chaos und innerer Leere.

Er muss an Major Böheke denken, der ihn als Kind in der Badeanstalt am Schaarmarkt gedrängt hat, ins kalte Wasser zu springen. »Komm, dreh mal eine erfrischende Runde!«, hat der Major gesagt und ihn ins Becken geschubst. Walter überlegt, ob er nicht schon immer gezwungen wurde, Dinge gegen seinen Willen zu tun? Er musste Orte verlassen, an denen er bleiben wollte, oder an Orten bleiben, die er verlassen wollte. Aber jetzt entscheidet er selbst. Ein Schritt. Das ist der Anfang. Schritt zwei. »Eine erfrischende Runde«. Schritt drei. Macht man das so? Macht man einen Schritt ins Nichts, schwimmt los, schwimmt weiter, spürt, wie die Muskeln taub werden, schwimmt trotzdem weiter, immer weiter hinaus, bis man nur noch Wasser sieht und nicht mehr weiß, in welcher Richtung das Ufer liegt? Ja, so macht man es. Man lässt sich vom Meer verschlucken, verschwindet. Zurück bleiben nur eine Reisetasche, ein Wintermantel und ein Schal auf dem Anleger.

Aber ist es möglich, nicht dagegen anzukämpfen? Nicht zurück zum Anleger zu schwimmen und eine Stelle zu suchen, an der man aus dem Wasser klettern kann?

Walter betrachtet seinen Wintermantel. Warum hat er ihn überhaupt ausgezogen? Ist das Wasser erst einmal durch den Stoff gedrungen, ist es nicht weniger kalt. Was geht schneller? Mit oder ohne Mantel. Eine schwere Entscheidung.

Walter stellt sich die stillen, starken Männer im Fischerboot vor, die schweres Ölzeug tragen und seine Leiche aus dem Netz heben. Ein Brief an die Eltern, ein Gestapo-Mann, der an die Tür pocht. Bestimmt existiert irgendein Paragraph, laut dem ein Jude sich nicht in der Mecklenburger Bucht ertränken und das Wasser mit seinem nicht-arischen Körper verunreinigen darf.

Walter macht einen Schritt nach vorn. Es war ganz leicht. Noch ein Schritt, dann stürzt er ins Hafenbecken.

Der Gedanke macht ihm keine Angst. Was ihm Angst macht, sind das Konzentrationslager und die uniformierten

Verbrecher. Gibt es einen anderen Weg, ihnen zu entkommen? Hat er nicht schon alles versucht? Er spürt eine innere Ruhe. Die Entscheidung liegt nun bei ihm, bei ihm allein. Er kann den Schritt jetzt machen, in fünf Minuten, in einer Stunde, in zwei. Hauptsache, es passiert vor der Morgendämmerung. Ein Schritt nach vorn, und die Welt verlässt ihn. So einfach ist das.

Als Walter diese Gedanken durch den Kopf gehen, geschieht etwas Seltsames. Plötzlich spürt er eine Hand auf der Schulter und hört eine Stimme, die ihm sagt, dass er schon zu viele Prüfungen bestanden hat, um im Hafen von Warnemünde ins Wasser zu springen. Er solle sich zusammennehmen, sagt die Stimme. Das Leben sei nicht leicht, aber einen anderen Weg gebe es nicht. Wenn er es jetzt beendet, sei alles vorbei. Für immer.

Walter wendet sich um, um zu sehen, wer mit ihm spricht, aber da ist niemand, weder auf dem Anleger noch sonst irgendwo. Aber er spürt die Hand so deutlich, hört die Ermahnung so klar, dass es unmöglich Einbildung sein kann.

Dieses Buch entspringt dem Augenblick, als Walter in Warnemünde auf dem Anleger steht und bereit ist, den Schritt nach vorn zu machen und sich zu ertränken. Ich habe davon gelesen, in Walters Tagebuch und den Aufzeichnungen meines Vaters. Viele schlaflose Nächte habe ich mir den Kopf darüber zerbrochen, was dieser Moment für mich bedeutet. Ich bin in Warnemünde gewesen und habe neben der Fährrampe gestanden, die heute nicht mehr in Gebrauch ist. Habe Walters Gegenwart gespürt, seine Verzweiflung in der rauen Novembernacht. Walter, der Mann, der mein Vater wurde.

Ich kann dich nicht mehr Walter nennen, du bist mein Vater. In dieser Nacht hat sich alles entschieden. Du entscheidest dich gegen den Schritt ins Nichts und für das Leben. Du nimmst dich zusammen. Du ziehst deinen Wintermantel wieder an und gehst entschlossenen Schrittes zum Bahnhof.

Ich glaube, das ist die Geschichte, die du immer erzählen wolltest.

Im nächsten Moment sitzt du im Telegraphenhaus, wärmst dir die Hände an einer dampfenden Kaffeetasse und siehst dabei zu, wie der hilfsbereite Parteigenosse versucht, die mosaische Gemeinde in Kopenhagen zu kontaktieren. Allerdings ohne Erfolg, denn es ist mitten in der Nacht, und die Juden in Kopenhagen schlafen.

Der Telegraphist legt die Kopfhörer beiseite und schüttelt den Kopf. Dann sagt er, er wolle dir helfen, nach Berlin oder Hamburg zurückzufahren. Dort könntest du deine Organisation kontaktieren oder dir auf andere Weise Geld für einen neuen Fahrschein über Sassnitz nach Trelleborg beschaffen. Über Dänemark zu reisen scheint jedenfalls unmöglich.

»Es hat keinen Zweck«, antwortest du und beschreibst die brennende Synagoge in der Fasanenstraße, die zerborstenen Fenster. Die jungen Burschen mit den Schlagstöcken und Knüppeln, die das Lied von dem Messer singen, von dem das Judenblut spritzt.

Trotzdem rät der Telegraphist dir, es wenigstens zu versuchen.

Du hörst ihm zu, denkst an den Augenblick auf dem Anleger, siehst ein, dass er recht hat. Und plötzlich wird in dir dieselbe Kraft wach, die dich veranlasst hat, den Mantel anzuziehen und auf das gelbe Ziegelhaus zuzugehen, in dem ihr euch jetzt befindet. Nichts ist unmöglich. Der Kampf geht weiter, er ist ein Teil von dir. Und du bist ein Teil des Kampfes.

Ihr geht gemeinsam zum Zug Richtung Hamburg. Der Telegraphist wechselt ein paar Worte mit dem Schaffner. Sie einigen sich darauf, dass du in der zweiten Klasse reist und deine Bar-Mitzwa-Uhr an der Ausgangssperre am Hamburger Bahnhof als Pfand hinterlässt, um sie später gegen Vorlage einer Quittung wieder einzulösen.

»Warum machen Sie das?«, fragst du, ehe ihr auseinandergeht.

»Ich erkenne einen guten Mann in einer schlimmen Lage«, sagt der Telegraphist mit dem Parteiabzeichen am Jackett. »Nächstes Mal tun Sie das Gleiche für mich, nicht wahr? Und wenn nicht für mich, dann für jemand anderen. Und wenn Sie es nicht machen, dann Ihr Sohn oder Ihr Enkel. Ich irre mich doch nicht, oder?«

Ein paar Stunden später sitzt du im Zug nach Hamburg, hast aber nicht vor, zu deinen Eltern zu gehen. Du fürchtest, die Nazis könnten in der Nacht dort gewesen sein. Oder dass die Sturmtruppen genau jetzt dort sind. Also gehst du stattdessen zu nicht-jüdischen Freunden in der Nähe des Innocentiaparks, die du aus Kindertagen kennst, und bittest sie, deine Eltern aufzusuchen und herauszufinden, ob sie zu Hause sind. Kurz darauf erfährst du, dass die Nazis tatsächlich in der Nacht dort waren, aber sie haben deinen Vater nicht mitgenommen. Er war zu alt.

Als du in den Scheideweg kommst, ist deine Mutter unterwegs und macht Erledigungen, Dora ist bei der Arbeit in der Dosenfabrik und Jessica im Kindergarten. Dein Vater ist allein zu Hause. Ein jüdischer Mann bleibt in diesen Tagen am besten im Haus.

Ihr setzt euch und redet ein letztes Mal miteinander, Vater und Sohn. Du berichtest ihm kurz, was du in Berlin gesehen hast, von der Reise nach Warnemünde, lässt aber den Moment aus, in dem du beinahe aufgegeben hättest.

Dein Vater, der pensionierte Beamte, gibt dir Geld für ein neues Ticket. Einmal mehr gibt er dir Geld, und einmal mehr versprichst du, es ihm so schnell wie möglich zurückzuzahlen. Ihr wisst beide, dass das nicht passieren wird.

Stell dir vor, dass er sehen könnte, was aus dir geworden ist – stell dir vor, er könnte dabei sein, wenn du im großen Hörsaal eine Vorlesung hältst, wenn du auf einem internationalen Kongress sprichst, wenn du im Radio oder Fernsehen auftrittst. Stell es dir vor.

Du willst nicht lange bleiben. Die Nazis sind unberechenbar, sie könnten jeden Moment zurückkommen, um deinen Vater doch noch zu holen. Oder dich. Die »italienische« Übereinkunft zwischen Hechaluz und Gestapo ist wohl kaum mehr gültig. Vielleicht haben dich die Nazis in der zweiten Etage oder irgendein anderer Nachbar gesehen und der Gestapo einen Hinweis gegeben, dass du im Scheideweg bist. Scheideweg, welch passender Name.

Als du die Isestraße Richtung Innocentiapark überquerst, kommt dir deine Mutter entgegen. Sie lässt alles fallen, was sie in den Händen trägt, und bleibt entgeistert auf dem Bürgersteig stehen. Da bist du, ihr jüngster Sohn. Glaubt sie, dass sie ein Gespenst sieht oder dass sie träumt? Nachts träumt sie häufig, du stündest an ihrem Bett.

Du bist dir nicht sicher, ob sie froh oder traurig ist, dich zu sehen. Du solltest doch längst in Sicherheit sein. In Schweden. Du gehst zu ihr und umarmst sie kurz, ohne etwas zu erklären. Ihr müsst vorsichtig sein, niemand darf euch sehen. Die Jagd auf die Juden ist in vollem Gange, jetzt als Jude identifiziert zu werden, ist gefährlich.

»Hast du Hunger?« fragt sie verwirrt.

Du bist hungrig, sagst aber, du hättest gerade gegessen. Unweigerlich siehst du die Angst und den Schmerz in ihren schönen dunklen Augen. Der Schmerz, der sich nicht in Worte fassen lässt.

»Willst du etwas zu essen haben?«

Viele Jahre später wirst du dich an den Blick deiner Mutter bei eurer letzten Begegnung erinnern. Du wirst dich erinnern, dass sie dir nicht geantwortet hat, als du sagtest, ihr würdet euch wiedersehen. Sie wusste, dass es nicht stimmte, und du wusstest es ebenfalls.

Stell dir vor, du könntest ihr erzählen, was aus dir geworden ist. Von deinen Kindern, Enkeln und Urenkeln. Von all der Liebe und Freude, die sie möglich gemacht hat, mit ihrer Liebe. Weil sie immer für dich da war, wenn du sie gebraucht hast. Auch in diesem Moment, bei eurer allerletzten Begegnung, würde sie alles tun, worum du sie bittest.

Da stehst du jetzt und weißt nicht, was du sagen sollst. Du wirst sie verlassen. Deine Mutter. Du willst bei ihr bleiben, wenn auch nur für einen Augenblick, und du willst gehen. Jetzt sofort.

»Hast du Durst?«, fragt sie dich. Dich, der du mein Vater wirst.

»Nein, danke«, antwortest du, und dann verschwindest du um die Ecke, aus ihrem Leben.

Bei deinen nicht-jüdischen Freunden bist du in Sicherheit, aber die Stunden erscheinen dir zäh wie Blei. Du versuchst zu schlafen, denn wenn die nächste Etappe deiner Reise beginnt, solltest du ausgeruht sein, aber es gelingt dir nicht. Du tust kein Auge zu. Während du nicht schläfst, kümmern deine Freunde sich um den neuen Fahrschein und erledigen Botendienste für dich und deine Eltern. Am Abend fahren sie dich zum Bahnhof Dammtor.

Auf dem Bahngleis wartet Dora auf dich. Mit Grüßen von daheim, Schokolade und Blumen. Ja, sie hat einen kleinen Blumenstrauß dabei, den du entgegennimmst, als wäre es das Natürlichste der Welt. Blumen. Ihr gebt euch Mühe, keine Aufmerksamkeit zu erregen. Keine Umarmungen, keine Küsse, nur ein letzter Handschlag, dann steigst du in den Zweite-Klasse-Waggon. Du setzt dich auf deinen Platz, und der Zug verlässt den Bahnhof. Du weißt nicht, ob du deiner Rettung oder dem Lager entgegenfährst. Niemand weiß, welche Regeln an der Grenze gelten. Du weißt nur, dass du deine Eltern zum letzten Mal gesehen hast.

In Sassnitz nimmt man dich beiseite und durchsucht dich. Du musst dich ausziehen, und deine Tasche wird über einem Metalltisch ausgekippt. Der Inhalt wird sarkastisch kommentiert, aber du merkst schnell, dass die Männer keine Anweisungen haben, Juden dazubehalten, sie wollen sich nur auf deine Kosten amüsieren. Du lässt sie machen, sie können dir nichts anhaben. Sie haben keine Ahnung, was du durchgemacht hast, was du imstande bist auszuhalten.

Als das Signal der Fähre zum zweiten Mal ertönt, gestatten sie dir, deine Habseligkeiten wieder einzupacken, und du läufst halb bekleidet dem warteten Schiff entgegen.

Auf dem Metalltisch liegt nur noch der Blumenstrauß.

Die beiden Dreizylinder-Dreifach-Expansions-Dampfmaschinen geben ein gleichmäßiges Rumoren von sich. Die Vibrationen der Kolben durchdringen das Deck und lassen deine Beine erzittern. Oder sind es die eisigen Temperaturen? Es ist eine kalte, dunkle Zeit, die mit jedem Tag kälter und dunkler wird. Die Kälte steigt aus dem Meer auf, erfasst den Schiffsrumpf und fließt über den Boden in deinen Körper. Sie riecht metallisch, wie Blut.

Du kontrollierst den obersten Knopf deines Mantels, denn du frierst. Ja, es ist die Kälte, die deine Beine zittern lässt. Eigentlich würdest du unter Deck gehen, in die Wärme, ins Restaurant oder in den Rauchersalon, zu den anderen Menschen, die dort sitzen, aber du bleibst stehen. Allein.

Du wagst nicht, nach unten zu gehen.

Du stehst auf der »SS Deutschland« glaubst du, bist dir aber nicht ganz sicher. Wenn es wirklich die deutsche Fähre ist, heißt das, dass du dich immer noch auf deutschem Boden befindest, und in Deutschland kann alles passieren. Deshalb bleibst du an Deck und beobachtest, wie die Lichter von Sassnitz von der Dunkelheit verschluckt werden. Neben dir steht die hastig gepackte Tasche. Darin liegen »Goethes Italienische

Reise« in Unterwäsche gewickelt, und Toilettenartikel. Diesmal ist es ernst, das weißt du. Du hast Deutschland verlassen, für immer. Du wirst dein Heimatland nicht mehr wiedersehen, geht es dir durch den Kopf, deine Heimatstadt, deine Freunde, deine Familie. Jetzt seid ihr in alle Himmelsrichtungen verstreut.

In Hamburg zurückgeblieben sind Dora, Jessica und deine Eltern, jedenfalls für den Moment. An deine Eltern zu denken, tut weh. Natürlich weißt du, dass ihre Chancen, Hitler zu überleben, gering sind, und du verstehst den Zusammenhang zwischen dem Leben, das vor dir liegt, und ihrem bevorstehenden Tod. Du erinnerst dich an dein Versprechen, dich nicht mehr politisch zu engagieren, das du gebrochen hast. Du weißt, die drei Jahre, in denen du eingesessen hast und deine Eltern sich darum gekümmert haben, dass du überlebst, hättet ihr dafür nutzen sollen, die Flucht der Familie zu planen. Ja, du erinnerst dich an dein gebrochenes Versprechen, und bei dem Gedanken steigt Übelkeit in dir auf. Deine Beine wollen dich nicht mehr tragen. Du beugst dich vor, stützt dich an der Reling ab. Spürst einen Griff im Nacken. Du, als Kind. Major Böheke packt dich am Nacken, immer fester. Er hat dich im Griff. Er drängt dich, ins kalte Wasser zu springen. Du lehnst dich über das Geländer, um ihm zu entkommen.

Der Fahrtwind erfasst deine Haare, deine Augen brennen. Nein, es ist nicht der Wind, der Tränen über deine Wangen laufen lässt. Es ist die Anspannung, die sich allmählich löst. Dein Körper bebt. Die Tränen bahnen sich ihren Weg, und du kämpfst nicht dagegen an. Zum ersten Mal seit vielen Jahren lässt du zu, dass deine Gefühle dich übermannen. Es ist nicht einmal einen Tag her, dass du an der Fährrampe in Warnemünde gestanden und zugesehen hast, wie die Fähre, die deine letzte Hoffnung war, in der Dunkelheit verschwand. Du hast nicht geweint. Nicht in dem Moment. Aber jetzt weinst du, womöglich heftiger als je zuvor. Doch wenn du auf das kalte schwarze Wasser blickst, ist dir der Gedanke zu springen vollkommen fremd.

Du befreist dich aus dem Griff des Majors. Zum Henker mit Major Böheke! Du schreist in den Wind. Aus den Tränen wird Lachen, aus dem Lachen ein Lied. Du schreist und singst wie ein Besessener, die Tränen laufen weiter über deine Wangen. Du schaust voraus, kannst aber nichts erkennen, um dich herum ist nichts als dichte Dunkelheit. Dunkelheit, Wind und Tränen, aber vor allem Dunkelheit. Ist das die Zukunft?

Jetzt weinst du im Stillen. Du gibst einen erbärmlichen Anblick ab. Ein einsamer, zahnloser Mann auf dem Weg ins Gelobte Land. Na ja, zumindest auf dem Weg nach Schweden.

Du bist erst fünfundzwanzig. Dein Sohn, der diese Zeilen schreibt, ist mehr als doppelt so alt wie du. Ich habe deine Tagebücher gelesen und dich auf deiner Reise durch Europa begleitet. Ich weiß, vor dir liegen noch viele Prüfungen und viel Leid, ehe du dich endlich sicher fühlen kannst. Ich wünschte, ich könnte dir helfen, ich wünschte, ich wäre bei dir auf der Fähre.

Ich stelle mir vor, ich stünde hinter dir, so nah, dass ich die feuchte Wärme deines Körpers spüre. Ich greife nach dir, um dich zu beschützen, halte dich wie ein Vater seinen Sohn oder wie ein Sohn seinen Vater. Ich beuge mir vor und rufe in den Wind, dass ich dich höre, dass du nicht allein bist. Ich bin hier.

Danke, Papa!

Dank

Ich habe die ersten zwanzig Jahre des neuen Jahrhunderts der Aufgabe gewidmet, ein Buch zu schreiben. Es ist eine Art Biographie über meine deutsche Familie geworden. Eine Erzählung von Verlust, Flucht und Exil – aber vor allem anderen ist es eine Liebesgeschichte. Ich habe dieses Buch nicht alleine geschrieben, viele haben mir dabei geholfen. Die Briefe, Tagebücher und Erinnerungsnotizen meines Vaters Walter alias Michaël Wächter sind der Grund dafür, dass ich so viel über Dinge weiß, die sich lange vor meiner Geburt zugetragen haben. Seine Briefwechsel mit den Eltern und den älteren Brüdern haben mir ermöglicht, meine deutsche Familie kennenzulernen – Großmutter Minna und Großvater Gustav sowie ihre drei Söhne Walter, Max und John mit ihren Familien. Ich empfinde große Dankbarkeit und Freude, wenn ich an das liebevolle Familienleben denke, das ihr zu Beginn des vorigen Jahrhunderts in Eimsbüttel führtet, denn eure Liebe hat sich auch auf mein Leben ausgewirkt.

Ich danke auch Ruth, alias Schontje, geliebt und seit einem Jahr schmerzlich vermisst. Durch dich habe ich eines erkannt: Da du, die du deine ganze Familie während des Dritten Reichs verloren hast, so souverän, freundlich und würdevoll mit gleichaltrigen Deutschen umgehen konntest, sollte es auch mir möglich sein, im heutigen Deutschland aus der Deckung zu kommen, den Menschen in die Augen zu sehen und zu lächeln. Durch dich kam ich in Kontakt mit den Freunden meines Vaters aus der Zeit bei Hechaluz, Menschen, die mich bei sich daheim in Schweden, Deutschland, Israel und den USA empfangen haben. Ihr habt mir so großzügig eure Zeit geschenkt, mir Einblick in eure persönlichen Archive gewährt, eure Erinnerungen mit mir geteilt und mich dazu gebracht, mich wie ein Sohn von euch allen zu fühlen. Dafür danke ich Lotti Cohn, Cordelia Edvardson, Herbert (Zeev) Gollop, Wolfgang Hirsch, Lies und Alfred Kalter, Josef Karlberg, Ulli Kohlberg, Margot Lasker (Miriam Yaari), Marianne Löllbach, Judith Rothschild, Anna und Dan Schier, Stefan Schueler, Yael Waldman und allen, die darum gebeten haben, nicht namentlich genannt zu werden.

Die Stadt Hamburg ist auf ihre Art eine der Hauptpersonen des Buchs. Mein Verhältnis zu dieser Stadt hat sich in einer Weise verändert, die ich mir niemals hätte vorstellen können, als ich in meiner Kindheit den Geburtsort meines Vaters besuchte oder als frischgebackener Pilot mit meiner Fokker F-27 auf dem Flughafen Fuhlsbüttel landete. Hamburg ist mir und meiner Familie zur zweiten Heimatstadt geworden, ein Ort, zu dem wir gehören wollen. Ich möchte allen danken, mit denen ich in Hamburg in Kontakt gekommen bin, vom früheren Ersten Bürgermeister Olaf Scholz bis zu den vielen Menschen, denen ich bei Veranstaltungen und auf den Straßen der Stadt begegnet bin. Ihr habt mich »die ganze echte warme Kühle unserer alten Stadt« spüren lassen, um meinen Vater zu zitieren. Besonders danke ich Annette Busse von der Behörde für Kultur und Medien für die Einladung zur Einweihung von denk.mal Hannoverscher Bahnhof. Dort lernte ich Fred Leser kennen, der aus den USA gekommen war. Vielen Dank, dass du mir von der letzten Nacht meiner Großeltern in Hamburg erzählt hast.

Mein Dank gilt auch Christine Eckel, Stiftung Hamburger Gedenkstätten und Lernorte; Henrike Thomsen, HafenCity Hamburg; Jörg Petersen, Galerie Morgenland; Maren Strobel und Birgitt Frey.

Ich bin Carola Veit, der Präsidentin der Hamburgischen Bürgerschaft, ungeheuer dankbar dafür, dass ich vor Senat, Bürgerschaft und geladenen Gästen sprechen durfte, als die Ausstellung »Fußball im Nationalsozialismus« im prächtigen Kaisersaal des Hamburger Rathauses eröffnet wurde.

In diesem Zusammenhang muss ich auch dem Hamburger SV für Einladungen zu Podiumsdiskussionen und zu Fußballspielen danken. Mein Dank gilt auch dem Sporthistoriker und Schriftsteller Werner Skrentny für seine Führung durch die Geschichte des HSV sowie für unzählige Artikel über den Fußballspieler Walter Wächter.

Ein ganz spezielles Fußball-Dankeschön geht an Frank Vöhl-Hitscher, den Vorsitzenden des FC Alsterbrüder, der mit Familie und Vereinskameraden die Kampagne für die Umbenennung ihres Sportplatzes in Walter-Wächter-Platz initiierte. Ich danke allen, die an diesem Prozess teilhatten, inklusive Bezirksversammlung und Senat. Es ist eine überraschende und sehr große Ehre, die meinem Vater posthum zuteilgeworden ist. Nicht zuletzt, weil ihr Alsterperlen und Alsterbrüder so engagiert dafür sorgt, dass alle einen Platz auf dem Spielfeld haben, unabhängig von Herkunft, Familie oder Veranlagung.

Herbert Diercks, den ich bei meinem ersten Besuch in der KZ-Gedenkstätte Neuengamme kennengelernt habe, hat dieses Buchprojekt von Anfang an begleitet. Im Laufe der Jahre hat die Zusammenarbeit und Freundschaft mit dir, Herbert, zu vielen gemeinsamen Veranstaltungen und intensiven Begegnungen mit Hamburgerinnen und Hamburgern geführt. Durch dich habe ich Emil Heitmanns Tochter Heide-Marie Wittmann kennengelernt, die in den USA lebt. Des Weiteren sind viele deiner Kollegen von der KZ Gedenkstätte Neuengamme zu Freunden geworden. Neben anderen möchte ich Detlef Garbe, Michael Grill, Karin Heddinga, Aneta Heinrich, Ulrike Jensen und Oliver von Wrochem für viele bereichernde Gespräche und eine erfolgreiche Zusammenarbeit danken.

Durch Aneta Heinrich kam ich in Kontakt mit der Sütterlinstube Hamburg, wo Heinz Demmin, Hannelore Faroß, Peter Hohn, Joachim Kühnau, Gisela Lassen, Heinz Timmann und viele weitere mir geholfen haben, Tausende Dokumente zu transkribieren. Ich danke euch für eure unschätzbare, genaue und hingebungsvolle Arbeit.

Ebenso danke ich Pastor Tobias Götting für den würdenvollen Gedenkgottesdienst in der Ansgarkirche.

Die Arbeit an diesem Buch war mit vielen Überraschungen und neu belebten Bekanntschaften verbunden. Ziemlich unerwartet kam ich wieder in Kontakt zu Ruth Meyer, einer Mitschülerin meines Vaters im Gymnasium. Die Gespräche mit dir, Ruth, waren ungeheuer wertvoll für mich. Danke. Eine andere große Überraschung war, dass sich bislang unbekannte Verwandte in Manchester mit mir in Verbindung setzten, nachdem sie von dem Kunstprojekt »32 Postkarten« einer Vorstudie zu diesem Buch, gelesen hatten. So stieß ich auf weitere Verzweigungen unserer Familie in Großbritannien, Australien und den USA. Ein herzliches Dankeschön an alle nahen und fernen Verwandten für ihre Beiträge.

Im Hamburger Staatsarchiv ist mir Jürgen Sielemann, Vorsitzender der Hamburger Gesellschaft für jüdische Genealogie, eine große Hilfe gewesen. Ihm und allen Vereinsmitgliedern danke ich für ihre Hilfe und ihr Interesse. Mein Dank gilt auch Judith Landshut und Hamburgs Jüdischer Gemeinde, die ihre Archive für mich geöffnet haben. Sybille Baumbach und Claudia Thorn von DokuSearch haben mir mit ihrem unschätzbaren Wissen über Hamburgs Archive geholfen. Euch ist es mehr als einmal gelungen, die Nadel im Heuhaufen zu finden, und ihr habt euch bei meinen Besuchen in Hamburg immer gut um mich gekümmert. Ich danke auch Günther Peterlein und seinen Kollegen beim Amt für Wiedergutmachung und dem Museum für Hamburgische Geschichte.

Weiterhin geht mein Dank an Bianca Leal vom Landesarchiv Nordrhein-Westfalen, Birgit Graack und Meike Kruse vom Archiv der Hansestadt Lübeck sowie Bettina Schleier vom Staatsarchiv Bremen.

An der Universität Hamburg haben mir Michaela Giesing, Ina Lorenz, Struan Robertson, Frithjof Trapp, Barbara Müller-Wesemann und weitere Kollegen geholfen. Weiterhin danke ich Monique Behr und Jesko Bender und ihren Kollegen an der Goethe-Universität in Frankfurt am Main und Clemens Maier-Wolthausen in Berlin. Malin Thor Tureby in Malmö und Knut Bergbauer in Braunschweig haben wertvolle Informationen über die Arbeit des Hechaluz in Schweden und Berlin beigesteuert. Mein Dank gilt auch Walts Apinis an der Universität Lettlands in Riga und Marģers Vestermanis, dem Gründer des Rigaer Museums »Juden in Lettland«.

Ich bin der kürzlich verstorbenen Miriam Gillis-Carlebach an der israelischen Bar-Ilan-Universität sehr dankbar dafür, dass sie ihr profundes Expertenwissen und ihre Erinnerungen mit mir geteilt hat. Weiterhin danke ich Barbara Wolff von den Albert Einstein Archives in Jerusalem.

Von Los Angeles aus stand mir Rabbiner Michael Berenbaum mit Ratschlägen und Anregungen zur Seite. Das Leo Baeck Institute in New York hat mir dankenswerterweise einige Fragen beantwortet und Originaldokumente zur Verfügung gestellt.

Auch der Jüdischen Gemeinde Stockholm, die ihr Archiv für mich geöffnet hat, bin ich zu großer Dankbarkeit verpflichtet. Weiterhin möchte ich mich bei Informationschefin Cecilia Nilsson vom Reichsarchiv in Stockholm und ihren Mitarbeitern bedanken.

Ich danke Fredric Bedoire von der Königlichen Kunsthochschule in Stockholm für das Arbeitsstipendium und die Möglichkeit, meine Arbeit ein Jahr lang mit den Künstlern der Grafiksektion zu diskutieren. Mein besonderer Dank geht an Jonas Williamsson und Pernilla Gunnar.

Ich danke allen Freunden und Kameraden bei Paideia – The European Institute for Jewish Studies in Stockholm. Barbara

Spectre, die Gründerin des Instituts, hat mir dankenswerterweise viele Türen geöffnet.

Ein großes Dankeschön geht an Cilly Kugelmann, der langjährigen Programmdirektorin am Jüdischen Museum Berlin, sowie an Mirjam Wenzel, die frühere Leiterin der Medienabteilung des Museums.

Ganz herzlich bedanke ich mich auch bei Bernd Zabel vom Goethe-Institut, zunächst für seine sprachliche Hilfe in Stockholm und später für Empfehlungen in München.

In Barcelona danke ich Cristina Hernández und Lourdes Miquel und in Stockholm Bo Schager für Unterstützung, Rat und Freundschaft.

Andere Schriftsteller und Personen aus der Verlagswelt haben das Manuskript bei verschiedenen Gelegenheiten im Laufe der Arbeit gelesen und kommentiert. Jede Lektüre hat mir neue Erkenntnisse vermittelt, die den Text hoffentlich besser gemacht haben. Ich danke Håkan Bravinger, Petra Eggers, Susanne Frank, Gudrun Hebel, Ann-Marie Tung Hermelin, Håkan Holmlund, Peter Karlsson, Mona Kårsnäs, Isabel Kupski, Stephen Farran-Lee, Helena Ljungström, Christian Manfred, Christine Proske, Suzanne de Roche, Daniela Rudolph, Moritz Schuller, Thomas Sparr, Svante Weyler und der fantastischen, wunderbaren Sharmaine Lovegrove. Danke für eure Zeit und euer Engagement.

Ein großes Dankeschön geht an meine Übersetzer Paul Berf und Stefan Pluschkat für ihre genauen und einfühlsamen Übersetzungen. Ich danke meinem Lektor Boris Heczko für Beharrlichkeit und zielstrebiges Arbeiten, er hatte stets das Beste für das Buch vor Augen. Meinem Verleger Michael Fleissner danke ich für sein Vertrauen und seinen engagierten Einsatz für dieses Buch. Der Verlagsleiterin Sissi Klauser danke ich für ihren Enthusiasmus und sowohl den Willen wie auch die Fähigkeit, Berge zu versetzen. Weiterhin bedanke ich mich bei allen anderen Mitarbeitern des Langen Müller Verlags, die mir geholfen haben, einen Traum zu verwirklichen.

Mein größter Dank aber gilt meiner Familie. Dieses Buch wurde für euch, meine mittlerweile ziemlich erwachsenen Kinder Jonatan, Felicia, Gabriel und Tobias geschrieben. Ganz herzlich danke ich meiner Frau Ylva, wie immer meine erste Leserin. Ohne die Ermunterung und Liebe, die ihr fünf mir geschenkt habt, hätte ich dieses Projekt niemals vollendet.

»Meines Vaters Heimat« ist eine Reise zurück zu unserer deutschen Familie. Wir wagen einen neuen Anfang. Diesmal sind die Voraussetzungen besser. Wir sind wieder da.

Glossar

Hebräisch (h), jiddisch (j), schwedisch (s)

Alef, bet, gimel, dalet – (h) die ersten Buchstaben des hebräischen
Alphabets

Aliya – (h) Einwanderung (wörtlich: Aufstieg)

Ba Midbar – (h) in der Wüste (in diesem Fall der Name der
Hechaluz-Gruppe)

Betach – (h) sicher

Brit Mila – (h) Namensgebungszeremonie traditionell, mit Beschneidung

Brit Shalom – (h) Namensgebungszeremonie progressiv, ohne Beschneidung (wörtlich: Friedensbund)

Chabad – (j) chassidische Gruppierung

Challah – (h) Mohnzopf

Chaluz – (h) Pionier (in diesem Fall ein Mitglied der Organisation
Hechaluz)

Chaluz-Quote – eine Quote für Hechaluz-Mitglieder die es während
des Krieges in Schweden gab

Chassid – (j) eine religiös-mystische Strömung des orthodoxen Judentums

Chawera / Chawer – (h) Freundin, Freund / Genossin, Genosse (der
Hechaluz); im Plural Chawerot / Chawerim

Eretz Israel – (h) das Land Israel

Giur – (h) der Beitritt eines Nichtjuden zum Judentum

Gustavsberg – (s) berühmter Porzellanproduzent in Schweden

Hachschara – (h) meist landwirtschaftliche Vorbereitung zur Einwanderung (Aliya)

Hechaluz – (h) zionistische Jugendorganisation

Ima – (h) Mutter

Jahrzeit – (j) Todestag nach dem jüdischen Kalender

Jecke – (h / j) deutsche Juden

Kabalat Schabat – (h) Schabat-Gebet (wörtlich: Empfang des Schabat)

Kadisch – (h) Gebet für verstorbene Verwandte (wörtlich: Heiligung)

Ken – (h) ja

Kidusch – (h) Religiöse Zeremonie (wörtlich: Heiligung)

Kippa – (h / j) kleine Kopfbedeckung für Männer

Le Chaim – (h) Trinkspruch (wörtlich: auf das Leben)

Lo – (h) Nein

Maskirut – (h) in diesem Fall das exekutive Gremium des Hechaluz (wörtlich: Sekretariat)

Midrasch – (h) Auslegung von Texten der Thora

Minjan – (h) Mindestanzahl von zehn mündigen jüdischen Gläubigen, die für einen vollständigen Gottesdienst erforderlich ist

Mischpoche – (j) Familie

Mohel – (h) Beschneider

Nachon – (h) richtig, korrekt

P2 – (s) landesweiter, schwedischer Sender für klassische Musik

Peot – (h) Schläfenlocken

Rachmones – (j) Erbarmen, Mitleid

Sabra – (j) eine in Eretz Israel geborene Jüdin / geborener Jude (wörtlich: Kaktusfeige)

Schabat / Schabes – (h / j) der siebte Wochentag und Ruhetag, beginnt bei Sonnenuntergang am Freitagabend und endet am Samstagabend, wichtigster Feiertag im Judentum

Schlosel / Schmock / Schmeckel / Putz / Schwantz – (j) das männliche Geschlechtsorgan

Schma Jisrael – (h) »Höre Israel«, eines der wichtigsten Gebete des Judentums

Sidur – (h) Gebetbuch

Statsverket – (s) staatliche Agentur (der Bund)

Surströmming – (s) eine durch Milchsäuregärung produzierte, faulig riechende Fischspeise

Yid – (j) Jude